Günter Born
Android Tablets & Smartphones –
Der Ratgeber für Einsteiger und Senioren

Papier plus PDF.

Zu diesem Buch – sowie zu vielen weiteren O'Reilly-Büchern – können Sie auch das entsprechende E-Book im PDF-Format herunterladen. Werden Sie dazu einfach Mitglied bei oreilly.plus[+]:

www.oreilly.plus

Günter Born

Android Tablets & Smartphones – Der Ratgeber für Einsteiger und Senioren

Günter Born

Lektorat: Ariane Hesse
Fachlektorat: Georg Weiherer
Bearbeitung: Martha Born
Korrektorat: Claudia Lötschert, www.richtiger-text.de
Satz: Gerhard Alfes, mediaService, Siegen, www.mediaservice.tv
Herstellung: Susanne Bröckelmann
Umschlaggestaltung: Michael Oréal, www.oreal.de
Druck und Bindung: M. P. Media-Print Informationstechnologie GmbH, mediaprint-druckerei.de

Bibliografische Information der Deutschen Nationalbibliothek
Die Deutsche Nationalbibliothek verzeichnet diese Publikation in der Deutschen Nationalbibliografie;
detaillierte bibliografische Daten sind im Internet über http://dnb.d-nb.de abrufbar.

ISBN:
Buch   978-3-96009-059-5
PDF   978-3-96010-159-8
ePub   978-3-96010-160-4
Mobi   978-3-96010-161-1

2. Auflage 2018

Dieses Buch erscheint in Kooperation mit O'Reilly Media, Inc. unter dem Imprint »O'REILLY«.
O'REILLY ist ein Markenzeichen und eine eingetragene Marke von O'Reilly Media, Inc. und wird mit
Einwilligung des Eigentümers verwendet.

Copyright © 2018 dpunkt.verlag GmbH
Wieblinger Weg 17
69123 Heidelberg

Die vorliegende Publikation ist urheberrechtlich geschützt. Alle Rechte vorbehalten. Die Verwendung
der Texte und Abbildungen, auch auszugsweise, ist ohne die schriftliche Zustimmung des Verlags ur-
heberrechtswidrig und daher strafbar. Dies gilt insbesondere für die Vervielfältigung, Übersetzung oder
die Verwendung in elektronischen Systemen.

Es wird darauf hingewiesen, dass die im Buch verwendeten Soft- und Hardware-Bezeichnungen sowie
Markennamen und Produktbezeichnungen der jeweiligen Firmen im Allgemeinen warenzeichen-,
marken- oder patentrechtlichem Schutz unterliegen.

Die Informationen in diesem Buch wurden mit größter Sorgfalt erarbeitet. Dennoch können Fehler
nicht vollständig ausgeschlossen werden. Verlag, Autoren und Übersetzer übernehmen keine juristische
Verantwortung oder irgendeine Haftung für eventuell verbliebene Fehler und deren Folgen.

5 4 3 2 1

Inhaltsverzeichnis

Inhaltsverzeichnis

	Liebe Leserin, lieber Leser	13
	So arbeiten Sie mit diesem Buch	14

1 Grundlagen — 15

Android-Geräte im Überblick — 16
Smartphone, Tablet, Phablet — 16
Welche Geräteausstattung brauche ich? — 17
Tipps zum Android-Gerätekauf — 21
Android-Versionen, das sollten Sie wissen — 23
Was ist was bei Ihrem Android-Gerät? — 24
Gerät laden, das sollten Sie wissen — 26

Android einrichten — 27
Einschalten und Sprache wählen — 27
Den WLAN-Zugang einrichten — 29
Anmeldung am Google-Konto — 31
Einrichten der Zahlungsinformationen — 34
Ein Google-Konto erstellen — 35

2 Start und erste Schritte — 43

Android-Bedienung — 44
Einschalten und entsperren — 44
Benutzerauswahl ab Android 5 — 47
Stand-by-Modus und Gerät ausschalten — 48
Der Startbildschirm im Überblick — 49
Belegung der Navigationstasten — 52
Bediengesten im Überblick — 53
Apps starten, umschalten, beenden — 54
Zugriff auf Alle Apps — 55

Inhaltsverzeichnis

Bedienung für Fortgeschrittene ... 58
    Apps anordnen und aufräumen ... 58
    Verknüpfungen und Ordner anlegen ... 60
    Arbeiten mit der Bildschirmtastatur ... 63
    Spracheingabe geht auch ... 66
    Benachrichtigungen ansehen ... 69
    Zugriff auf die Schnelleinstellungen ... 72
    Lautstärke anpassen ... 74
    Den Startbildschirm-Hintergrund anpassen ... 75

Apps beziehen und verwalten ... 76
    Wo gibt's die Apps? ... 76
    Google Play Store im Überblick ... 78
    Eine App kaufen und installieren ... 81
    Was muss ich über App-Käufe wissen? ... 83
    Verwalten der Play-Store-Daten ... 84
    App-Updates ... 85
    Apps deinstallieren ... 86

3 Surfen mit Google Chrome ... 89

Einstieg in Google Chrome ... 90
    Die erste Webseite abrufen ... 90
    Surftipps zu Google Chrome ... 94
    Mehrere Webseiten in Tabs öffnen ... 95
    Geschlossene Tabs erneut öffnen ... 98
    Eingaben in Webformulare ... 99
    Suchen im Internet ... 99
    Suchmaschine wechseln ... 102
    Suchen in einer Webseite ... 102

Inhaltsverzeichnis

Surfen für Fortgeschrittene ... 103
   Mit Lesezeichen arbeiten ... 104
   Lesezeichen abrufen ... 106
   Webseiten auf dem Startbildschirm merken ... 108
   Den Verlauf besuchter Webseiten verwenden ... 109
   Teilen von Webseiten mit anderen Apps ... 111
   Dateien aus dem Internet herunterladen ... 112
   Bilder speichern ... 114
   Google-Chrome-Einstellungen anpassen ... 115

4   E-Mail ... 117

Einführung in die Gmail-App ... 118
   Grundlagen zur Gmail-App ... 118
   E-Mail-Konten einrichten ... 120
   Konteneinstellungen einsehen und ändern ... 126
   E-Mail-Konto löschen ... 127
   Gmail-Einstellungen anpassen ... 129

Arbeiten mit der Gmail-App ... 130
   E-Mails lesen und verwalten ... 130
   E-Mails verschieben ... 133
   E-Mail-Anlagen einsehen und speichern ... 135
   E-Mails beantworten und weiterleiten ... 136
   E-Mails verfassen und senden ... 138
   Fotos, Videos, Dateien an Nachrichten anfügen ... 140

5   Termine, Texte und Notizen ... 145

Termine verwalten ... 146
   Die Kalender-App im Überblick ... 146
   Ändern der Kalenderdarstellung ... 148
   Neue Termine eintragen ... 149

Termine ändern und löschen	152
Synchronisation mit Windows & Co.	153
Zugriff auf die Kalender-Einstellungen	155

Notizen und Texte verwalten 156

Erste Schritte mit der Notizen-App	156
Notizen mit Listen und weitere Funktionen	160
Foto- und Sprachnotizen	162

Textbearbeitung 164

Rechtschreibkorrekturen bei Texteingaben	164
Techniken zur Textbearbeitung	166
Apps zur Textverarbeitung	168

6 Fotofunktionen 173

Die Kamera-App 174

Einstieg in die Kamera-App	174
Kamerabedienung, kurz und bündig	176
Spezielle Kamerafunktionen verwenden	179
Panoramas aufnehmen mit Photo Sphere	180
Panoramaaufnahmen leicht gemacht	182
Den Fokussiereffekt nutzen	184
Videos aufnehmen	186
Fotos manuell belichten	188
Zugriff auf die Kameraeinstellungen	189
Bildschirmfotos, so geht's	190

Fotos und Dateien austauschen 191

Dateiaustausch mit dem PC, so geht's	191
Wie und wo speichert Android die Daten?	193

Inhaltsverzeichnis

Fotos und Videos verwalten 196
   Die Fotos-App im Überblick 196
   Fotos und Videos per Fotos-App ansehen 198
   Videodateien wiedergeben 202
   Fotoalbum anlegen 204
   Fotos teilen und versenden 205

Fotobearbeitung 206
   Bearbeitungsfunktionen aufrufen 206
   Fotos drehen und beschneiden 208

7 Musik und Videos 211

Musikwiedergabe 212
   Die Play-Musik-App im Schnellüberblick 212
   Zugriff auf die App-Funktionen 214
   Musik wiedergeben 215
   Musik im Google Play Store kaufen 216
   Musik auf das Android-Gerät kopieren 218
   Mixes und Wiedergabelisten verwenden 220
   Zugriff auf die App-Einstellungen 223
   Ich will Webradio hören 223

Videowiedergabe 225
   Videos mit Play Filme ansehen 226
   Gespeicherte Videos wiedergeben 228
   YouTube-Videos abrufen 230
   Apps für ARD- und ZDF-Mediathek 234

8 Kommunikation — 237

Telefonieren — 238
- Telefonieren, so geht's — 238
- Telefonnummer als Kontakt speichern — 241
- Kontakte einsehen, ändern und löschen — 242
- Was ist mit der Kontakte-App? — 245

Telefonieren mit Skype — 246
- Skype, was steckt dahinter? — 246
- Skype aufrufen, anmelden und nutzen — 247
- Telefonieren mit Skype — 250

Textnachrichten — 253
- SMS-Nachrichten empfangen/versenden — 253
- WhatsApp für Nachrichten, was ist das? — 255
- Nachrichten mit WhatsApp austauschen — 257

Soziale Netzwerke — 258
- Facebook im Überblick — 258
- Feierabend.de und Seniorentreff.de — 261

9 Nützliche Apps — 263

Android als E-Book-Reader — 264
- Die Play-Bücher-App vorgestellt — 264
- Ein Buch in der Play-Bücher-App lesen — 266
- Kindle-App als E-Book-Reader — 268

Kartendienst Google Maps — 269
- Google Maps kurz vorgestellt — 269
- Routenplanung mit Google Maps — 271

Inhaltsverzeichnis

Gesundheit und Fitness 273
    Google Fit, erfasse die Bewegungen 273
    Puls und Vitaldaten erfassen 274
    Arzneimittel und Apotheken 275

Spielen mit Android 275

Einkaufen 276

10 Einstellungen 279

Einstellungen anpassen 280
    Zugriff auf die Android-Einstellungen 280
    WLAN-Verbindung einrichten 281
    Mobilfunkverbindung einrichten 284
    Bluetooth-Gerätekopplung 287
    Anzeige und Helligkeit 288
    Sicherheitseinstellungen anpassen 289
    Unterstützung durch Bedienungshilfen 290
    Weitere Einstellungen 291

Updates aufspielen und Gerät zurücksetzen 292
    Android-Updates 292
    Das Android-Gerät zurücksetzen 293

Anhang A Kleine Probleme beheben 295

Anhang B Glossar 299

Anhang C Kleiner Wissenstest 307

Index 313

Liebe Leserin, lieber Leser

Sie besitzen ein Smartphone oder einen Tablet-PC mit installiertem Android-Betriebssystem und möchten mehr über Android und dessen Bedienung erfahren? Oder Sie sind bei der Arbeit mit Android oder den Apps auf das eine oder andere Problem gestoßen und möchten wissen, wie Sie dieses umgehen können? Sie haben unbeantwortete Fragen rund um Android oder suchen einen »roten Faden« durch die Funktionsvielfalt, die von modernen Smartphones und Tablet-PCs angeboten wird?

Dieses Buch bietet Ihnen eine Hilfestellung zum Einstieg in Android. Ich zeige Ihnen auf den folgenden Seiten Schritt für Schritt, wie Sie das Betriebssystem und die wichtigsten Apps sinnvoll und produktiv verwenden. Mit diesen Kenntnissen ist es dann einfach, das Smartphone oder den Tablet-PC zur Verwaltung von Fotos, zum Surfen im Internet, für den E-Mail-Versand und vieles mehr zu nutzen. Die im Buch enthaltenen Informationen und Anleitungen machen sicher Lust auf mehr. Gehen Sie dabei die Sache locker an. Vieles lernen Sie durch Wiederholen quasi nebenbei.

G. Born

www.borncity.com

So arbeiten Sie mit diesem Buch

Dieses Buch befasst sich mit dem Betriebssystem Android, das auf vielen Smartphones und Tablet-PCs installiert ist. Für die Beschreibungen und Abbildungen habe ich einen Tablet-PC verwendet. Auf einem Smartphone mit Android sieht das Ganze aber weitgehend identisch aus – wenn auch der Bildschirm schmaler ist.

Im Buch verwende ich die Android-Versionen 5 (auch unter dem Codenamen Lollipop bekannt) und 6 (Marshmallow) für die Abbildungen. Soweit für das bessere Verständnis erforderlich, gehe ich an bestimmten Stellen zusätzlich auf die Unterschiede zur Vorgängerversion Android 4.4 (Codename KitKat) sowie auf Android 7 (Nougat) ein. Das Buch sollte sich auch mit der beim Schreiben erst als Vorschau verfügbaren Version Android 8 (Oreo) verwenden lassen.

Nicht berücksichtigt werden die speziellen Anpassungen der Android-Benutzeroberfläche einiger Gerätehersteller. Es kann also sein, dass auf Ihrem Gerät leichte Unterschiede zur Beschreibung im Buch vorhanden sind. Ich habe in den letzten Jahren viele Android-Geräte in den Händen gehabt. Trotz unterschiedlicher Android-Versionen und -Anpassungen ist vieles gleich geblieben oder zumindest sehr ähnlich. Die von Google bereitgestellten Apps (Anwendungen) sind sowieso auf allen Geräten identisch – hier kann es lediglich sein, dass sich nach der Drucklegung dieses Buchs deren Aussehen aufgrund von Aktualisierungen etwas geändert hat. Ich bin aber sehr zuversichtlich, dass Sie anhand der Erläuterungen in diesem Buch auch mit älteren oder angepassten Android-Versionen sowie aktualisierten Apps zurechtkommen.

Sie können das Buch entweder von vorne bis hinten durchlesen oder sich einzelne für Sie interessante Kapitel herauspicken. Das Buch möchte den absoluten Anfänger an den Umgang mit einem Android-Gerät heranführen, aber auch Leserinnen und Leser mit Vorkenntnissen den roten Faden zeigen. Auch mit weitergehenden Kenntnissen kann das Buch noch Helfer oder Ratgeber sein.

1 Grundlagen

Das lernen Sie in diesem Kapitel:
- Android-Geräte im Überblick
- Android einrichten

Android läuft sowohl auf Smartphones als auch auf Tablet-PCs. Dieses Kapitel gibt Ihnen einen Überblick über das Betriebssystem Android und die Gerätetechnik für Smartphones sowie Tablet-PCs. Weiterhin zeige ich Ihnen die Schritte, um ein Android-Gerät erstmalig in Betrieb zu nehmen.

Android-Geräte im Überblick

Vor dem Einstieg in die Android-Bedienung in Kapitel 2 gebe ich Ihnen in den nachfolgenden Abschnitten einen kurzen Überblick über die Gerätetechnik (z. B. Kaufhilfen für Smartphone oder Tablet). Zudem erfahren Sie, was Sie in Bezug auf die unterschiedlichen Android-Versionen wissen sollten.

Smartphone, Tablet, Phablet

Android-Geräte gibt es in verschiedenen Varianten und von unterschiedlichen Herstellern. Falls Sie vor dem Kauf eines solchen Geräts stehen, hier zunächst eine kurze Übersicht über verschiedene Gerätevarianten bzw. -bezeichnungen:

- **Smartphones:** Derartige Geräte werden allgemein auch als Handy bezeichnet. Smartphones werden in der Regel dazu verwendet, um zu telefonieren und mobil ins Internet gehen zu können. Es gibt Angebote verschiedener Hersteller und mit unterschiedlicher Technik.

- **Tablets:** Ein Tablet (oder Tablet-PC) besitzt meist keine Funktionen zum Telefonieren, ist aber mit einem größeren Bildschirm (als Display bezeichnet) ausgestattet. Tablets werden bevorzugt zum Surfen im Internet, zum Versenden und Empfangen von E-Mails sowie zum Medienkonsum (Fotos und Videos ansehen, Musik hören) eingesetzt.

- **Phablets:** Hierbei handelt es sich um ein Kunstwort, zusammengesetzt aus den Begriffen Phone und Tablet. Ein Phablet ist nichts anderes als ein Smartphone, aber mit einer Bildschirmdiagonale über 5,2 Zoll bis ca. 6,5 Zoll (wobei 1 Zoll 2,54 Zentimeter entspricht).

Welches dieser Geräte Sie verwenden, ob Sie sowohl ein Smartphone als auch ein Tablet besitzen oder eher auf ein Phablet als Einzelgerät setzen, hängt vom persönlichen Geschmack und Einsatzzweck ab. Bei den Phablets gefällt mir persönlich, dass diese einerseits klein genug sind, um sie als Mobiltelefon immer dabei zu haben. Andererseits ist der Bildschirm schon so groß, dass viele Aufgaben eines Tablets (surfen, lesen etc.) bequem ausgeführt werden können. Man spart sich also ggf. die Anschaffung von zwei unterschiedlichen Geräten.

> **HINWEIS:** Mir stehen zwar mehrere Tablet-PCs für berufliche Zwecke zur Verfügung. Persönlich greife ich aber zum Surfen, Lesen oder Musik hören häufig zu einem Smartphone mit einer Bildschirmgröße um die 5 Zoll – also noch einen Tick unterhalb des Bereichs, in dem Phablets beginnen.

Welche Geräteausstattung brauche ich?

Egal, ob Sie nun ein Smartphone, ein Tablet-PC oder ein Phablet bevorzugen, stehen Sie vor der Qual der Wahl. Es gibt eine ganze Reihe von Herstellern, die jeweils eine große Vielfalt an Modellen anbieten. Da fällt mitunter die Auswahl schwer. Im Folgenden finden Sie eine grobe Übersicht, an der Sie sich beim Kauf orientieren können, sowie Hinweise, worauf Sie ggf. achten sollten.

- **Bildschirmgröße:** Bei einem **Smartphone** empfehle ich Geräte mit einer Bildschirmdiagonale oberhalb von 4,7 Zoll (11,9 cm). Denn ab dieser Diagonale ist das Display groß genug, um Eingaben über die Bildschirmtastatur halbwegs komfortabel vorzunehmen. Bei **Tablet-PCs** haben Sie die Entscheidung zwischen Bildschirmdiagonalen von 7, 8, 9 oder 10,1 Zoll (25,4 cm). Ein großes Display hat den Vorteil, dass man sehr gut surfen und lesen kann. Nachteilig ist diese Größe, wenn man solche Tablets auch mal unterwegs nutzen will. Auch beim Lesen von E-Books sind 10-Zoll-Tablets für meinen Geschmack eher etwas zu schwer. Je nach Modell stehen dabei auch unterschiedliche Bildschirmauflösungen zur Verfügung. Hier sollten Sie das Modell wählen, dessen Display die beste Lesbarkeit bietet.

Android-Geräte im Überblick

(Bild: Medion)

▶ **Speichergröße:** Beim Speicher ist zwischen dem **Arbeitsspeicher** zum Betrieb des Geräts und dem **Speicher** zur Ablage von Fotos, Musik oder Daten zu unterscheiden. Der Arbeitsspeicher sollte nicht kleiner als 1 GByte sein, um mit mehreren Apps zügig arbeiten zu können. Die Größe des Speichers zur Ablage von Musik, Fotos, Videos und anderen Daten hängt von Ihren persönlichen Anforderungen ab. Geräte sind heute mit unterschiedlich großem Speicher (16, 32, 64 GByte und mehr) im Handel. Geräte mit weniger als 16 GByte Speicher würde ich persönlich nicht mehr kaufen, da man zu schnell an die Kapazitätsgrenze stößt.

▶ **Speicherkartenerweiterung:** Auch wenn Google die Speicherung von Daten im Internet propagiert, achten Sie darauf, dass das Smartphone oder das Tablet einen Einschub für Speicherkarten bietet. Viele Hersteller bieten sowohl bei Smartphones als auch bei Tablet-

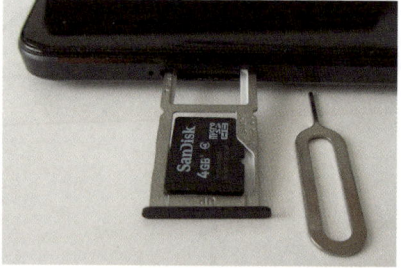

Android-Geräte im Überblick

PCs einen sogenannten **Speicherkartenslot** für MicroSD-Speicherkarten an. Ob die MicroSD-Karte seitlich in den Speicherkartenslot eingeschoben (wie im Foto auf der vorherigen Seite zu sehen) oder bei abgenommener Rückwand in einen MicroSD-Steckplatz eingelegt wird (in folgendem Foto), hängt vom Hersteller ab. Sehen Sie ggf. im Gerätehandbuch nach, wie die Speicherkarte eingelegt wird.

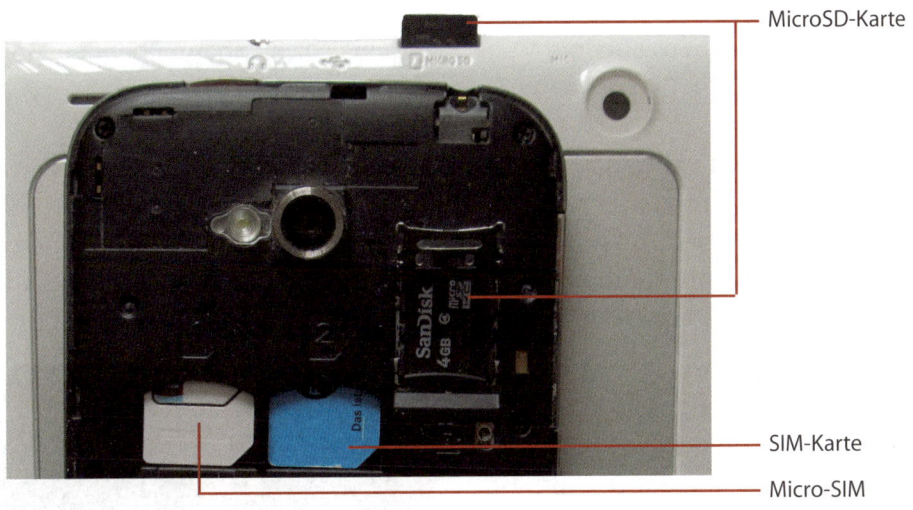

MicroSD-Karte
SIM-Karte
Micro-SIM

▶ **Mobilfunkunterstützung und Dual-SIM:** Zum Telefonieren und für den mobilen Internetzugang ist mindestens eine SIM-Karte eines Mobilfunkanbieters notwendig. Manche Smartphones ermöglichen sogar, über einen sogenannten **Dual-SIM-Slot** zwei SIM-Karten (beruflich und privat oder eine SIM-Karte zum Telefonieren, eine für die Internetanbindung) zu verwenden. Bei neueren Smartphones muss man sich aber entscheiden, ob man eine zweite SIM-Karte oder eine MicroSD-Speicherkarte in den betreffenden Kartenschlitz einlegt. Falls Sie ein Tablet auch mobil mit Internetverbindung betreiben möchten, achten Sie auf eine entsprechende Mobilfunkunterstützung (meist als 3G, UMTS, 4G oder LTE-Unterstützung beworben).

Android-Geräte im Überblick

> **HINWEIS:** Bei **SIM-Karten** gibt es verschiedene **Größen** (SIM, Micro-SIM und Nano-SIM, siehe *www.congstar.de/sim-karte/*). Moderne Gerät benötigen meist eine Nano-SIM-Karte. Der Begriff **SIM-Lock** signalisiert, dass das Gerät nur mit SIM-Karten eines bestimmten Anbieters funktioniert. Bei SIM-Lock-freien Geräten können Sie SIM-Karten beliebiger Mobilfunkanbieter verwenden. Bei Samsung gibt es noch ein sogenanntes **Region-Lock**, d. h., ein in Europa gekauftes Samsung-Gerät kann nur mit europäischen SIM-Karten betrieben werden. Meist gibt es aber die Möglichkeit, eine solche Sperre über den Mobilfunkanbieter aufheben zu lassen.

- **Kamera:** Smartphones und Tablets besitzen zudem meist noch jeweils eine Kamera an der Front- und Rückseite. In den Prospekten wird häufig mit Megapixel-Auflösung geworben. In meinen Augen ist die Fotoqualität der Kameraaufnahmen (muss man ausprobieren) eher ein Auswahlkriterium, auf das Sie achten sollten.

- **USB-Anschluss:** Smartphones und Tablets besitzen in der Regel eine sogenannte Micro-USB-Buchse (seltener eine USB-3.1-C-Buchse). Über ein mitgeliefertes USB-Kabel mit Micro-USB-Stecker kann das Gerät über ein  USB-Steckernetzteil geladen werden. Das USB-Kabel lässt sich auch zum Datenaustausch mit einem PC verwenden. Gibt der Hersteller an, dass die Micro-USB-Buchse **OTG**-fähig ist? Dann können Sie über ein spezielles OTG-Adapterkabel Speichersticks oder USB-Geräte anschließen und diese unter Android verwenden. Wichtig ist, dass die USB-Geräte nicht zu viel Strom verbrauchen, da es sonst zu Problemen kommen kann.

Android-Geräte im Überblick

> **TIPP:** Bei einem **MHL**-fähigen Gerät lässt sich die Anzeige des Bildschirms über ein spezielles MHL-Kabel zur HDMI-Buchse eines TV-Geräts übertragen. Auf der Seite *www.borncity.com/blog/?p=145656* habe ich einige Hinweise zu MHL (Mobile High-Definition Link) veröffentlicht. Bei den von Google stammenden Nexus-Geräten kommt statt MHL die **SlimPort**-Technik zum Übertragen des Bildschirms zum Einsatz (siehe *www.borncity.com/blog/?p=145799*).

Ein weiteres wichtiges Kriterium zur Geräteauswahl ist die vom Hersteller angegebene **Akkulaufzeit**. Ein Smartphone sollte mindestens einen Arbeitstag mit 8 Stunden durchhalten. Ideal sind Akkulaufzeiten von 10 bis 12 Stunden und mehr. Bei Tablet-PCs mit ihren größeren Bildschirmen sind die Laufzeiten aber meist geringer.

Tipps zum Android-Gerätekauf

Liebäugeln Sie mit dem Kauf eines neuen Smartphones oder Tablets mit Android, stellt sich die Frage, welches Modell man wählt. Hier einige Hinweise, worauf Sie achten sollten:

▶ Ob Sie lieber ein **Smartphone**, ein **Phablet** oder doch ein **Tablet** verwenden und welche **Bildschirmgröße** das Gerät haben soll, hängt meiner Ansicht nach von Ihren persönlichen Vorlieben ab. Sind Sie häufiger mit dem Gerät unterwegs, wird ein kleineres Gerät Vorteile haben. Andererseits empfinde ich es zu Hause als angenehm, das große Display eines Tablets zum Surfen im Internet oder zum Betrachten von Fotos nutzen zu können.

▶ Auch die Frage, **wie viel Speicher** notwendig ist, hängt von den persönlichen Vorlieben ab. Wer sein Gerät nur zum Surfen nutzt, wird auch mit einem 16-GByte-Modell auskommen. Meine Empfehlung ist aber, bei einem neuen Gerät (speziell bei Tablets) eher die Variante mit mindestens 32 oder 64 GByte zu wählen. Im Laufe der Zeit sammeln sich viele Fotos, Videos und Musikdateien an, und der Speicherplatz wird schnell knapp.

Android-Geräte im Überblick

▶ Bei einem Tablet können Sie noch zwischen Modellen mit **WLAN-Unterstützung** und Geräten mit **zusätzlicher Mobilfunkfunktion** wählen. Die letztgenannten Modelle sind deutlich teurer. Ein Modell mit WLAN-Unterstützung (oft auch als **Wi-Fi** bezeichnet) kann nur in einer Umgebung mit einem WLAN (zu Hause oder an öffentlichen Plätzen mit sogenannten Hotspot-Internetzugängen) betrieben werden. Ohne WLAN in der Nähe lassen sich keine Funktionen, die einen Internetzugang erfordern, verwenden. Um auch unterwegs auf das Internet zugreifen zu können, gibt es Tablet-PC-Modelle mit einer sogenannten 3G-(UMTS-) oder 4G-Unterstützung (LTE). Dann lässt sich eine Micro-SIM-Karte eines Mobilfunkanbieters verwenden, um mobiles Internet per UMTS (Universal Mobile Telecommunications System) oder LTE (Long Term Evolution) bereitzustellen. Ob Sie dies brauchen, weil Sie das Gerät häufig unterwegs verwenden oder als Navigationsgerät einsetzen, müssen Sie sich selbst beantworten.

Überlegen Sie sich vor dem Kauf, was Ihnen wichtig ist (großer Bildschirm, viel Speicher, mobiles Internet) und schreiben Sie sich die Kriterien auf.

TIPP: Persönlich würde ich versuchen, das Wunschgerät vor dem Kauf in einem der zahlreichen Elektronikmärkte oder in Telefonläden in Augenschein zu nehmen. Dort können Sie sich ggf. beraten lassen und ein Gefühl dafür bekommen, ob die Größe des Geräts und die Darstellung des Bildschirms Ihren Anforderungen genügen. Soll mobiles Internet genutzt werden und bewegen Sie sich häufig im ländlichen Raum, sollten Sie ein Gerät mit LTE-Unterstützung wählen, da die UMTS-Abdeckung häufig bei der Datenanbindung hinsichtlich der Geschwindigkeit der Daten zu wünschen übrig lässt.

TIPP: Noch ein kleiner Preistipp: Nicht immer muss es das neueste Gerätemodell sein. Oft genügt ein Vorgängermodell, das man meist wesentlich preisgünstiger bekommt. Allerdings sollten Sie kein Gerät mehr kaufen, das nicht mindestens mit der Android-Version 5 (Lolliopop) oder Android 6 (Marshmallow) ausgestattet ist (siehe auch den folgenden Abschnitt »Android-Versionen, das sollten Sie wissen«).

Android-Geräte im Überblick

> **HINWEIS: Nützliches Zubehör**
>
> Bei einem Smartphone empfehle ich Ihnen, sich unbedingt eine **Schutzhülle** (auch als Protector oder Case bezeichnet) über den Handel zuzulegen. Dies schützt das Gerät vor Kratzern oder kann bei einem Sturz möglicherweise vor Schäden wie einem Displaybruch bewahren. Wer auf einem Tablet häufig Texte eingeben oder bearbeiten möchte, sollte sich möglicherweise eine sogenannte **Bluetooth-Tastatur** zulegen. Entsprechende Tastaturen gibt es ebenfalls im Handel. Wie eine solche Tastatur per Bluetooth gekoppelt wird, ist in Kapitel 10 dieses Buchs beschrieben.

Android-Versionen, das sollten Sie wissen

Android ist der Name des Betriebssystems, um das es in diesem Buch geht, und das auf Smartphones und Tablet-PCs läuft. Erst dieses Betriebssystem sorgt dafür, dass die Geräte überhaupt funktionieren und man auch kleine Programme (sogenannte Apps) verwenden kann.

Von Google wurden seit 2008 verschiedene **Android-Versionen** entwickelt, die durch Namen von Süßigkeiten (Cupcake, Donut, Éclair, Froyo, Gingerbread, Honeycomb, Ice Cream Sandwich, Jelly Bean, KitKat, Lollipop, Marshmallow, Nougat, Oreo) oder durch eine Versionsnummer (1.6, 2.x, 3.x 4.x, 5.x, 6.x, 7.x, 8.x) unterschieden werden. Auf der Webseite *de.wikipedia.org/wiki/Liste_von_Android-Versionen* finden Sie eine Übersicht über die Versionen.

Hier **im Buch verwende ich** für die Abbildungen **Android 5.x** (Lollipop) oder Android 6.x (Marshmallow) und gehe an einigen Stellen noch auf kleine Abweichungen beim Vorgänger Android 4.4.x (KitKat), zwischen den Versionen Android 5.x und Android 6.x sowie beim Nachfolger Android 7.x (Nougat) ein. Da vieles in den unterschiedlichen Android-Versionen identisch oder weitestgehend ähnlich ist, lässt sich das Buch für Geräte mit unterschiedlichen Android-Versionen verwenden.

Android-Geräte im Überblick

> **ACHTUNG:** Auf die Verwendung älterer Android-Versionen sollten Sie möglichst verzichten. Hintergrund ist, dass für ältere Android-Geräte oft keine Updates bereitgestellt und **Sicherheitslücken** nicht mehr geschlossen werden. Die Fokussierung hier im Buch auf die Android-Versionen Lollipop und Marshmallow hat aber neben dem Sicherheitsaspekt einen weiteren Hintergrund. Die meisten Geräte sind mit diesen Android-Versionen ausgestattet. Neuere Geräte mit Android 7.x (Nougat) waren beim Schreiben noch kaum im Handel. Und Android 8 war gerade erst als Vorabversion zum Testen verfügbar.

Was ist was bei Ihrem Android-Gerät?

Ein Android-Smartphone oder -Tablet hat nur wenige Bedienelemente und Anschlüsse. In der folgenden Abbildung sind typische Bedien- und Anschlusselemente am Beispiel eines Android-Tablets (Medion Lifetab) zu sehen.

- ▶ Auf der Frontseite finden Sie drei Navigationstasten, die eine besondere Bedeutung während der Bedienung besitzen (siehe dazu auch Kapitel 2). Hier werden die Navigationstasten im Display eingeblendet. Es gibt aber Geräte (z. B. Samsung-Galaxy-Modelle), bei denen die **Home-Taste** als mechanische Taste ausgeführt ist.

- ▶ Viele Android-Smartphones und -Tablets besitzen auf der Frontseite noch die Linse der **Frontkamera**. Die Frontkamera wird zur Aufnahme von »Selbstbildnissen« (neudeutsch »Selfies«) sowie für Videounterhaltungen verwendet.

- ▶ Auf der Rückseite ist dann die Linse der **Rückseitenkamera** und manchmal noch eine Öffnung für den LED-Blitz zu sehen. Mit dieser Kamera lassen sich Fotos und Videos per Smartphone oder Tablet aufnehmen.

- ▶ Die meisten Geräte besitzen noch Öffnungen für ein Mikrofon und den Lautsprecher. Zudem ist meist eine **Micro-USB-Buchse** zum Laden oder zum Datenaustausch mit dem PC vorhanden.

Android-Geräte im Überblick

- ▶ Bei der 3,5-mm-Klinkenbuchse handelt es sich meist um einen kombinierbaren Mikrofoneingang und **Kopfhörerausgang**, über den sich Ohr- oder Kopfhörer anschließen lassen
- ▶ Manche Geräte besitzen optional einen Einschub für den **MicroSD-Kartenleser** und ggf. auch einen Einschub für eine **SIM-Karte**. Ob der Speicherkarteneinschub wie hier direkt sichtbar ist oder sich hinter der abnehmbaren Rückseitenschale oder in einem Einschub an der Geräteseite befindet, ist gerätespezifisch.

Android-Geräte im Überblick

▶ An der Seite des Smartphones oder Tablets finden Sie einen Wippschalter für die **Lautstärke** mit den Funktionen Lauter/Leiser. Zudem ist der **Ein-/Austaster** an der Geräteseite zu finden. Ob diese Tasten nebeneinander (wie hier im Foto gezeigt), an gegenüberliegenden Seiten oder an der Kopf- und Breitseite angebracht sind, ist ebenfalls gerätespezifisch. Manche Android-Geräte besitzen auch noch eine Taste oder einen Schiebeschalter, um z. B. die **Drehfunktion** (also das automatische Ausrichten auf Hoch- oder Querformat) der Bildschirmanzeige zu **sperren**.

Einige Smartphones und Tablets besitzen noch einen Fingerabdrucksensor zum Entsperren. Lesen Sie ggf. im Gerätehandbuch nach, um sich über die genaue Lage der Bedien- und Anschlusselemente zu informieren.

Gerät laden, das sollten Sie wissen

Der Ladezustand des Akkus wird im Betrieb durch Android am oberen Rand des Bildschirms durch ein stilisiertes Batteriesymbol angezeigt.

Ist der Akku weitgehend entladen, wird sich das Gerät automatisch abschalten. Dann sollten Sie den Akku des Geräts am Stromnetz aufladen.

> **TIPP:** Um die Akkulebensdauer nicht unnötig zu reduzieren, laden Sie das Gerät nur dann auf, wenn der Akku weitgehend leer ist. Große Hitze wirkt sich ebenfalls negativ auf die Akkulebensdauer aus und sollte vermieden werden.

Zum Aufladen verbinden Sie das mitgelieferte Kabel über den passenden (Micro-USB-)Stecker mit dem Gerät. Das andere Ende mit dem USB-Stecker wird mit dem im Lieferumfang enthaltenen USB-Steckernetzteil verbunden. Dann lässt sich das Steckernetzteil zum Laden an eine Steckdose anschließen.

Bei ausgeschaltetem Gerät erscheint kurz eine Ladeanzeige auf dem Bildschirm. Bei eingeschaltetem Gerät zeigt Android den Ladezustand sowie das Aufladen in der rechten oberen Ecke des Home-Bildschirms in Form eines stilisierten Blitzsymbols an.

> **ACHTUNG:** Vermeiden Sie es, den (Micro-USB-)Stecker mit Gewalt in die entsprechende Buchse zu drücken, da dies sonst zu Gerätebeschädigungen führen kann. Verwenden Sie, sofern möglich, das Original-Netzteil des Geräteherstellers. Die Micro-USB-Buchse ist zwar genormt. Ich hatte aber schon Fälle, wo das Laden nur mit dem Netzteil des Geräteherstellers funktionierte. Legen Sie das Gerät beim Laden möglichst auf eine nicht brennbare Fläche. In vereinzelten Fällen ist es vorgekommen, dass Ladegeräte oder Akkus überhitzen und Feuer fingen.

Android einrichten

Wenn Sie ein neues Gerät zum ersten Mal einschalten, müssen Sie zunächst einige Schritte zum Einrichten von Android durchführen. Dabei wird das Gerät bei Google registriert bzw. für den Gerätebesitzer aktiviert, sodass es überhaupt erst benutzbar ist. Das Gleiche passiert, falls Sie Android bzw. Ihr Gerät auf die Werkseinstellungen zurückgesetzt haben. Diese Aktivierung können Sie ggf. beim Kauf im Laden vom Verkäufer vornehmen lassen. Achten Sie aber darauf, unbedingt die Zugangsdaten und Kennwörter zu notieren und sicher aufzubewahren.

Andererseits ist die Inbetriebnahme nicht sonderlich schwierig. Nachfolgend stelle ich Ihnen die wichtigsten Schritte zur Einrichtung von Android vor, die eigentlich bei allen Geräten weitgehend gleich sind. Beachten Sie aber, dass sich die Gestaltung der Einrichtungsseiten, abhängig von der Android-Version, leicht ändern kann.

Einschalten und Sprache wählen

Zum Einschalten des Geräts drücken Sie einfach die Einschalttaste für ein paar Sekunden. Manche Geräte vibrieren beim Starten, sodass man spürt, wann man die Einschalttaste loslassen kann. Oder Sie sehen eine Anzeige auf dem Gerätedisplay, an der Sie erkennen, dass Android startet (man spricht auch

Android einrichten

von »booten«). Warten Sie, bis das Gerät mit Android »hochgefahren« ist. Anschließend werden Sie durch die Schritte zur Inbetriebnahme geführt.

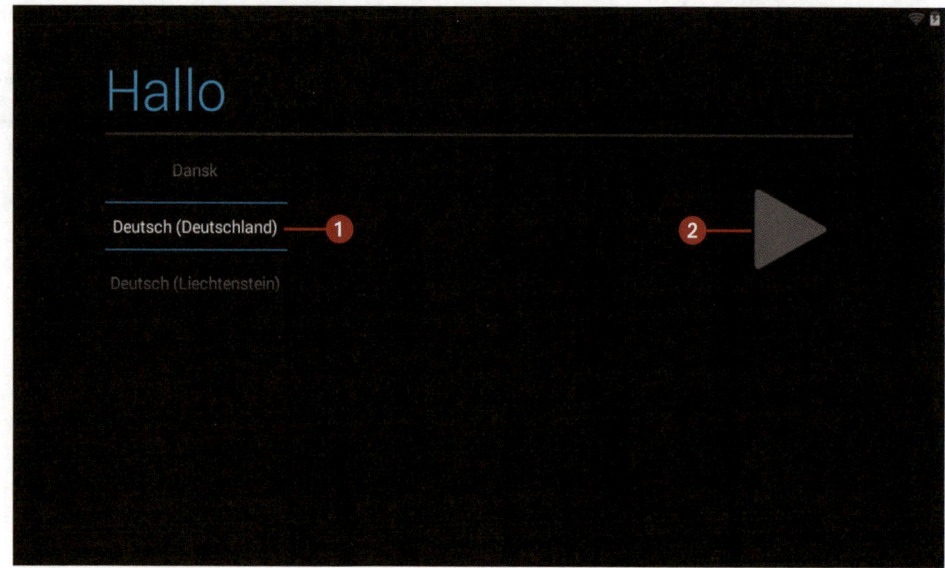

- Im ersten Schritt wählen Sie die **Sprache** in der angezeigten Seite aus. Wischen Sie mit dem Finger in der Sprachenliste nach oben oder unten über den Bildschirm, bis *Deutsch (Deutschland)* (**1**) oder die für Sie passende Variante angezeigt wird.

- Dann tippen Sie auf den Eintrag für die Sprache oder das ggf. angezeigte Dreieck (**2**).

Alle weiteren Einrichtungsschritte werden Ihnen anschließend in der gewählten Sprache angezeigt.

> **HINWEIS:** Das genaue Aussehen der Einrichtungsseiten kann sich von Gerät zu Gerät unterscheiden. So kann die hier in der Abbildung gezeigte dreieckige Schaltfläche bei manchen Geräten mit *Weiter* und *Zurück* beschriftet sein. Funktional gibt es aber kaum Abweichungen, sodass Sie mit den folgenden Ausführungen sicherlich klarkommen werden.

Android einrichten

Den WLAN-Zugang einrichten

Richten Sie im nächsten Schritt den WLAN-Zugang für das Android-Gerät ein. Auf dem Bildschirm des Android-Geräts sollten bereits die in Ihrer direkten Umgebung empfangbaren Wi-Fi-Netzwerke aufgelistet sein.

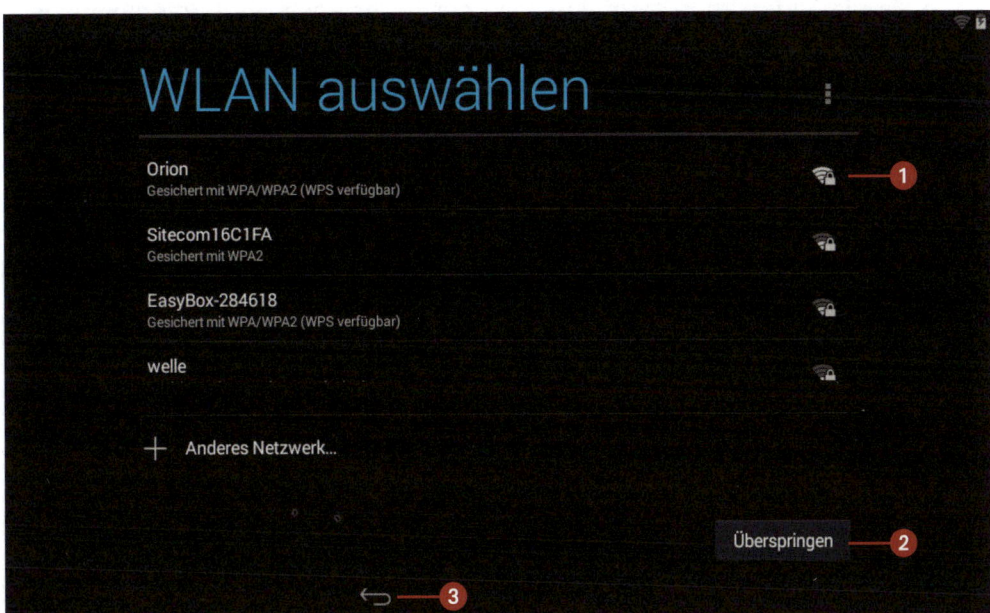

- Tippen Sie auf das Symbol des gewünschten **WLAN-Zugangs** (❶). Falls Sie den Zugang in diesem Schritt nicht einrichten möchten, tippen Sie auf *Überspringen* (❷). In diesem Fall lässt sich der WLAN-Zugang zu einem späteren Zeitpunkt über die App *Einstellungen* einrichten (siehe Kapitel 10).

> **TIPP:** Sie können übrigens bei jedem Schritt über die *Zurück*-Schaltfläche (❸) zur vorherigen Seite zurückwechseln und dort mit den Eingaben neu beginnen.

- Tippen Sie neben *Passwort* den Netzwerkschlüssel für den Zugang zum eigenen WLAN-Router in das betreffende Textfeld (❹) ein. Sie finden den Schlüssel meist auf der Geräteunterseite des Routers angegeben. Möchten

Android einrichten

Sie sich an einem fremden WLAN anmelden, bitten Sie den Besitzer um den Netzwerkschlüssel bzw. das Passwort.

> **HINWEIS:** Spätestens beim Antippen des Textfelds zur Passworteingabe wird die Bildschirmtastatur (5) eingeblendet. Über die Taste unten links (6) schalten Sie die Bildschirmtastatur zwischen der Buchstaben- und Zifferneingabe um. Haben Sie sich vertippt, lässt sich das zuletzt eingegebene Zeichen über die *Rück* Taste (7) löschen. Tippen Sie auf das Kontrollkästchen *Passwort anzeigen* (8). Ist das Kontrollkästchen mit einem Häkchen markiert, wird das Passwort im Klartext angezeigt. Ein erneutes Antippen macht die Markierung und somit die Anzeige wieder rückgängig.

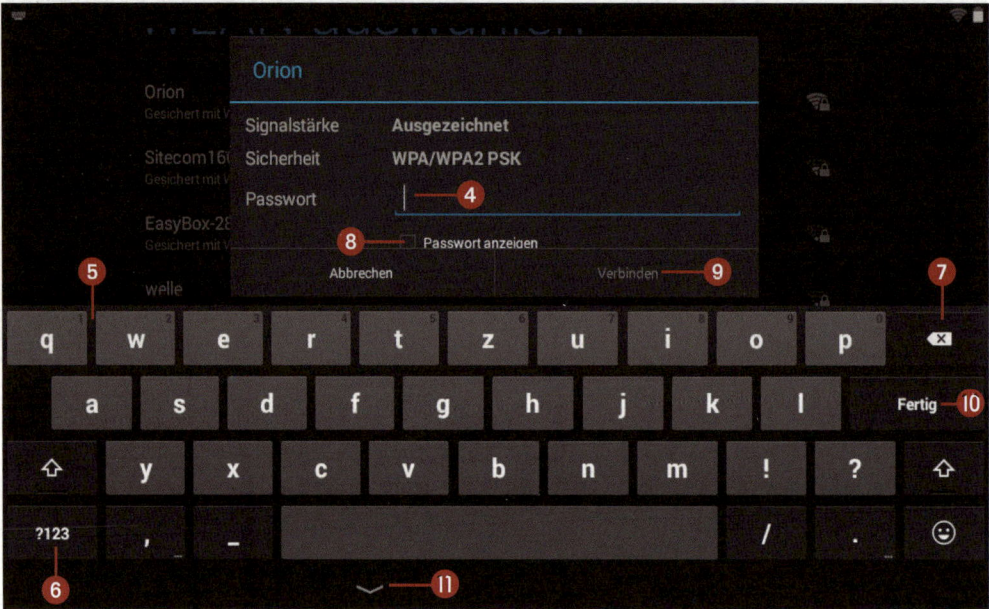

Android einrichten

Sobald der korrekte Netzwerkschlüssel für Ihr WLAN eingetragen wurde, bestätigen Sie dies durch Antippen der dann freigegebenen *Verbinden*-Schaltfläche (**9**). Oder Sie tippen auf die Taste *Fertig* (**10**) der Bildschirmtastatur.

> **TIPP:** Am unteren Rand der Bildschirmtastatur ermöglicht ein Symbol (**11**), die Tastatur auszublenden. Tippen Sie erneut auf ein Textfeld, wird die Bildschirmtastatur wieder angezeigt.

Nach Anwahl der *Verbinden*-Schaltfläche versucht das Gerät sich in das WLAN einzubuchen. Bei einem fehlerhaften WLAN-Schlüssel wird der Vorgang mit einem Fehlerhinweis abgelehnt. Dann wiederholen Sie die obigen Schritte zur Eingabe des Netzwerkschlüssels. Klappt das Einbuchen in das WLAN, werden Sie automatisch zum nächsten Inbetriebnahmeschritt weitergeleitet.

> **HINWEIS:** Den erforderlichen Netzwerkschlüssel haben Sie beim Einrichten des Routers festgelegt. Falls Dritte die Einrichtung für Sie vorgenommen haben, notieren Sie sich den Namen und den Zugangsschlüssel des WLAN-Netzwerks. Falls trotz korrekt eingetipptem Schlüssel keine Verbindung hergestellt wird, ist erfahrungsgemäß die am WLAN-Router eingestellte MAC-Filterung die Fehlerursache. Lassen Sie sich bei Problemen nach Möglichkeit von erfahrenen Personen helfen.

Anmeldung am Google-Konto

Android erwartet von Ihnen, dass Sie ein Benutzerkonto bei Google besitzen. Ein solches Konto besteht aus einer Gmail-Adresse und einem Kennwort und lässt sich gratis bei Google einrichten (siehe die folgenden Schritte). Über dieses Konto werden Einstellungen, App- und Medienkäufe verwaltet, und Sie können die Gmail-Adresse auch zum Versenden und Empfangen von E-Mails verwenden.

▶ Besitzen Sie bereits ein Google-Konto, dann tippen Sie auf der Seite *Nutzen Sie schon Google?* auf die Schaltfläche *Ja*.

Android einrichten

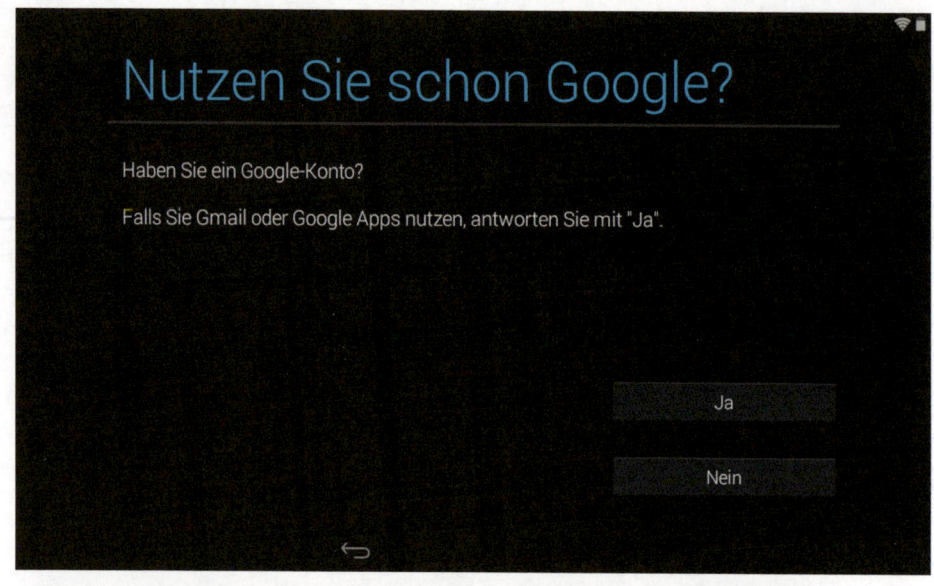

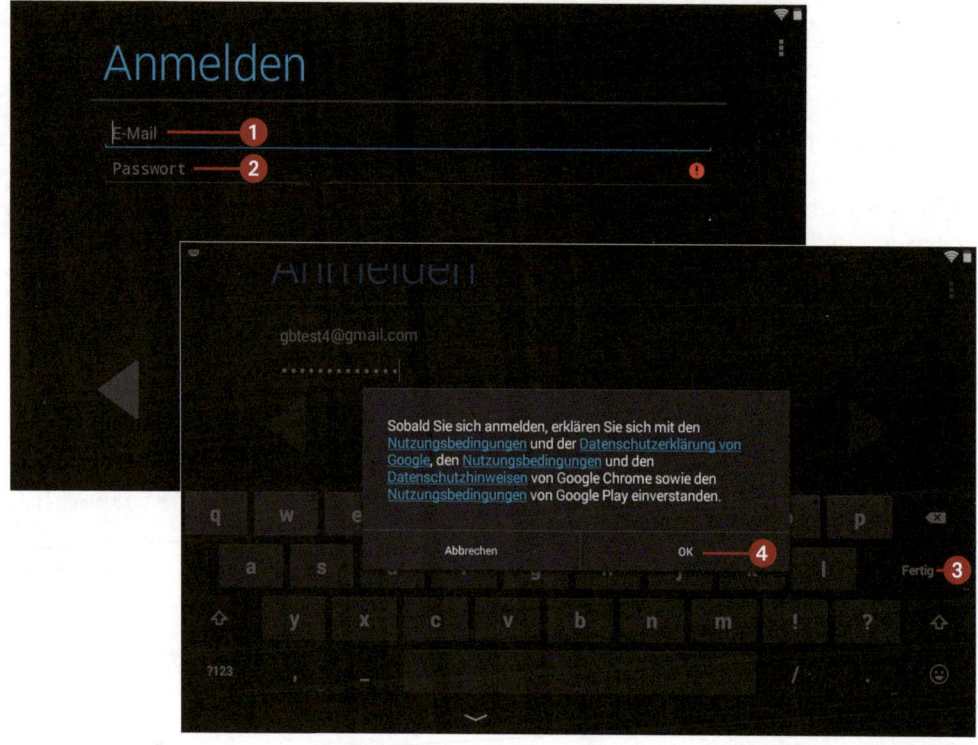

Android einrichten

▶ Tippen Sie auf der angezeigten Seite auf die Felder *E-Mail* (❶) und *Passwort* (❷) und geben Sie über die eingeblendete Bildschirmtastatur die E-Mail-Adresse des vorhandenen Google-Kontos und dessen Kennwort ein.

▶ Wenn Sie anschließend die Eingabe über die Schaltfläche *Fertig* (❸) der Bildschirmtastatur oder über die Schaltfläche *Weiter* der angezeigten Seite bestätigen, wird ein Pop-up-Fenster eingeblendet. Tippen Sie dann auf die *OK*-Schaltfläche (❹), um die Google-Nutzungsbedingungen anzuerkennen.

Anschließend werden Sie am Google-Konto angemeldet, um die nächsten Schritte durchzuführen. So kann eventuell ein Abgleich mit den im Konto gespeicherten Daten oder von Datum und Uhrzeit erfolgen. Möglicherweise erscheint auch eine Seite *Dieses Tablet gehört*, auf der Sie Ihren Vor- und Nachnamen zur Personalisierung eingeben. Zudem erhalten Sie Gelegenheit, Zahlungsinformationen festzulegen (siehe den folgenden Abschnitt).

> **HINWEIS:** Bei der ersten Einrichtung wird auch der Name des Gerätebesitzers abgefragt. Über das Konto des Hauptbesitzers ist es möglich, das Android-Gerät später über die App *Einstellungen* auf den Werksauslieferungszustand zurückzusetzen.
>
> Abhängig vom Hersteller werden ggf. auch Schritte zur Einrichtung spezieller Apps auf dem Gerät durchlaufen. Verfügen Sie noch nicht über ein Google-Konto, wählen Sie auf der ersten Seite die Schaltfläche *Nein* und befolgen die Schritte, die Android Ihnen vorgibt (siehe den Abschnitt »Ein Google-Konto erstellen«).

Android einrichten

ACHTUNG: Auf manchen Geräten ist ein Virenschutz von Herstellern wie McAfee, Kaspersky etc. installiert. Die Apps bieten Ihnen beim ersten Aufruf das Festlegen einer PIN und fragen eine E-Mail-Adresse ab. Notieren Sie die PIN und die E-Mail-Adresse und achten Sie darauf, dass die E-Mail-Adresse korrekt ist. Später werden Sie unter Umständen vom Gerät nach der PIN gefragt, um dessen Funktionen zu entsperren. Haben Sie die PIN vergessen, lässt sich eine Einmal-PIN zum Zurücksetzen der Sperre über die registrierte E-Mail-Adresse anfordern. Kennen Sie die E-Mail-Adresse nicht oder ist diese ungültig, lässt sich das Gerät bei vergessener oder (nach zehn Fehleingaben) gesperrter PIN nicht mehr nutzen. Die Sperre kann eigentlich nur noch durch den Gerätehersteller kostenpflichtig entfernt werden.

Einrichten der Zahlungsinformationen

Beim Festlegen eines Google-Kontos auf Ihrem Android-Gerät wird Ihnen auch die Seite *Zahlungsinformationen einrichten* gezeigt.

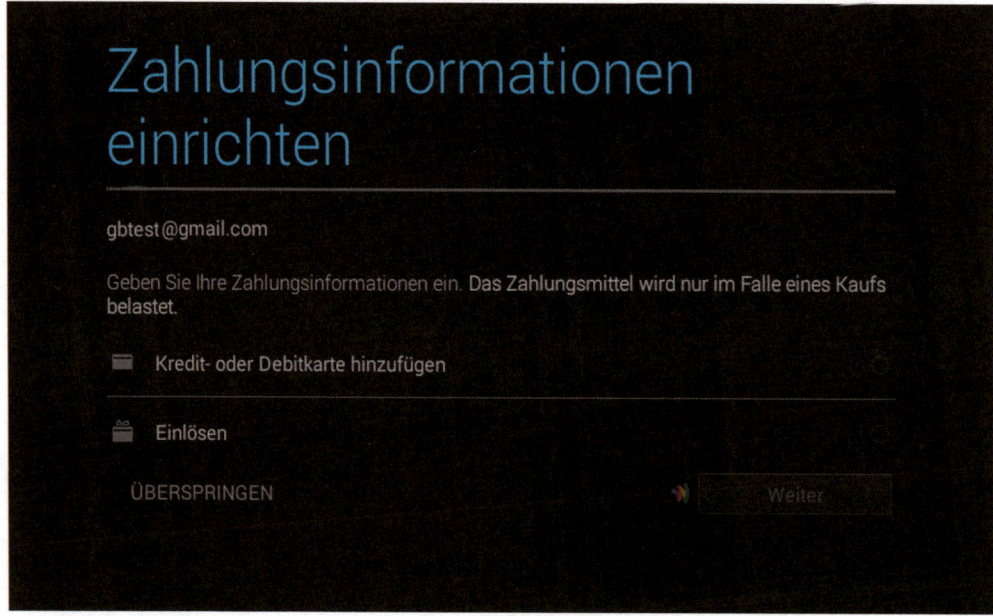

Android einrichten

Auf dieser Seite können Sie sowohl Kreditkartendaten für Zahlungen angeben als auch einen Gutschein zum Auffüllen eines Guthabens einlösen. Beim Einrichten eines Google-Kontos wähle ich allerdings immer *ÜBERSPRINGEN* als Option. Die Zahlungsinformationen lassen sich später bei Bedarf jederzeit nachtragen (siehe auch in Kapitel 2 den Abschnitt »Apps beziehen und verwalten«).

Ein Google-Konto erstellen

Haben Sie noch kein Konto bei Google? Beim Einrichten besteht die Möglichkeit, sich ein solches Google-Konto kostenlos anzulegen:

▶ Besitzen Sie kein Google-Konto, tippen Sie in der Seite *Nutzen Sie schon Google?* auf die Schaltfläche *Nein*.

▶ Tippen Sie auf der Seite *Google nutzen* auf die Schaltfläche *Konto erstellen* und befolgen Sie die nachfolgenden Schritte.

Falls Sie sich unsicher sind, können Sie auch auf *Später* tippen und die Kontoeinrichtung zu einem späteren Zeitpunkt in der App *Einstellungen* nachholen.

Android einrichten

Ohne Google-Konto lassen sich nur die Grundfunktionen und einige Apps verwenden.

ACHTUNG: Sofern Sie die folgenden Schritte zum Anlegen eines neuen Google-Kontos durchführen, **notieren Sie** sich die **E-Mail-Adresse** und auch das festgelegte **Kennwort** des **Google-Kontos**. Diese Notiz bewahren Sie an einem sicheren Ort auf, um im Fall der Fälle darauf zurückzugreifen. Ohne die Zugangsdaten für das Google-Konto kommen Sie nicht an die Daten bei Google heran und sind in der Nutzung des Geräts ebenso eingeschränkt wie bei einem fehlenden Google-Konto.

Beim Einrichten eines neuen Google-Kontos werden Sie durch die erforderlichen Schritte geführt. Als Erstes wird der Name des Gerätebesitzers abgefragt.

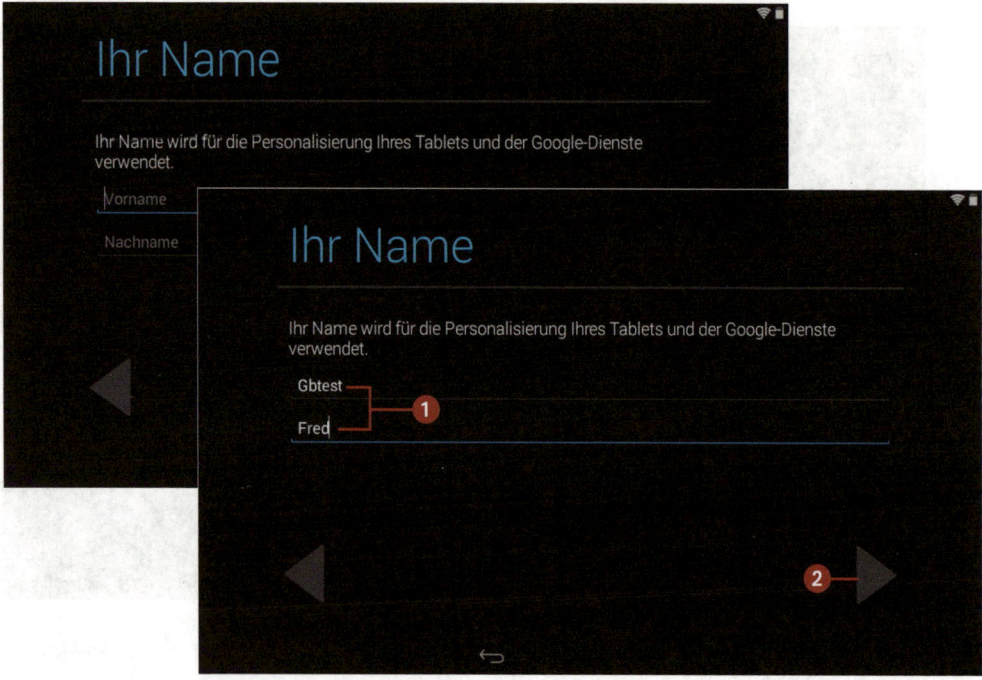

▶ Tippen Sie auf der Seite *Ihr Nachname* nacheinander die beiden Felder *Vorname* und *Nachname* (❶) an, geben Sie die Daten über die eingeblen-

Android einrichten

dete Bildschirmtastatur ein und tippen Sie entweder auf die *Weiter*-Schaltfläche (❷) oder auf die *Fertig*-Taste der Bildschirmtastatur

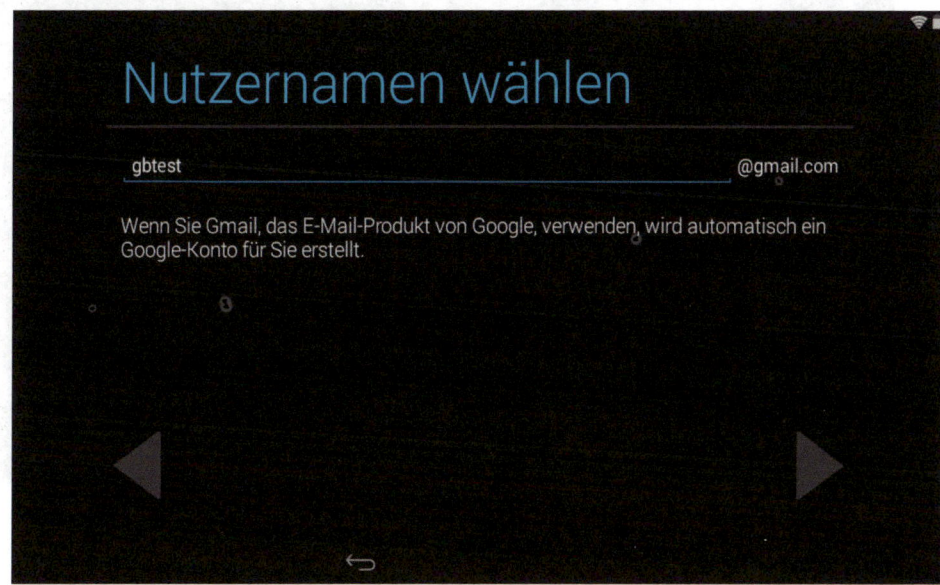

- Geben Sie auf der Seite *Nutzernamen wählen* den Namen für das Google-Konto bzw. die zugehörige E-Mail an oder passen Sie den angezeigten Namen an. Da es sich beim Google-Konto um eine gültige E-Mail-Adresse handeln muss, wird der Teil *@gmail.com* automatisch vorgegeben. Im festzulegenden Teil des Namens sind nur Ziffern, Buchstaben, ein Punkt sowie ein Minuszeichen und der Unterstrich zulässig. Weiterhin darf der Nutzername für das Google-Konto noch nicht durch einen anderen Benutzer belegt sein. Andernfalls wird die Eingabe abgewiesen. Sie können den Namen aber korrigieren (z. B. »4711« anhängen).

Über die angezeigte *Weiter*-Schaltfläche geht es dann zum nächsten Schritt. Android prüft dabei, ob der Benutzername gültig und eindeutig ist. Bei ungültigen Eingaben gelangen Sie wieder zur Eingabeseite des Benutzernamens zurück.

Android einrichten

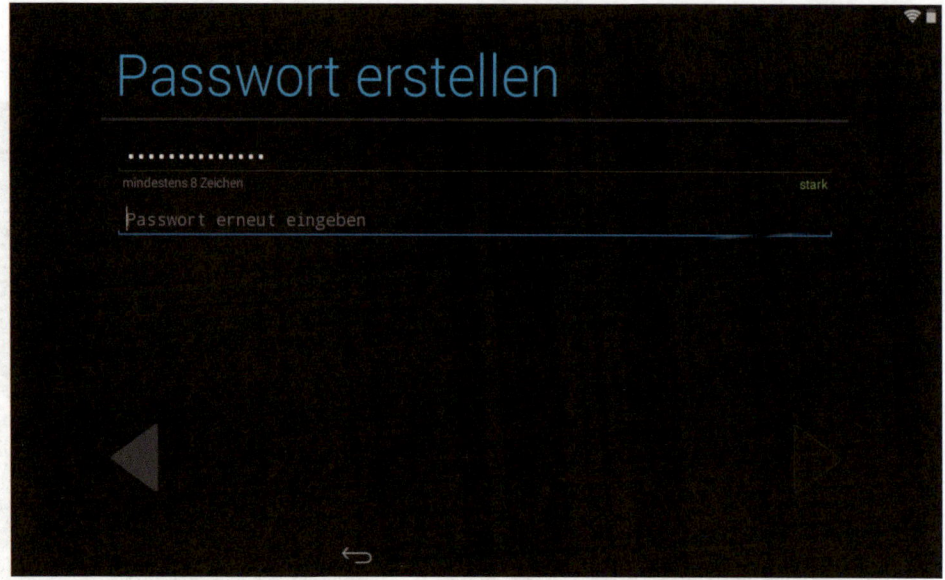

- ▶ Wird der Benutzername akzeptiert, öffnet sich die Seite *Passwort erstellen*. Tippen Sie auf das erste Passwortfeld und geben Sie ein Kennwort mit einer Länge von mindestens acht Stellen ein. Verzichten Sie auf Kennwörter der Art »12345678«. Ich selbst verwende beispielsweise immer eine Kombination aus Zeichen, Ziffern und Punkten oder Bindestrichen. Gute Kennwörter werden mit dem Hinweis »stark« auf der Seite bestätigt.
- ▶ Im zweiten Schritt geben Sie das Kennwort erneut im zweiten Passwortfeld ein und tippen dann auf die nun wählbare *Weiter*-Schaltfläche.

Für den Fall, dass Sie das Kennwort für Ihr Google-Konto vergessen haben und dieses zurücksetzen möchten, bietet Android beim Einrichten die Seite *Wiederherstellung des Google-Passworts* an:

- ▶ Tippen Sie auf der Seite auf die Schaltfläche *Wiederherstellungsoptionen einrichten* (❶).
- ▶ Anschließend geben Sie auf der angezeigten Folgeseite (❷) eine Telefonnummer sowie eine alternative E-Mail-Adresse an und legen das Land fest.

Android einrichten

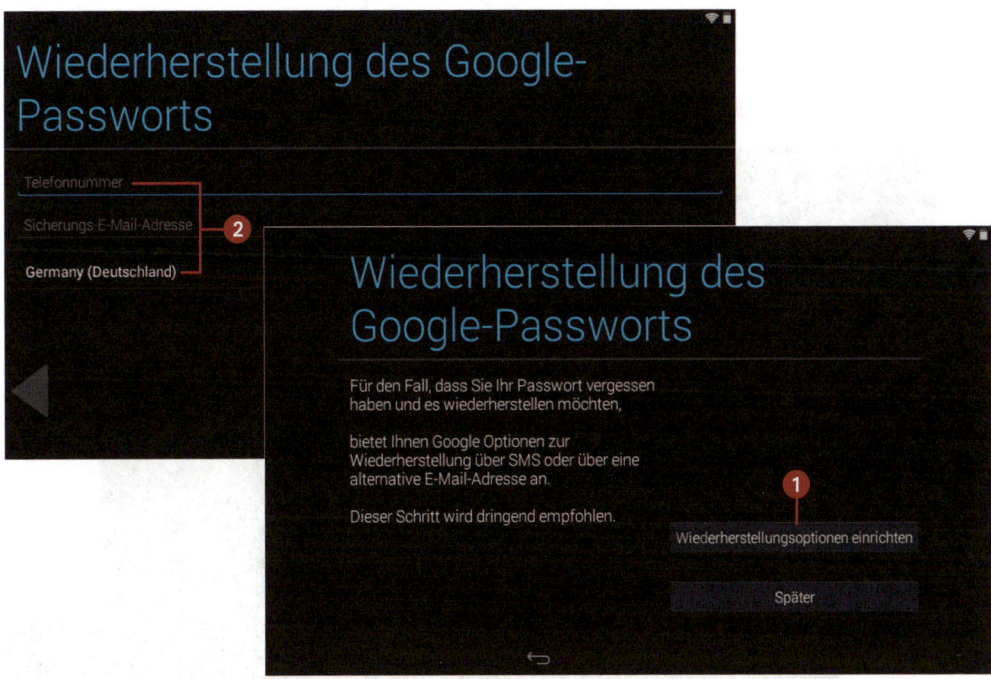

Sollten Sie das Kennwort für Ihr Google-Konto vergessen haben, können Sie dieses zurücksetzen lassen. Daraufhin schickt Ihnen Google ein Rücksetzkennwort entweder per SMS an die festgelegte Telefonnummer oder in einer E-Mail an die angegebene Adresse.

Das Google-Konto ermöglicht Ihnen nicht nur die Verwaltung der erworbenen Apps und Medieninhalte. Sie können auch Einstellungen des Android-Geräts in diesem Konto sichern lassen. Beim erneuten Einrichten des Geräts können dann die Einstellungen automatisch vom Google-Konto abgerufen und auf das Smartphone bzw. den Tablet-PC übertragen werden. Diese und weitere Einstellungen werden auf der Seite *Google-Dienste* festgelegt:

▶ Legen Sie auf der Seite *Google-Dienste* fest, welche Google-Dienste Sie im betreffenden Google-Konto verwenden möchten. Markieren Sie dazu die Kontrollkästchen (❸) der gewünschten Dienste.

Android einrichten

▶ Über die nach unten zeigende Schaltfläche (④) blättern Sie ans Ende der Seite, um weitere Optionen einsehen zu können. Tippen Sie auf die *Weiter*-Schaltfläche (⑤), um diesen Schritt abzuschließen.

Sobald die Seite *Konto fertigstellen* angezeigt wird, tippen Sie auf die Schaltfläche *Ich stimme zu*.

Android einrichten

Das betreffende Benutzerkonto wird nun angelegt. Im Anschluss werden Ihnen die im obigen Abschnitt »Anmeldung am Google-Konto« gezeigten Seiten angeboten. Sie können sich dann am neuen Google-Konto anmelden und die betreffenden Schritte durchlaufen.

In diesem Kapitel haben Sie eine Übersicht über Android-Geräte erhalten und die Schritte zum Einrichten eines Android-Geräts sowie das Anlegen eines Google-Kontos kennengelernt. Im nächsten Kapitel lernen Sie die Bedienung von Android kennen und erfahren, wie Sie Apps im Google Play Store kaufen.

2

Start und erste Schritte

Das lernen Sie in diesem Kapitel:
▶ Android-Bedienung
▶ Bedienung für Fortgeschrittene
▶ Apps beziehen und verwalten

Android-Bedienung

Im vorherigen Kapitel haben Sie eine Übersicht über Android-Geräte sowie die Schritte zur Inbetriebnahme erhalten. Dieses Kapitel vermittelt Ihnen nun das Grundwissen zum Umgang mit Android. Sie erfahren, wie der Startbildschirm bedient wird, wie Sie Apps aufrufen oder wie Sie diese aus dem Google Play Store beziehen können.

Android-Bedienung

In diesem Abschnitt möchte ich den absoluten Einsteigern unter Ihnen noch ein wenig Basiswissen zum Umgang mit Android an die Hand geben. Wer bereits über Grundkenntnisse verfügt, kann den Abschnitt überfliegen. Sie lernen, wie ein Android-Gerät ausgeschaltet wird, was ein Sperrbildschirm ist oder was sich hinter dem Startbildschirm verbirgt. Weiterhin beantworte ich die Frage, wie man mit den unter Android vorhandenen Apps arbeitet.

Einschalten und entsperren

Zum Einschalten des Smartphones oder Tablet-PCs drücken Sie einfach die Ein-/Austaste am Gehäuserand für ein paar Sekunden (siehe auch in Kapitel 1 den Abschnitt »Was ist was bei Ihrem Android-Gerät«).

> **HINWEIS:** Voraussetzung ist lediglich, dass der Akku des Geräts so weit aufgeladen ist, dass ein Start von Android möglich ist.

Nach dem Einschalten erscheint vermutlich ein Logo auf dem Bildschirm, bis Android vollständig gestartet ist. Das dauert einige Sekunden. Dann wird in den meisten Fällen der sogenannte Sperrbildschirm (auch als **Lock-Screen** bezeichnet) erscheinen. Dieser Sperrbildschirm hat die Aufgabe, das ungewollte Auslösen von Funktionen beim unbenutzten Gerät zu verhindern (z. B. wird das Gerät in der Tasche transportiert, Dritte sollen das Gerät nicht benutzen können).

Der Sperrbildschirm ist gerätespezifisch gestaltet und kann zudem vom Benutzer noch angepasst werden. In der folgenden Abbildung ist der Sperrbildschirm eines Tablet-PC mit Android 6 zu sehen.

Android-Bedienung

- Der Sperrbildschirm weist in der Regel immer die Uhrzeit- und Datumsanzeige (**1**) auf.
- Zudem sollte die Statusleiste am oberen Bildschirmrand (**2**) erscheinen. In der Statusleiste sehen Sie den Ladezustand des Akkus und ob eine WLAN-Verbindung besteht. Möglicherweise zeigt Ihnen der Hinweis »Aufgeladen« (**3**) an, dass der Akku des Geräts zu 100 % geladen ist.
- Oft wird ein **Kamerasymbol** (**4**) angezeigt. Tippen Sie mit dem Finger auf dieses Symbol und ziehen Sie den Finger über das Display, wird das Gerät entsperrt und gleichzeitig die Kamera-App zur Aufnahme von Fotos gestartet. Dies ist hilfreich, wenn es für Fotoaufnahmen schnell gehen soll.

- Je nach Gerät und Android-Version können auf dem Sperrbildschirm noch Statusmeldungen (**5**) angezeigt werden. Diese informieren Sie über Fehler, eingegangene Nachrichten und so weiter. Eine Statusmeldung lässt sich oft mit dem Finger nach rechts zum Rand verschieben und damit löschen bzw. ausblenden.

Ziehen Sie zum Entsperren des Geräts einfach das Symbol des Schlosses (**6**) mit dem Finger nach rechts oder nach oben in Richtung des Bildschirmrands. Anschließend gelangen Sie (in den Standardeinstellungen) zum Android-Startbildschirm.

Android-Bedienung

Wurde dagegen ein Kennwort, ein PIN-Code oder ein Entsperrmuster vom Benutzer eingerichtet, muss dieses stattdessen zum Entsperren eingegeben werden.

HINWEIS: Der Sperrbildschirm

Bei Smartphones wird der Sperrbildschirm und auch die nachfolgend vorgestellte Startseite immer im Hochformat angezeigt, während sich bei Tablet-PCs die Darstellung an die Lage des Geräts anpasst und sowohl im Hoch- als auch im Querformat angezeigt werden kann.

Das Gerät lässt sich aber in der App *Einstellungen* über die Befehlsfolge *Sicherheit/Displaysperre* so einrichten bzw. schützen, dass zum Entsperren ein PIN-Code, eine Fingergeste oder eine andere Methode wie ein Passwort erforderlich ist (siehe letztes Kapitel).

SIM-Sperre bei Smartphone

Bei Smartphones kann zudem nach jedem Starten von Android eine PIN-Abfrage durch die eingelegte SIM-Karte erzwungen werden.

Hier ist beispielsweise der Sperrbildschirm eines Samsung Galaxy S4 mit einer PIN-Abfrage zu sehen. Sie haben dann genau drei Versuche, um die SIM-PIN über die eingeblendeten Tasten einzutippen und mit *OK* zu bestätigen. Nach dem dritten Fehlversuch lässt sich die gesperrte PIN nur noch mit dem PUK (Personal Unblocking Key) der SIM-Karte aufheben. Ohne entsperrte SIM-Karte sind nur Notrufe möglich. Die SIM-Sperre ist aber unabhängig von der Anzeige des Sperrbildschirms.

Je nach Smartphone kann das Entsperren auch per Fingerabdrucksensor erfolgen. Dieser wird beim Einrichten von Android vom Benutzer erfasst. Zum Entsperren reicht es dann, den Finger auf den betreffenden Sensor zu legen.

Fingerabdrucksensor

Android-Bedienung

Benutzerauswahl ab Android 5

Manchmal verwenden verschiedene Personen ein Gerät (z. B. einen Tablet-PC). Oder ein Smartphone ist beruflich und privat in Gebrauch. Bei Geräten ab Android 5 (Lollipop) lassen sich, neben dem bei der Inbetriebnahme des Geräts angelegten Gerätebesitzer (siehe Kapitel 1), weitere Benutzer und Gäste für das Gerät einrichten. Jeder Benutzer erhält seinen eigenen »Bereich« auf dem Gerät, in dem er Daten, Apps, den Bildschirmhintergrund etc. ablegen kann. In der am oberen Bildschirmrand bei Android angezeigten Statusleiste befindet sich ganz rechts das Symbol eines stilisierten Benutzers (❶).

Tippen Sie auf dieses Symbol, wird die hier sichtbare Darstellung angezeigt, um die Benutzer zu verwalten:

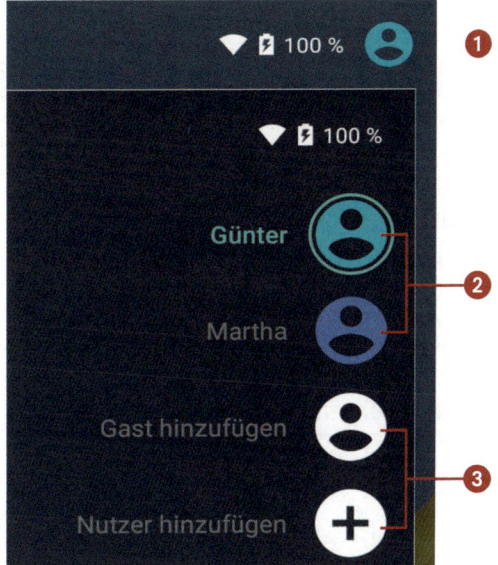

▶ Sind mehrere Konten eingerichtet, lässt sich durch Antippen des Kontonamens (❷) zwischen diesen Konten umschalten. Sie gelangen dann in die Umgebung dieses Kontos und können mit den Apps arbeiten.

▶ Der Hauptbenutzer (hier »Günter«) kann sowohl einen Gast als auch zusätzliche Nutzer (❸) hinzufügen. Bei Anwahl von *Nutzer hinzufügen* werden dann schrittweise verschiedene Seiten zum Anlegen eines Benutzers angezeigt. In diesen Schritten können z. B. ein Google-Konto sowie der Name des Konteninhabers angegeben werden.

Ob man verschiedene Benutzer verwendet, hängt vom persönlichen Geschmack, dem Vorhandensein von Android 5 sowie der Nutzung des Geräts ab.

Android-Bedienung

Stand-by-Modus und Gerät ausschalten

Ein unbenutztes Android-Gerät wird nach einer kurzen Zeit (wenige Sekunden bis Minuten) zum Energiesparen in den Ruhezustand (**Stand-by**) versetzt. Der Bildschirm ist in diesem Zustand dunkel geschaltet. Den gleichen Zustand erreichen Sie, wenn Sie die Ein-/Ausschalttaste kurz drücken. Beenden lässt sich der Stand-by-Modus durch erneutes Drücken der Ein-/Ausschalttaste.

> **HINWEIS:** Die Wartezeit bis zur Aktivierung des Ruhezustands lässt sich über die App *Einstellungen* über *Display - Ruhezustand* einstellen (siehe letztes Kapitel).

Zum richtigen **Ausschalten** des Geräts halten Sie die Ein-/Ausschalttaste ein paar Sekunden gedrückt. Sobald die hier gezeigte Darstellung erscheint, tippen Sie mit dem Finger auf den Text *Ausschalten*. Nach ein paar Sekunden ist das Gerät komplett abgeschaltet.

> **HINWEIS:** Je nach Android-Version und Gerät können weitere Befehle wie *Neustart* etc. im eingeblendeten Fenster neben dem Befehl *Ausschalten* angezeigt werden.

> **TIPP:** Drücken Sie Ihren Finger ein paar Sekunden auf den Befehl *Ausschalten*, zeigt Android ein sogenanntes Pop-up-Fenster mit der Bezeichnung *Im abgesicherten Modus starten*. Tippen Sie auf *OK*, werden beim nächsten Start von Android nur noch die vorinstallierten Apps des Herstellers automatisch gestartet (siehe auch www.borncity.com/blog/?p=160800). Dies ist ggf. zur App-Deinstallation hilfreich, falls eine App mit Schadfunktionen auf das Gerät gelangt ist und die Gerätefunktionen blockiert.

Android-Bedienung

Der Startbildschirm im Überblick

Sobald Sie das Gerät entsperrt haben, erscheint der sogenannte Startbildschirm (im Englischen auch als Home-Screen bezeichnet). Dieser Startbildschirm ist quasi der Arbeitsbereich und die Regiezentrale, um auf die Android-Funktionen und die Apps zuzugreifen:

▶ Der gesamte, in der folgenden Abbildung sichtbare Bereich der Anzeige wird als **Startbildschirm** bezeichnet. Sie können mit dem Finger nach rechts oder links wischen, um weitere »Seiten« des Startbildschirms einzusehen. Einige Elemente des Startbildschirms bleiben aber immer in der Anzeige an einer festen Position.

▶ Am oberen Rand werden **Statusinformationen** wie beispielsweise die Uhrzeit, der Ladezustand des Akkus oder der Status der WLAN-Anbindung (bzw. bei Mobilfunkverbindung der Status der SIM-Karte) in der **Statusleiste** eingeblendet.

▶ Am unteren Bildschirmrand sehen Sie drei **Navigationstasten**, über die Sie verschiedene Android-Funktionen abrufen können. Auf die Belegung der Navigationstasten gehe ich gleich noch detaillierter ein.

Android-Bedienung

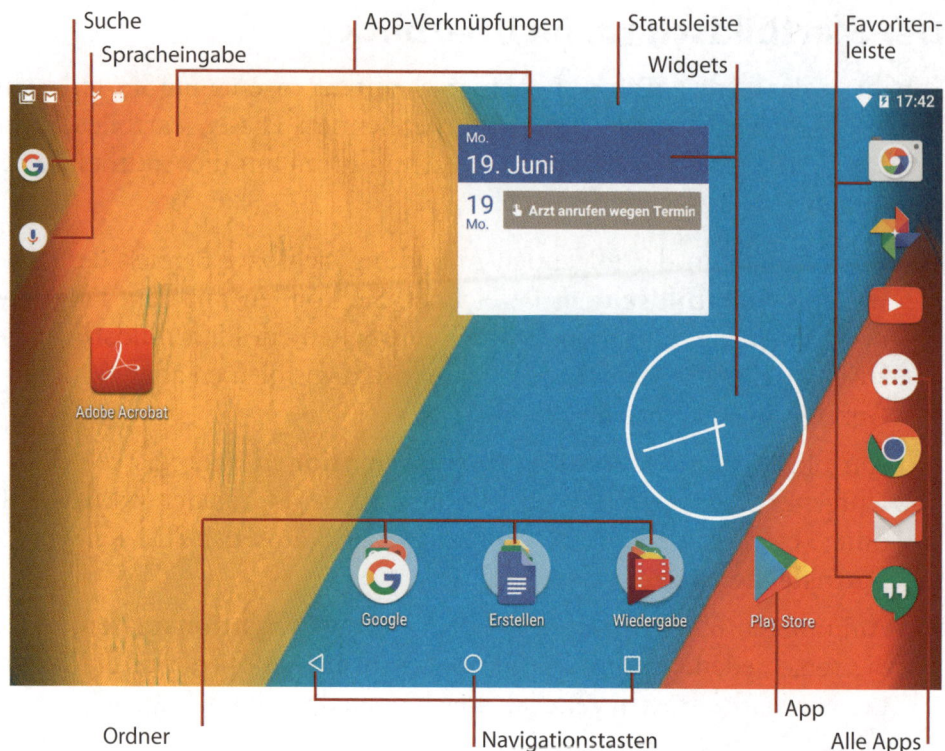

- Am linken (oder oberen) Rand erscheint ggf. die Leiste mit dem *Google*-App-Symbol und dem Mikrofonsymbol zur **Sprachsuche und -bedienung**. Am rechten (oder unteren) Rand wird zudem die **Favoritenleiste** eingeblendet. Diese nimmt die Symbole häufig benötigter Apps wie Mail, Browser, Kamera, Telefon sowie *Alle Apps*

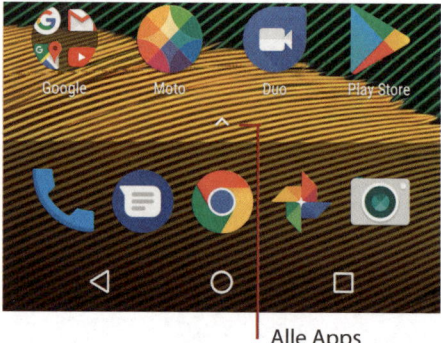

auf. Ab Android 7 verzichten manche Hersteller aber auf das Symbol *Alle Apps* und stellen ein eigenes Symbol zum Zugriff auf die betreffende App-Seite zur Verfügung. Hier ist der Startbildschirm beim Motorola Moto G5 mit Android 7 zu sehen.

▶ Auf dem Startbildschirm sehen Sie zudem die **Symbole** ausgewählter **Apps** (kleine Programme), die auf dem Gerät installiert sind. Android bietet zudem die Möglichkeit, mehrere App-Symbole der Startseite in einem sogenannten **Ordner** abzulegen.

▶ Auf dem Startbildschirm können zudem noch sogenannte **Widgets** angeordnet sein. Widgets sind kleine Programme, die als Fenster sichtbar sind und Informationen (z. B. Wetterdaten, Uhrzeit, Datum, abgespielte Musiktitel etc.) anzeigen.

Wischen Sie auf dem Startbildschirm, lässt sich zwischen den App-Symbolen blättern, während Status- und Navigationsleiste sowie die Favoriten und die Sprachsuche dauerhaft am Bildschirm sichtbar bleiben.

> **HINWEIS:** **Mehrere Startbildschirme**
>
> Je nach Android-Variante kann es mehrere **Startbildschirme** geben. Wie viele Startbildschirme das sind, erkennen Sie an mehreren kleinen Pünktchen im unteren Bereich der Anzeige. Wischen Sie mit dem Finger auf dem Display nach links oder nach rechts, um zwischen den Startbildschirmen zu blättern.
>
> **Drehen der Anzeige**
>
> Android-Geräte besitzen meist einen Rotationssensor, mit dem die Lage im Raum erkannt werden kann. Dadurch besteht die Möglichkeit, dass die Darstellung auf dem Bildschirm abhängig von der Haltung des Geräts im Hoch- oder Querformat angezeigt wird. Bei Smartphones werden der Sperrbildschirm und die Startseite immer im Hochformat angezeigt, egal, wie das Gerät gehalten wird. Nur bei Apps dreht sich die Anzeige zwischen Hoch- und Querformat. Bei Tablet-PCs passt sich die Anzeige des Displays auch beim Sperrbildschirm und bei der Startseite der Lage des Geräts automatisch an. Diese Drehfunktion kann bei manchen Geräten über eine Taste an der Seite gesperrt werden. Alternativ lässt sich die Sperre in der App *Einstellungen* über *Display* bzw. *Bildschirm/Bei Drehung des Geräts* ein-/ausschalten.

Android-Bedienung

Belegung der Navigationstasten

Am unteren Rand des Bildschirms finden Sie bei Android drei Navigationstasten. Die nachfolgende Abbildung zeigt die Navigationstasten für Android 4.4 (KitKat) im oberen Bereich und unten sind die Symbole ab Android 5 (Lollipop) zu sehen.

- *Zurück:* Das linke Symbol steht für die *Zurück*-Taste, die Sie immer einen Bedienschritt zurück bringt.

- *Start:* Das mittlere Symbol (manchmal auch als Home-Taste oder als Startbildschirm bezeichnet) bringt Sie beim Antippen zur Startseite.

- *Übersicht:* Das rechts angeordnete viereckige Symbol öffnet eine Liste mit Miniaturansichten laufender Apps und ermöglicht Ihnen, zwischen Apps umzuschalten oder diese zu beenden.

Auf die Funktion dieser Tasten gehe ich im Verlauf dieses Kapitels noch häufiger ein.

> **HINWEIS:** Beachten Sie auch, dass die Navigationstasten bei manchen Android-Geräten (z. B. Samsung Galaxy) nicht auf dem Bildschirm eingeblendet werden, sondern als Tasten ausgeführt sind. Hier sehen Sie die Tasten bei einem älteren Samsung Galaxy S4-Smartphone.
>
> Es gibt eine feste Taste *Start* sowie zwei beleuchtete Symboltasten für *Zurück* und *Übersicht*, wobei diese beiden Tasten gegenüber der obigen Anordnung vertauscht sind (*Zurück*-Taste ist hier rechts).
>
>

Android-Bedienung

Bediengesten im Überblick

Zum Arbeiten mit Android braucht man eigentlich recht wenig zu wissen. Es genügt, die folgenden Bediengesten zu kennen.

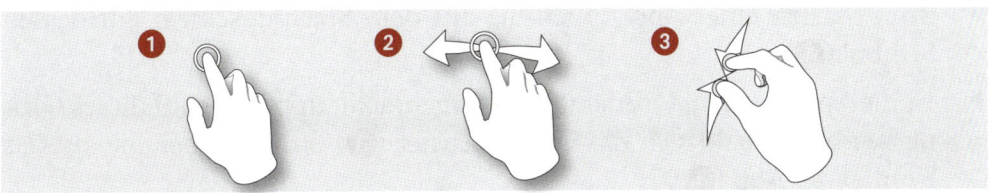

- (❶) Einfach ein Objekt (ein App-Symbol, ein Bedienelement in einer App etc.) antippen, um eine Reaktion auszulösen. In ganz wenigen Fällen kommt noch »halten« (den Finger ein paar Sekunden auf einem App-Symbol belassen) dazu.

- (❷) Mit dem Finger nach links oder rechts, in Apps auch von oben nach unten bzw. umgekehrt auf dem Bildschirm wischen, um zu blättern oder ein App-Symbol zu ziehen.

- (❸) Bei einigen Apps (z. B. Foto- oder Browser-App) können Sie Daumen und Zeigefinger zusammenziehen oder spreizen, um die Darstellung innerhalb der App (z. B. ein Foto oder eine Webseite) zu vergrößern bzw. zu verkleinern.

Mehr brauchen Sie eigentlich nicht zu wissen, um Android oder die Apps zu bedienen.

> **HINWEIS:** Bei manchen Tablet-PCs oder Smartphones (z. B. Galaxy Note) liegt noch ein Stift bei. Der Stift ist lediglich ein etwas »feinerer Finger« für Eingaben. Falls Apps Handschrifteingaben oder Zeichenfunktionen unterstützen, kann mit dem Stift auch geschrieben oder gemalt werden.

Android-Bedienung

Apps starten, umschalten, beenden

Das Starten und der Umgang mit Apps ist eigentlich ziemlich einfach. Hier kurz und knapp, was Sie wissen sollten:

▶ Zum Starten einer App tippen Sie auf dem Startbildschirm auf dessen Symbol (**1**).

▶ Ist die App in einem Ordner (**2**) untergebracht, tippen Sie auf dieses Ordnersymbol. Sobald sich das Ordnerfenster (**3**) öffnet, tippen Sie auf das Symbol der App (**4**).

▶ Um auf ein Widget (z. B. den Kalender) zuzugreifen, tippen Sie auf dessen Anzeige (**5**).

▶ Anschließend öffnet sich die App oder das Widget, und der Startbildschirm verschwindet. Sie können nun die Funktionen der App oder des Widgets verwenden.

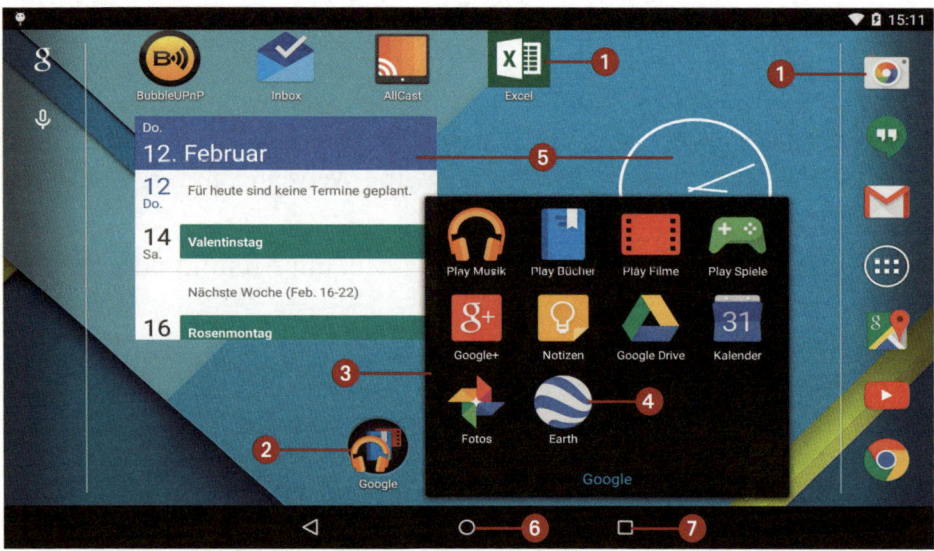

▶ Um zum Startbildschirm zurückzukehren, tippen Sie einfach auf die *Startbildschirm*-Taste (**6**) des Geräts.

Android-Bedienung

Sie können nun eine neue App aufrufen, um mit dieser zu arbeiten. Die Rückkehr zur vorherigen App klappt genauso, Sie gehen zum Startbildschirm zurück und wählen das Symbol der App erneut an. Aber es geht bei vielen Android-Geräten noch einfacher:

▶ Tippen Sie auf die Taste *Übersicht* (**7**) des Geräts. Android zeigt die Miniaturansichten der laufenden Apps und Widgets an. In der folgenden Abbildung sehen Sie die hintereinander gestapelten Miniaturansichten ab Android 5. In früheren Android-Versionen werden die Miniaturansichten als Liste untereinander dargestellt.

▶ Durch Wischen mit dem Finger nach oben oder unten blättern Sie in der Liste der Miniaturansichten nach oben oder unten.

▶ Tippen Sie die Miniaturanzeige der App oder des Widgets mit dem Finger an, um die App oder das Widget zu öffnen.

▶ Schieben Sie eine Miniaturanzeige mit dem Finger einfach nach rechts über den Bildschirmrand hinaus, um die App bzw. das Widget gezielt zu schließen. Alternativ tippen Sie in der rechten oberen Ecke der Miniaturansicht auf das *Schließen*-Symbol (das x).

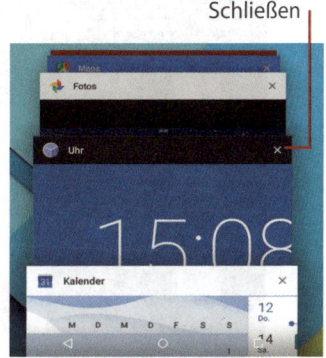

Sie sehen also, mit »gewusst wie« lässt sich noch eleganter mit Apps und Widgets unter Android umgehen – das ist eigentlich gar nicht mal so schwierig, und Sie müssen sich fast nichts merken.

Zugriff auf Alle Apps

In Android gibt es noch eine Besonderheit in Form der Seite *Alle Apps*. Hier werden alle auf dem Android installierten Apps und Widgets angezeigt.

Tippen Sie in der Favoritenleiste auf das Symbol *Alle Apps*, um zur Anzeige *Alle Apps* zu gelangen. Bei manchen Geräten findet sich ab Android 7

Android-Bedienung

nur ein kleines Dreieck zum Aufruf der Seite *Alle Apps* in Nähe der Favoritenleiste.

Die auf der Seite *Alle Apps* gezeigten Symbole gehören zu den Apps, die von Google oder dem Gerätehersteller unter Android vorinstalliert oder vom Anwender nachträglich hinzugefügt wurden. Allerdings hängt die Darstellung der Seite etwas von der Android-Version ab, und auf einem Smartphone erscheint die Anzeige im Hochformat.

▶ Bei Android 5 lassen sich über die beiden Befehle *APPS* (❶) und *WIDGETS* (❷) (fehlen ab Android 6) in der linken oberen Ecke der Anzeige zwischen der Darstellung der obigen App-Anzeige und der nachfolgend gezeigten Widgets-Anzeige umschalten. Ab Android 6 wird die hier im Vordergrund sichtbare Seite mit einem Suchfeld *Apps durchsuchen* angezeigt.

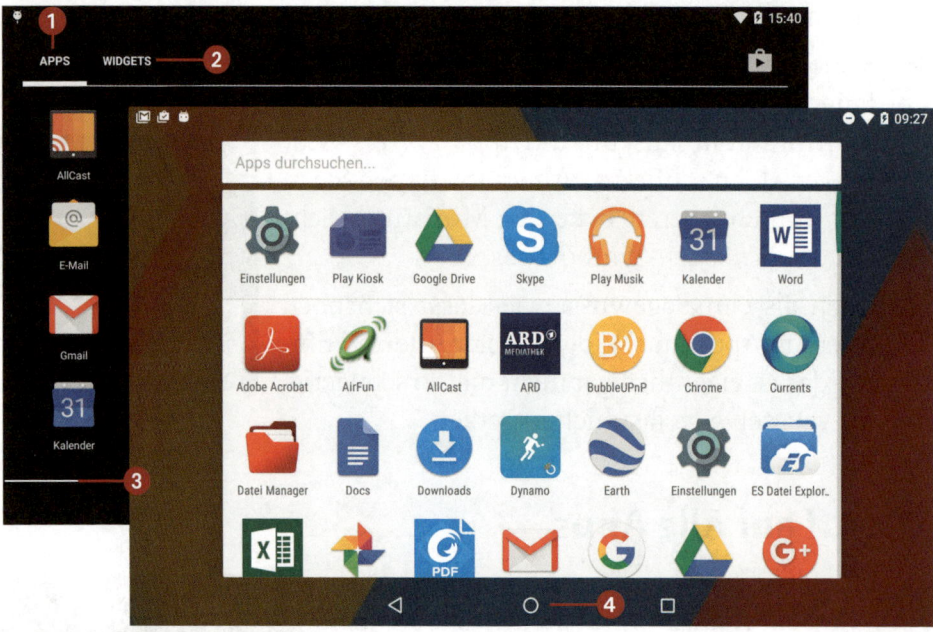

▶ Meist sind mehr Apps bzw. Widgets auf dem Gerät vorhanden, als auf dem Bildschirm dargestellt werden können. Dann blättern Sie durch Wischen nach links oder rechts (oder von oben nach unten) durch die Liste der Elemente. Die jeweils aktive Liste wird unter Android 5 durch eine weiße Linie (❸) angezeigt.

▶ Ab **Android 6** ändern sich die Schritte zum Aufruf der Widget-Seite. Drücken Sie den Finger ein paar Sekunden auf eine freie Stelle des Startbildschirms und heben Sie den Finger ab. Android blendet dann Symbole zum Anpassen des Startseitenhintergrunds, zum Zugriff auf die Einstellungen sowie zum Wechsel zur Widgets-Seite ein. Tippen auf das eingeblendete Symbol *WIDGETS*, um die zugehörige Seite zu öffnen.

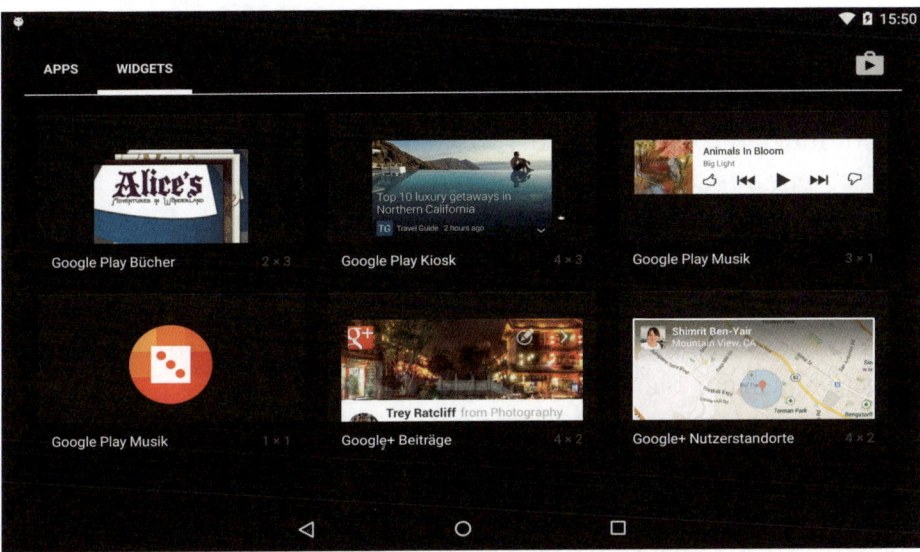

Um eine App oder ein Widget aufzurufen, reicht das Antippen des angezeigten Symbols. Tippen Sie in der Navigationsleiste auf das Symbol *Startseite* (❹), um zur Startseite zurückzukehren. Mehr braucht man über *Alle Apps* eigentlich nicht zu wissen.

HINWEIS: Unter *Alle Apps* stehen die Symbole wirklich für Apps. Bei den Symbolen auf dem Startbildschirm handelt es sich letztendlich um Verweise auf die Apps unter *Alle Apps*. Die App *Einstellungen* ermöglicht Ihnen den Zugriff auf Einstellungen, die Android selbst betreffen (siehe letztes Kapitel).

Bedienung für Fortgeschrittene

Mit den auf den vorherigen Seiten vorgestellten Techniken können Sie schon ganz gut mit einem Android Gerät arbeiten und Apps aufrufen. In diesem Abschnitt stelle ich den Umgang mit der Bildschirmtastatur, die Suche samt Spracheingabe, Techniken zum Anpassen der Startseite und mehr vor.

Apps anordnen und aufräumen

Gefällt Ihnen die Anordnung der Apps auf dem Startbildschirm nicht? Möchten Sie Apps mit ähnlichen Funktionen eventuell »gruppieren«? Oder soll eine App zum Startbildschirm hinzugefügt oder wieder von dort entfernt werden? Das ist alles möglich:

1 Um eine App auf dem Startbildschirm zu verschieben, drücken Sie den Finger einfach ein paar Sekunden auf das App-Symbol.

2 Anschließend ziehen Sie das App-Symbol (❶) mit dem Finger zur gewünschten Position auf der Startseite.

Sobald Sie den Finger vom App-Symbol abheben, wird dieses an der aktuellen Position auf der Startseite verankert. Auf diese Weise ordnen Sie App-Symbole und auch Widgets (sofern vorhanden) auf der Startseite nach Belieben an.

> **TIPP:** Es ist auch möglich, das Symbol der App aus dem sichtbaren Bereich des Startbildschirms über den linken oder rechten Rand des Bildschirms hinaus zu ziehen. Dann wird das Symbol in diesem Bereich des Startbildschirms angeordnet. Sie können sich das quasi als nebeneinander angeordnete Folge von mehreren Startseiten vorstellen.

Sie können die in obigen Schritten beschriebene »Schiebetechnik« für weitere Anpassungen verwenden:

Bedienung für Fortgeschrittene

- Ziehen Sie ein App-Symbol aus der Favoritenleiste zur gewünschten Position auf der Startseite (❷). Dann wird die Position in der Favoritenleiste frei.
- Schieben Sie das Symbol einer häufig benötigten App von der Startseite an eine freie Position in der Favoritenleiste (❸). Dieses App-Symbol wird in der Favoritenleiste verankert und bleibt sichtbar, falls Sie in der Startseite blättern.
- Um ein App-Symbol oder ein Widget vom Startbildschirm zu entfernen, drücken Sie kurz mit dem Finger darauf. Danach schieben Sie das Element zum auf der Startseite eingeblendeten *Löschen*-Symbol (❹).

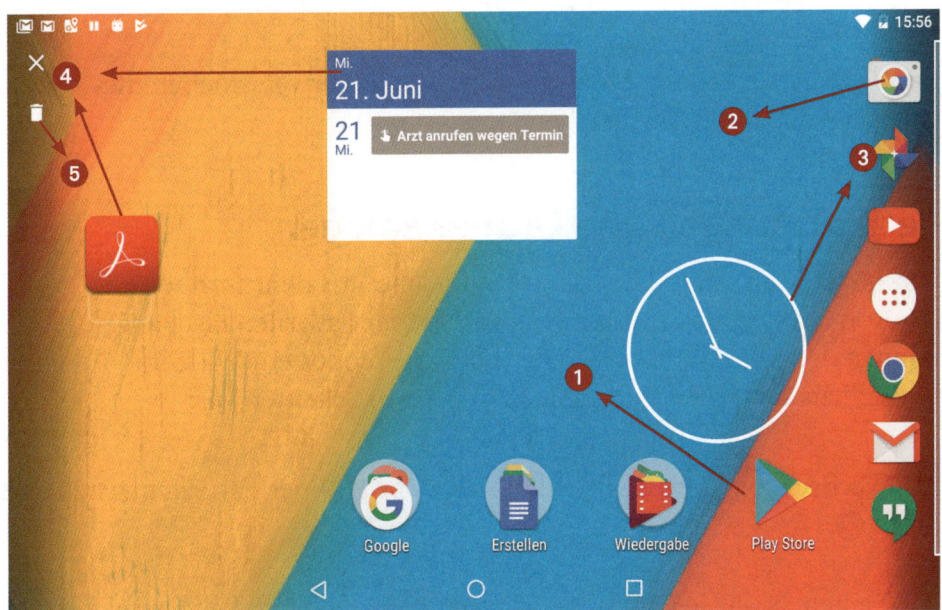

Das *Löschen*-Symbol (❹) kann, je nach Android-Version, als X oder als stilisierte Mülltonne (❺) am linken oder oberen Rand angezeigt werden.

Bedienung für Fortgeschrittene

> **HINWEIS:** Das Löschen eines App-Symbols auf dem Startbildschirm entfernt lediglich die Verknüpfung. Die App bleibt weiterhin auf dem Android-Gerät installiert und lässt sich über *Alle Apps* aufrufen und später erneut als Verknüpfung zum Startbildschirm hinzufügen.
>
> Beachten Sie aber: Wird sowohl das *Löschen*-Symbol (④) als auch das Symbol der stilisierte Mülltonne (⑤) angezeigt (in Android 6 der Fall), verändert sich das Verhalten. Das *Löschen*-Symbol (④) entfernt dann lediglich die Verknüpfung. Das Symbol der stilisierte Mülltonne (⑤) ermöglicht das Deinstallieren (also das Enfernen) der App vom Android-Gerät. Dieser Vorgang löst aber eine Nachfrage aus, und Sie müssen das Deinstallieren explizit bestätigen.

Auf diese Weise ordnen Sie die Apps neu an oder verschieben diese zwischen einzelnen Startbildschirmen.

Verknüpfungen und Ordner anlegen

Verknüpfungen sind Verweise auf Apps, die mit dem Symbol und dem Titel der App auf dem Startbildschirm oder in der Favoritenleiste angelegt werden können. Um eine Verknüpfung auf eine App oder ein Widget auf dem Startbildschirm anzulegen, gehen Sie in folgenden Schritten vor:

1 Wechseln Sie über das Symbol *Alle Apps* (①) der Favoritenleiste zur App-Seite (②).

2 Ziehen Sie die gewünschte App (③) etwas. Sobald die Startseite erscheint, **schieben** Sie die **App** an die gewünschte Position (④) **auf** der **Startseite**.

Bei Bedarf wechseln Sie über das Symbol für die Widgets (⑤) zur Widget-Seite. Dann lässt sich ein Widget (z. B. die Uhr oder der Kalender) wie ein App-Symbol zur Startseite verschieben. Beim Abheben des Fingers ordnet Android die Verknüpfung auf die App oder das Widget an der betreffenden Position innerhalb des Startbildschirms an.

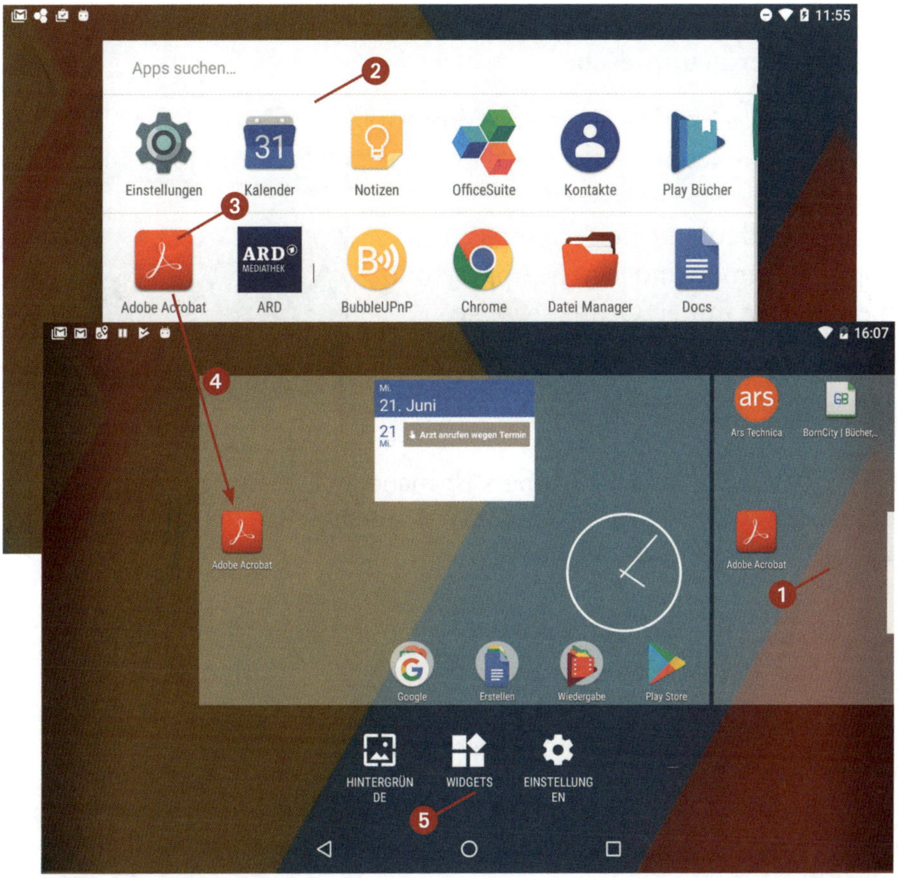

Bedienung für Fortgeschrittene

TIPP: Größe eines Widgets anpassen

Um die Größe eines Widgets auf dem Startbildschirm zu verändern, drücken Sie den Finger einige Sekunden auf das Widget.

Sobald Sie den Finger abheben, werden die Widget-Ränder mit Punkten (Ziehmarken) gekennzeichnet. Verschieben Sie die Ziehmarken mit dem Finger, um das Widget zu vergrößern oder zu verkleinern.

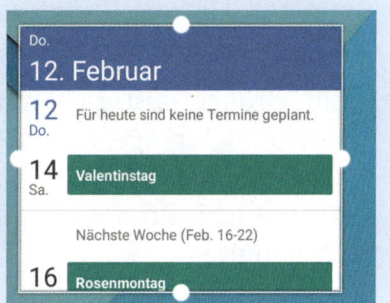

Start und erste Schritte

2

Bedienung für Fortgeschrittene

Aber es geht noch mehr: Sie können thematisch verwandte **Apps** auch **über** sogenannte **Ordner gruppieren**.

▶ Schieben Sie das Symbol einer App-Verknüpfung (**6**) per Finger über ein anderes Symbol des Startbildschirms und heben Sie den Finger ab.

▶ Android fasst dann die beiden Apps zu einer Gruppe zusammen und legt die App-Symbole in einem benannten Ordner (**7**) ab.

> **HINWEIS:** Das Anlegen eines Ordners ist manchmal etwas kniffelig, da das zweite Symbol wegrutscht. Versuchen Sie es ggf. mehrfach und schieben Sie das erste Symbol zügig über das zweite.

▶ Ist ein Ordnersymbol (**7**) auf dem Startbildschirm sichtbar, ziehen Sie Apps einfach über dieses Ordnersymbol, um diese dort einzufügen.

▶ Tippen Sie auf das Symbol eines Ordners, wird dessen Inhalt mit den App-Verknüpfungen als Fenster eingeblendet.

▶ Um eine App aus dem Ordnerfenster zu entfernen, legen Sie den Finger ein paar Sekunden im Ordner auf das Symbol der App. Dann schieben Sie das Symbol mit dem Finger auf den Startbildschirm zurück und heben den Finger ab.

▶ Ein leerer Ordner wird automatisch durch Android vom Startbildschirm entfernt. Um die Ordneranzeige zu schließen, tippen Sie im Startbildschirm auf eine freie Stelle neben dem Ordnerfenster.

▶ Ein Ordner lässt sich mit einem Namen versehen, indem Sie im geöffneten Ordnerfenster auf *Unbenannter Ordner* tippen und dann den Ordnernamen per Bildschirmtastatur eingeben (siehe den folgenden Abschnitt).

Bedienung für Fortgeschrittene

Mit diesen Techniken können Sie die Anordnung der Apps oder Widgets anpassen und den Startbildschirm ordnen. Ordner bieten Ihnen die Möglichkeit, Apps thematisch zu gruppieren.

Arbeiten mit der Bildschirmtastatur

Sobald Sie in Android oder in einer App auf ein Element zur Texteingabe tippen, wird die Bildschirmtastatur zur Texteingabe eingeblendet. Hier noch einige Tipps und Hinweise zum Arbeiten mit der Bildschirmtastatur am Beispiel der Benennung eines Ordners.

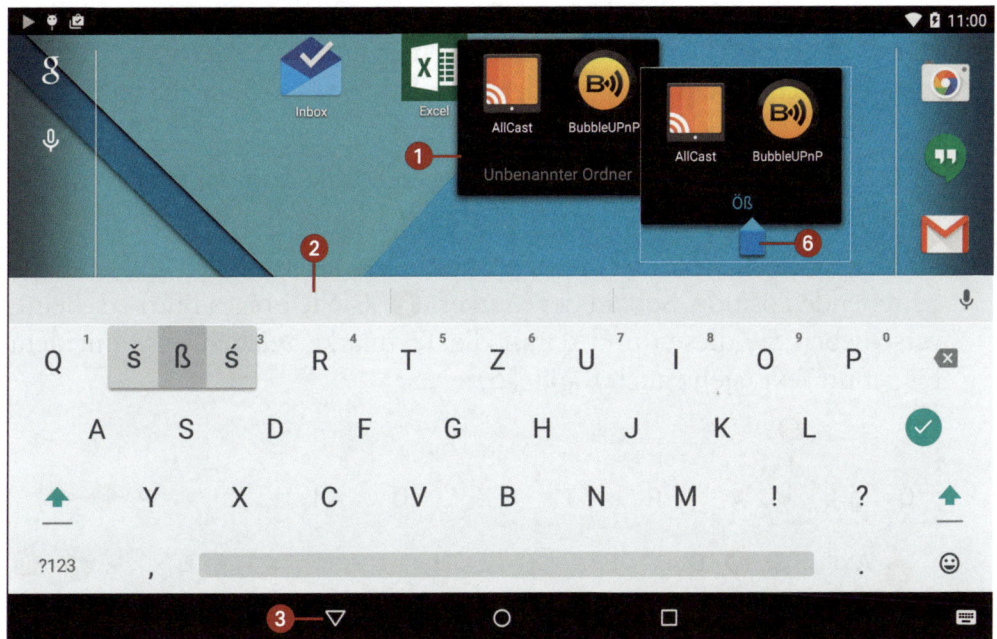

1 Tippen Sie auf das Textfeld (hier der Ordnername »Unbenannter Ordner«) (**1**), um mit der Eingabe zu beginnen.

2 Tippen Sie auf der nun automatisch angezeigten Bildschirmtastatur (**2**) die gewünschten Ziffern, Zahlen und Symbole ein.

Bedienung für Fortgeschrittene

> **HINWEIS:** Mit der *Zurück*-Taste (❸) im Navigationsbereich lässt sich eine irrtümlich eingeblendete Bildschirmtastatur wieder ausblenden. Das Gleiche passiert, wenn Sie einen Bereich neben dem Textfeld antippen.

Hier einige Tipps und Hinweise, was Sie bei der Texteingabe vielleicht wissen und beachten sollten:

▶ Tippen Sie die Buchstabentasten, um das jeweilige Zeichen einzugeben. Diese erscheinen im Textfeld links neben der als senkrecht blinkender Strich angezeigten Einfügemarke.

▶ Drücken Sie die Umschalttaste (❹), um Großbuchstaben einzutippen. Hat die Tastatur (nach einem Punkt) bereits auf Großbuchstaben umgeschaltet, wechselt ein Antippen der Umschalttaste zur Eingabe von Kleinbuchstaben zurück.

▶ Über die *Rück*-Taste (❺) löschen Sie Zeichen links von der Einfügemarke (blinkender Strich).

▶ Um die Einfügemarke im Text zu positionieren, legen Sie den Finger an die betreffende Position. Sobald der Marker (❻) (siehe obiges Bild) erscheint, verschieben Sie diesen und damit die Textmarke zeichenweise mit dem Finger im Text (siehe auch Kapitel 5).

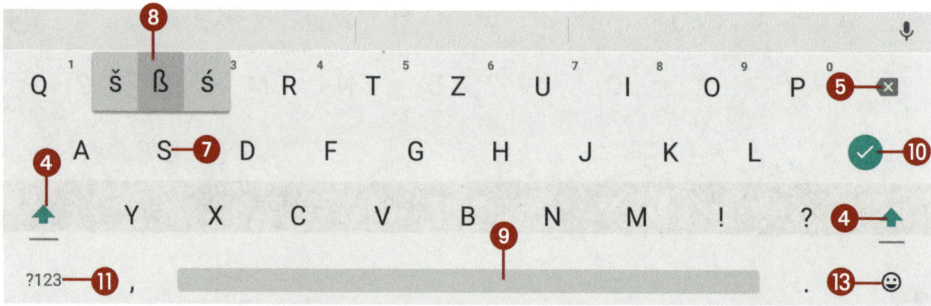

▶ Manche Tasten wie S, A, O, U sind mehrfach, u. a. mit Umlauten, belegt. Drücken Sie den Finger ein paar Sekunden auf die Taste (❼), wird ein kleines Fenster (❽) mit Akzent- oder diakritischen Zeichen eingeblendet. Wischen Sie einfach zur gewünschten Taste, um das Zeichen abzurufen.

Bedienung für Fortgeschrittene

▶ Die längliche Taste (**9**) am unteren Rand der Bildschirmtastatur ist die Leertaste, mit der sich Leerzeichen im Text einfügen lassen.

▶ Über die mit einem Häkchen, Pfeil oder ähnlich versehene Taste (**10**) wird eine Texteingabe abgeschlossen.

▶ Die Taste (**11**) schaltet die Bildschirmtaste auf numerische Eingaben um. Die numerische Tastatur weist eine mit ABC beschriftete Taste (**12**) zum Wechsel auf die alphanumerische Anzeige auf (siehe folgende Abbildung).

▶ Über die Taste (**13**) (siehe S. 64) schalten Sie zur Darstellung (**14**) der Tastatur um, über die Sie Symbole und Emojis (das sind Symbole wie lachende Gesichter etc.) abrufen können. Die Symbolzeichensätze werden über die Symbole am oberen Rand (**15**) der Bildschirmtastatur gewechselt, mit ABC (**12**) schalten Sie zur alphanumerischen Anzeige zurück.

Das Mikrofon 🎤 am oberen rechten Rand der Tastatur schaltet die Diktierfunktion per Spracheingabe ein (siehe den folgenden Abschnitt).

> **HINWEIS:** Durch Antippen des Symbols ⌨ in der rechten unteren Ecke des Bildschirms blenden Sie ein Fenster ein, in dem Sie die Sprache der Bildschirmtastatur (Deutsch, Englisch) auswählen können.
>
> Beachten Sie, dass sich der Aufbau der Bildschirmtastatur je nach Android-Version, Hersteller und installierter Tastatur geringfügig von der obigen Beschreibung unterscheiden kann.

Bedienung für Fortgeschrittene

Spracheingabe geht auch

Android unterstützt Sie mit einer Spracheingabefunktion, mit der sich sowohl Texte diktieren als auch Suchvorgänge durchführen, Befehle ausführen oder Fragen stellen lassen. Bei Fragen versucht ein Sprach-Assistent eine Antwort zu finden.

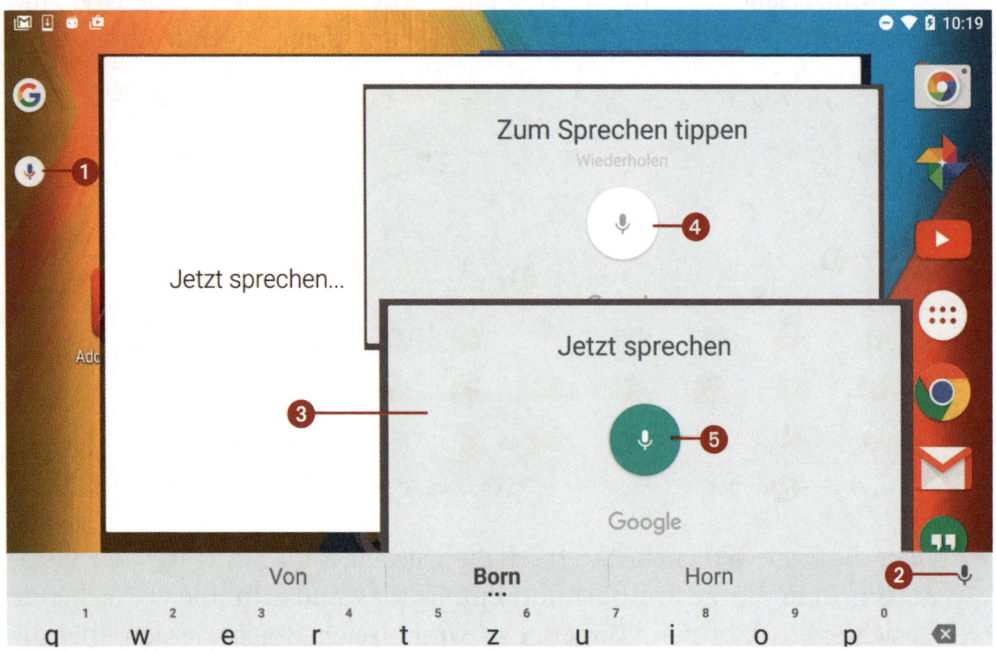

Die Aktivierung der Spracheingabefunktion ist auf verschiedene Arten möglich:

▶ Auf dem Startbildschirm sehen Sie in der Suchleiste das Mikrofonsymbol (❶). Bei eingeblendeter Bildschirmtastatur ist ebenfalls ein Mikrofonsymbol (❷) sichtbar. Manche Apps (z. B. der Chrome-Browser) unterstützen die Spracheingabe und zeigen das Mikrofon ebenfalls an.

▶ Tippen Sie einfach auf das Mikrofonsymbol (❶) oder (❷), um die Spracheingabe zu starten. Ist die Tastatur eingeblendet, verschwindet diese, und ein Spracheingabefenster (❸) wird angezeigt. Ist die Anzeige *Jetzt sprechen* (❺) zu sehen, sprechen Sie einfach die Wörter, Befehle, Fragen ein.

Bedienung für Fortgeschrittene

▶ Die Spracherkennung wird nach einigen Sekunden deaktiviert. Dann erscheint die Anzeige (❹). Tippen Sie einfach auf den Spracheingabebereich, um die Erkennung erneut zu starten. Ein erneutes Tippen deaktiviert die Spracherkennung wieder.

> **HINWEIS:** Je nach Android-Version wird ein Tastatursymbol oder ein Symbol *Schließen* ✕ in der Anzeige eingeblendet, über das Sie die Spracheingabe beenden und zur Bildschirmtastatur zurückschalten. Wird das Symbol einer Weltkugel oder ein Zahnrad angezeigt? Dieses öffnet ein sogenanntes Pop-up-Fenster, über dessen Befehle Sie Einstellungen vornehmen können.

Wartet die Spracheingabe und ist die Anzeige *Jetzt sprechen* zu sehen, diktieren Sie einfach die Wörter. Werden diese erkannt, übernimmt der Spracheingabe-Assistent diese. Abhängig von der verwendeten App werden die gesprochenen Wörter in Text umgewandelt und in den Textbereich eingefügt.

> **HINWEIS:** Mit der Spracheingabe von Texten sollten Sie selbst etwas experimentieren. Ich selbst verwende diese Funktion so gut wie gar nicht.

Die Spracheingabe von Android lässt sich auch verwenden, um dem Sprach-Assistenten Fragen zu stellen oder Anweisungen zu geben:

1 Tippen Sie auf dem Startbildschirm oder im Spracheingabebereich auf das Mikrofon (❶), um die Spracherkennung zu aktivieren.

Alternativ können Sie auf dem Startbildschirm das am linken Rand, oberhalb des Mikrofons sichtbare *G*-Symbol antippen. Oder Sie sagen »Ok Google«.

2 Stellen Sie nun einfach Ihre Frage oder formulieren Sie die gewünschte Anweisung.

Bedienung für Fortgeschrittene

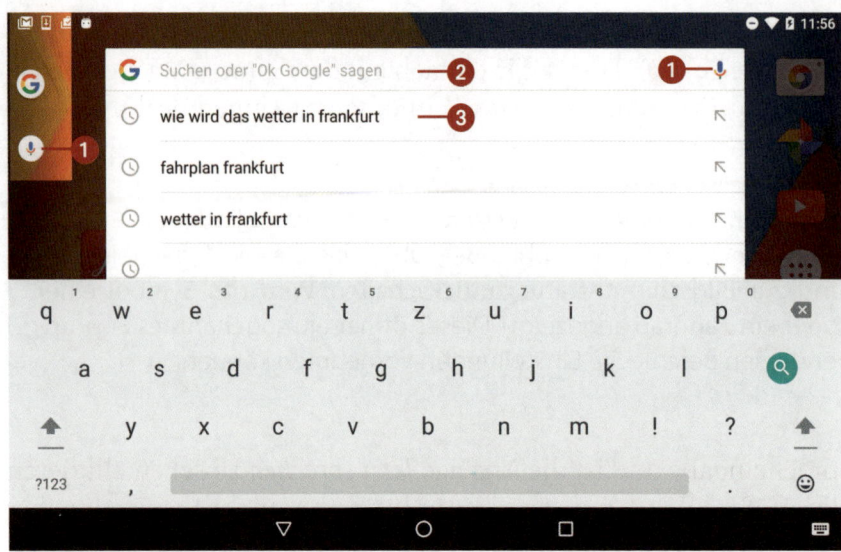

Der Assistent zeichnet Ihre Sprache durch das interne Mikrofon des Geräts auf und versucht, eine Antwort zu finden oder Ihre Anweisung auszuführen. Die erkannte Frage wird in der Seite mit der Antwort eingeblendet. Tippen Sie auf das Mikrofonsymbol, um die nächste Frage zu stellen oder Anweisung zu formulieren.

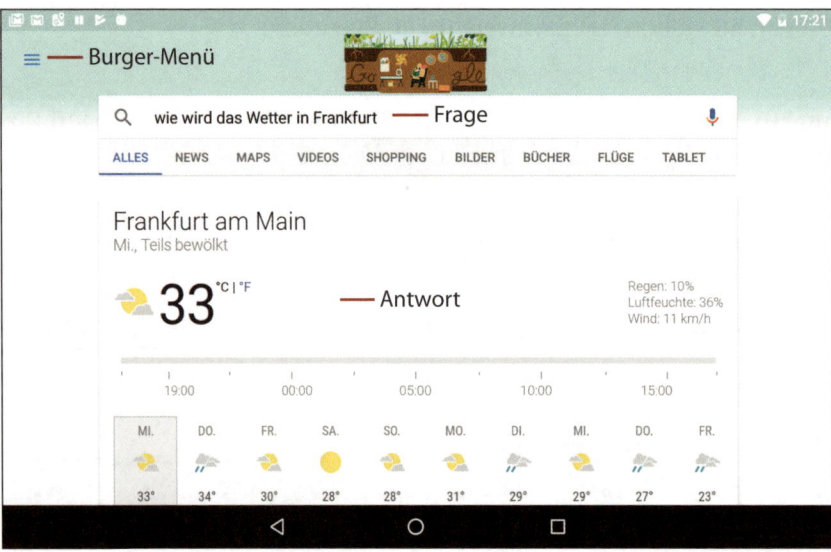

Versuchen Sie mal die Frage »Fahrplan Frankfurt« einzusprechen. Auch die Frage »Wie wird das Wetter in Frankfurt?« sollte beantwortet werden. Um den Sprach-Assistenten zu beenden, tippen Sie am unteren Bildschirmrand auf das *Startbildschirm*-Symbol des Navigationsbereichs.

> **HINWEIS:** Über das in vielen Seiten eingeblendete Symbol des sogenannten **Burger-Menüs** (die drei waagerechten Linien, siehe vorherige Abbildung) können Sie auf die Einstellungen zugreifen. Bei der Spracheingabe werden die gesprochenen Fragen oder Anweisungen standardmäßig an Google-Server übertragen, dort einer Erkennung unterzogen und als Information per Internet an das Gerät zurückgeschickt. Nicht jeder möchte das aus Datenschutzgründen. Zudem ist die Funktion unterwegs nur bei Geräten mit Mobilfunkunterstützung verfügbar. Der ständige Datenaustausch mit dem Internet kann dann aber schnell recht teuer werden, wenn der Mobilfunktarif nur ein geringes Datenvolumen beinhaltet. In den Einstellungen lässt sich aber auch eine **Offline-Spracherkennung** definieren. Auf der Webseite *https://support.google.com/websearch/answer/2940021?hl=de* finden Sie noch einige Hinweise zur Spracheingabe bei Android.

Benachrichtigungen ansehen

Android zeigt Benachrichtigen über eintreffende E-Mails, Weckzeiten, App-Updates, SMS, Kalenderereignisse etc. auf dem Sperrbildschirm an (siehe zu Beginn dieses Kapitels). Zudem werden in der Statusleiste Benachrichtigungssymbole am oberen Bildschirmrand eingeblendet.

▶ Um die Details einzusehen, wischen Sie im Benachrichtigungsbereich der Statusleiste nach unten. Bei Smartphones ist es egal, von wo in der Statusleiste Sie nach unten wischen. Bei meinem mit KitKat bestückten Tablet muss im linken Teil der Statusleiste (❶) nach unten gewischt werden (probieren Sie ggf., wo zu wischen ist).

▶ Daraufhin werden alle Benachrichtigungen angezeigt (❷). Tippen Sie auf einen Eintrag, um die zugehörige App (z. B. *Mail*, *Kalender* etc.) zu öffnen.

Bedienung für Fortgeschrittene

▶ Bei Bedarf können Sie den Benachrichtigungseintrag mit dem Finger nach rechts über den Displayrand verschieben. Die Benachrichtigung wird dann gelöscht.

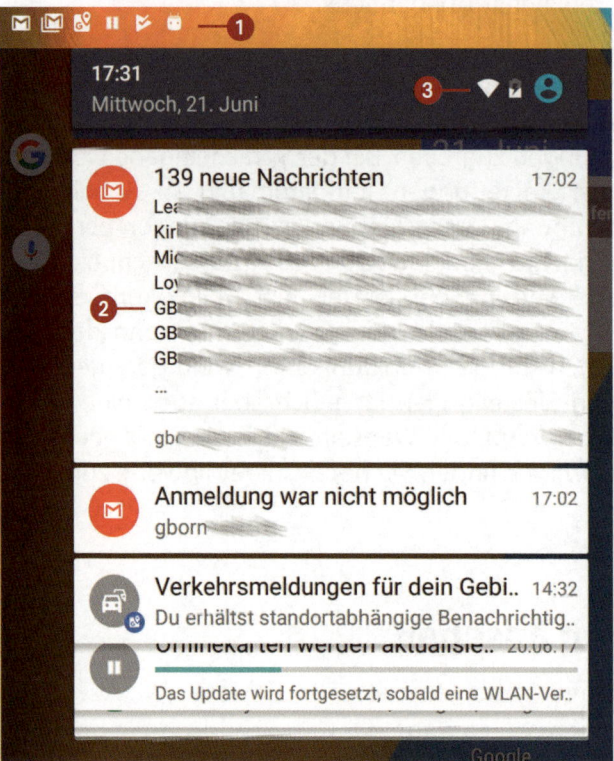

Tippen Sie am oberen Rand der Benachrichtigungen auf den Symbolbereich (❸), werden die nachfolgend beschriebenen Schnelleinstellungen angezeigt.

Bedienung für Fortgeschrittene

HINWEIS: Benachrichtigungen verwalten

Um festzulegen, welche Benachrichtigungen auf dem Sperrbildschirm oder in der Statusleiste erscheinen dürfen, rufen Sie die App *Einstellungen* auf. Dann wählen Sie die Kategorie *Ton & Benachrichtigungen*.

Über diese Seite lässt sich für jede der aufgeführten Apps festlegen, ob Mitteilungen angezeigt werden sollen oder nicht. Der Befehl *Bei gesperrtem Gerät* öffnet ein Menü, über dessen Befehle Sie die Anzeige von Benachrichtigungen ein- oder ausschalten können.

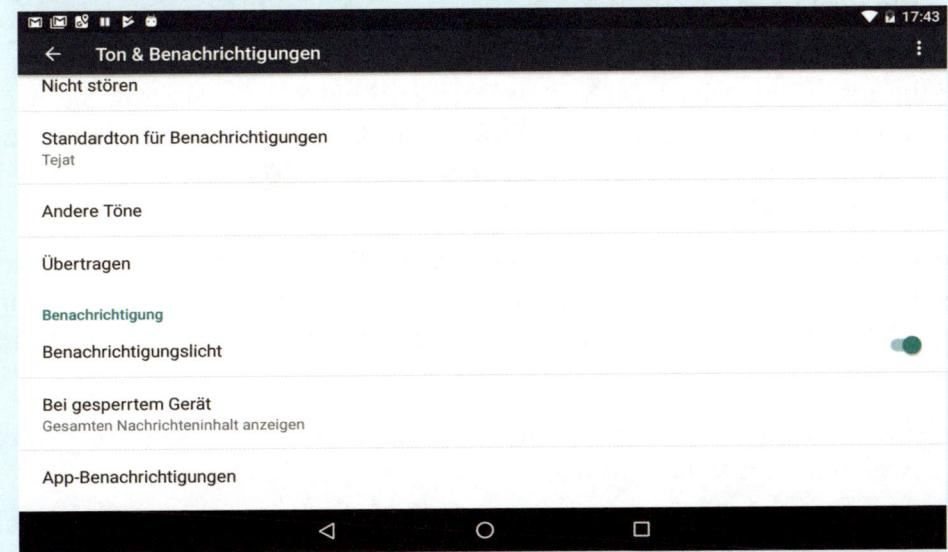

Der Befehl *App-Benachrichtigungen* zeigt eine Seite mit installierten Apps. Wählen Sie eine App an, können Sie auf einer weiteren Seite festlegen, ob Benachrichtigungen blockiert oder angezeigt werden sollen. Weiterhin können Benachrichtigungen als »Wichtig« eingestuft werden. Dann werden diese ganz oben in der Benachrichtigungsliste aufgeführt.

Zugriff auf die Schnelleinstellungen

Über die Schnelleinstellungen erhalten Sie einen schnellen Zugriff auf bestimmte Einstellungen (WLAN, die Bildschirmhelligkeit und mehr). Das Abrufen der Schnelleinstellungen hängt etwas von der Android-Version ab.

▶ Zum Einblenden wischen Sie mit dem Finger von der Statusleiste am oberen Bildschirmrand nach unten. Bei manchen Android-Geräten (hier ein Medion-Tablet mit Android 4.4) erscheinen die Schnelleinstellungen (❶) sofort, wenn von der rechten oberen Hälfte der Statusleiste nach unten gewischt wird.

▶ Bei anderen Android-Geräten wird aber der Bereich mit den Benachrichtigungen angezeigt, egal von welcher Position der Statusleiste Sie nach unten wischen. Tippen Sie in diesem Fall dann auf die am oberen Rand des Benachrichtigungsfelds angezeigten Symbole (❷), um die Schnelleinstellungen (❶) einzublenden.

Der angezeigte Inhalt der Schnelleinstellungen (❸) hängt etwas vom Android-Gerät und von der Android-Version ab. Die weiter unten folgende Abbildung zeigt die Schnelleinstellungen für Android 5 auf meinen Google-Nexus-Geräten:

▶ Zur Helligkeitsanpassung schieben Sie den am oberen Rand sichtbaren Regler nach links oder rechts.

▶ Weitere Felder ermöglichen Ihnen, die WLAN-Funktion ein-/auszuschalten, das Gerät in den Flugmodus (Mobilfunkteil abgeschaltet) zu versetzen oder die Bluetooth-Funktion ein-/auszuschalten.

▶ Über *Automatisch drehen* lässt sich die Bildschirmrotation beim Kippen des Geräts im Hoch- und Querformat freigeben oder sperren.

▶ Über *Standort* kann die Ortserfassung per GPS-Signal ein- oder ausgeschaltet werden.

Tippen Sie auf das Symbol mit dem Zahnrad (❹), gelangen Sie direkt zur App *Einstellungen* und können dort Einstellungen anpassen (siehe Kapitel 10).

Bedienung für Fortgeschrittene

HINWEIS: Abweichungen bei diversen Android-Versionen

Bei Samsung-Galaxy-Geräten weist der Bereich der Schnelleinstellungen wesentlich mehr Symbole auf. Meist lässt sich aber anhand des Symbols und des Symboltitels erkennen, um welche Option es sich handelt. Beim Wischen nach unten erscheint erst diese Darstellung, und das Symbol in der rechten oberen Ecke mit den Vierecken blendet die Schnelleinstellungen ein.

Bei anderen Android-Versionen werden die Schnelleinstellungen als eine Art Band und als Palette angezeigt. Dann benutzen Sie den Finger, um im Band nach links oder rechts zu wischen und so verdeckte Optionen in das Display zu schieben.

Ab Android 7 befindet sich am rechten oberen Rand der Schnelleinstellungen das Symbol *Erweitern*. Tippen Sie auf das Symbol, um die Palette mit den Schnelleinstellungen anzuzeigen.

Bedienung für Fortgeschrittene

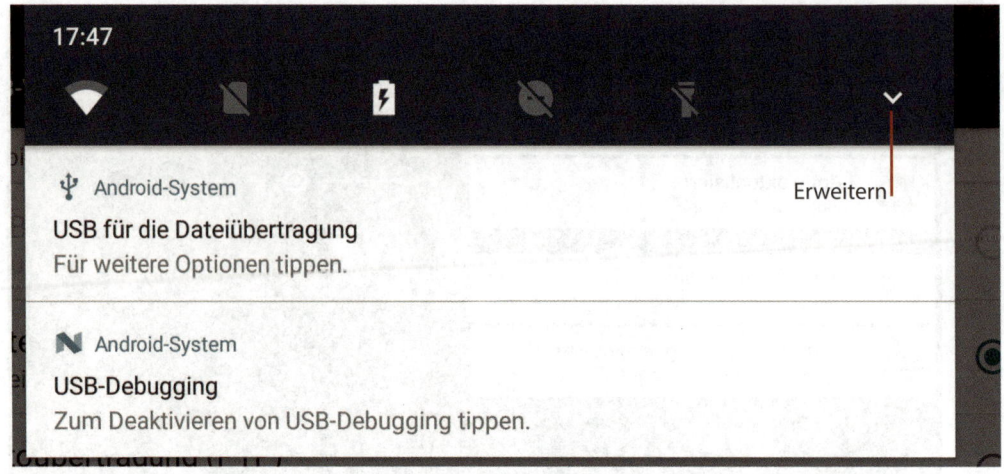

HINWEIS: **Bildschirmübertragung auf das TV-Gerät**

Die Option *Bildschirm übertragen* ist nicht bei allen Geräten vorhanden. Über diese Option können Sie den Bildschirm des Geräts drahtlos per **Miracast-Standard** auf einen geeigneten Empfänger übertragen. Diese Funktion wird in diesem Buch aber nicht behandelt. In meinem Blog finden Sie unter *http://www.borncity.com/blog/?p=144134* einige Artikel, die sich mit dem Thema beschäftigen.

Lautstärke anpassen

Zur Anpassung der Lautstärke bei der Audioausgabe des Android-Geräts verwenden Sie die Lautstärkewippe an der Gehäuseseite.

Drücken Sie die Leiser- oder Lauter-Taste an der Lautstärkewippe, wird auf dem Bildschirm eine Lautstärkeanzeige sichtbar.

Durch erneutes Antippen der Lautstärkewippen lässt sich die gewünschte Lautstärke einstellen. Bei angeschlossenem Ohr- oder Kopfhörer erscheint allerdings eine Warnung, sobald die Lautstärke eine bestimmte Grenze überschreitet.

> **HINWEIS:** Die Soundausgabe von Smartphones und Tablets ist nicht immer besonders gut. Mit Ohr- oder Kopfhörern lässt sich die Soundqualität verbessern. Weiterhin gibt es im Handel externe Lautsprecher, die eine bessere Klangqualität bieten. Bei Bluetooth-Lautsprechern ist sogar eine drahtlose Übertragung von Musik möglich. Die vielen Smartphones beiliegenden Ohrhörer fungieren gleichzeitig auch als Mikrofon, um Telefonate führen zu können. Wie Sie ein Gerät unter Android in den Lautlosmodus schalten, ist im Blogbeitrag *http://www.borncity.com/blog/?p=161325* erklärt.

Den Startbildschirm-Hintergrund anpassen

Sie haben die Möglichkeit, den auf dem Startbildschirm angezeigten Hintergrund anzupassen:

1 Hierzu reicht es, den Finger ein paar Sekunden auf eine freie Stelle des Startbildschirms zu drücken.

2 Bis Android 5 tippen Sie anschließend im eingeblendeten Menü *Hintergrund auswählen* auf einen der angezeigten Befehle. Ab Android 6 wählen Sie das angezeigte Symbol *Hintergründe*.

3 Wählen Sie auf der angezeigten Seite den gewünschten Hintergrund aus.

Apps beziehen und verwalten

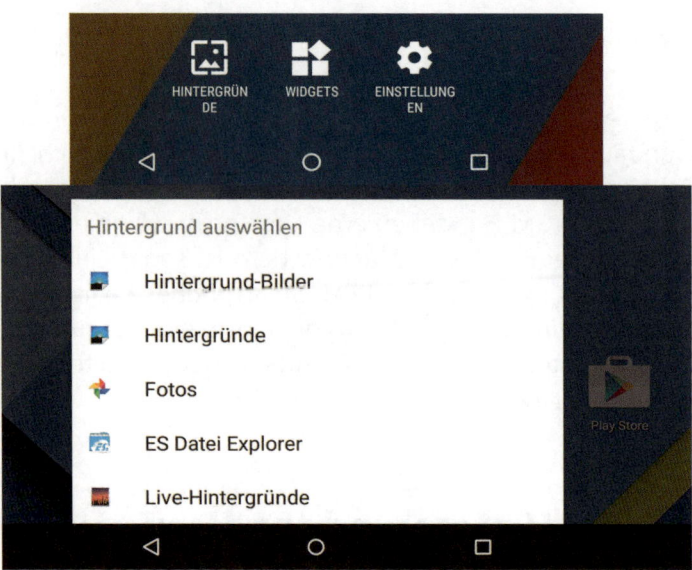

Sie können aus einer Sammlung von Android-Hintergrundbildern, Hintergründen, Live-Hintergründen und Fotos das gewünschte Motiv auswählen und dem Startbildschirm zuordnen. Anschließend tippen Sie auf den am oberen oder unteren Bildrand angezeigten Befehl *Hintergrund auswählen* bzw. *Hintergrund festlegen*.

Apps beziehen und verwalten

Die Funktionen eines Android-Geräts werden im Wesentlichen durch die sogenannten Apps (kleine Programme) bereitgestellt. Apps werden von Google im sogenannten Play Store angeboten. In diesem Abschnitt zeige ich Ihnen, was Sie rund um den Bezug von Apps aus dem App-Store (Google Play Store) und deren Verwaltung wissen müssen.

Wo gibt's die Apps?

Mit jedem Android-Gerät wird eine Reihe von Apps mitgeliefert. Deren Anzahl hängt dabei vom Gerätehersteller ab:

Apps beziehen und verwalten

- Einmal gibt es die Google-Apps wie *Chrome-Browser*, *Mail*, *Maps* etc.
- Zudem fügen die Gerätehersteller häufig noch eine Auswahl eigener Apps hinzu.

Aber mit der Zeit möchten Sie vielleicht zusätzliche Apps verwenden. Diese Apps können gratis oder kostenpflichtig sein und lassen sich über sogenannte App-Stores beziehen. Bei Android gibt es verschiedene Möglichkeiten, auf App-Stores zuzugreifen:

- **Google Play Store:** Die Firma Google, die Android entwickelt, stellt einen App-Store zur Verfügung, der sich auch in einem Browser unter der Internetadresse *https://play.google.com/store* abrufen lässt.
- **Alternative App-Stores:** Es gibt alternative Anbieter, die Android-Apps in einem App‚Store bereitstellen. Beispielsweise betreibt der Versender Amazon.de einen solchen Android-App-Store. Auch Gerätehersteller wie Samsung betreiben eigene App-Stores.
- **Apps als Download per Internet:** Weiterhin bieten manche Webseiten Android-Apps als sogenannte *.apk*-Dateien zum Download an. Dann reicht es, zur Installation die *.apk*-Datei in einer Datei-Manager-App per Doppeltippen anzuwählen, um die Installation zu starten.

In diesem Buch behandele ich aus Umfangsgründen lediglich den App-Store von Google.

> **ACHTUNG:** Apps können Schadsoftware enthalten. Daher sollten Sie auf den Bezug von Apps aus diversen App-Stores von Drittherstellern, speziell aus obskuren Quellen, verzichten. Amazon.de und der Samsung-App-Store können zwar als sicher gelten. Allerdings würde ich Apps, die in chinesischen Stores oder direkt im Internet zum Download angeboten werden, eher meiden. Auch der Download von Apps direkt von Internetseiten ist riskant. Ich würde keine Apps aus solchen Quellen installieren.
>
> Um Apps aus alternativen App-Stores oder als eine heruntergeladene *.apk*-Datei installieren zu können, muss in der App *Einstellungen* unter dem Punkt *Sicherheit* die Option *Unbekannter Herkunft* eingeschaltet sein. Nur dann lassen sich Apps installieren. Diese Option lasse ich aus Sicherheitsgründen auf der Werkseinstellung, also abgeschaltet.

Apps beziehen und verwalten

Google Play Store im Überblick

Um nach Apps zu suchen und diese ggf. herunterzuladen und zu installieren, stellt Android die App *Play Store* zur Verfügung. Gehen Sie zum Zugriff auf den Google Play Store folgendermaßen vor:

1 Tippen Sie auf dem Startbildschirm das Symbol *Alle Apps* an, suchen Sie auf der Seite *Alle Apps* das Symbol *Play Store* und tippen Sie das App-Symbol an.

Die Schritte können natürlich entfallen, falls bei Ihnen das Symbol der *Play Store*-App auf dem Startbildschirm oder sogar in der Favoritenleiste zu sehen ist.

2 Wählen Sie auf der Seite des App-Stores die gewünschte Kategorie (❶) wie zum Beispiel *APPS & SPIELE* und dann die Unterkategorie (z. B. *SPIELE*) an.

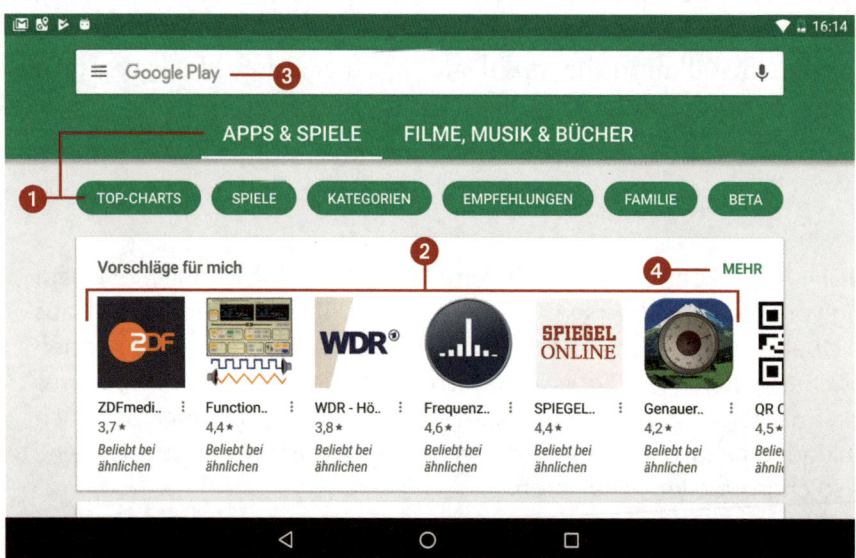

3 Führen Sie die erforderlichen Schritte durch, um die App zu beziehen, herunterzuladen und zu installieren.

Apps beziehen und verwalten

Der App-Store zeigt nach dem Start die Eingangsseite mit den Angebotskategorien (❶) und diversen App-Symbolen sowie Empfehlungen (❷) an.

▶ Im Play Store lassen sich neben Android-Apps also auch Spiele, Musik, Bücher, Filme und Zeitschriften erwerben.

▶ Durch Antippen der Angebotskategorien (❶) filtern Sie das Angebot (z. B. nach Apps, nach Musik etc.).

▶ Bei Bedarf können Sie mit dem Finger nach oben oder unten bzw. nach links/rechts wischen, um im Angebot des Play Stores zu blättern.

▶ Oder Sie tippen Sie auf das Suchfeld (❸) und geben einen Suchbegriff ein. Dann werden alle passenden Angebote zur Auswahl angezeigt.

▶ Die Übersichtsseite listet dann alle gefilterten Angebote (z. B. Apps) in Form von Symbolen auf. Der Befehl *MEHR* (❹) auf der Seite ermöglicht Ihnen, weitere Angebote in der Übersichtsseite einzublenden.

> **HINWEIS:** Wenn im nachfolgenden Text von Apps die Rede ist, gelten die Ausführungen weitgehend auch für Angebote wie Musik, Bücher, Filme etc.

Auf den Übersichtsseiten des Play Stores erhalten Sie einen schnellen Überblick über das Angebot. Für jede App oder für jedes Angebot werden ein Symbol, der App-Name und weitere Informationen wie beispielsweise eine Zahl mit der Bewertung (1 bis 5) eingeblendet.

Tippen Sie auf das Symbol einer App oder eines Angebots, erscheint die Detailseite mit weiteren Informationen.

▶ Apps und Medienangebote können kostenlos oder kostenpflichtig sein. Bei kostenpflichtigen Angeboten wird neben dem (App-)Symbol ein Preis (❺) in der Übersichtsseite eingeblendet.

▶ Bei Gratis-Apps steht in der Schaltfläche der Begriff *INSTALLIEREN*. Auch Gratis-Apps können letztendlich kostenpflichtig sein. Findet sich in der Detailseite der Begriff »In-App-Käufe«, bedeutet dies, dass Zusatzfunktionen aus der App heraus kostenpflichtig zugekauft werden können oder müssen.

Apps beziehen und verwalten

▶ Ein Infofeld (**6**) gibt Ihnen über mehrere Symbol Hinweise, wie häufig eine App bereits heruntergeladen wurde, wie gut diese bewertet ist (maximal 5.0), zu welcher Kategorie eine App gehört etc.

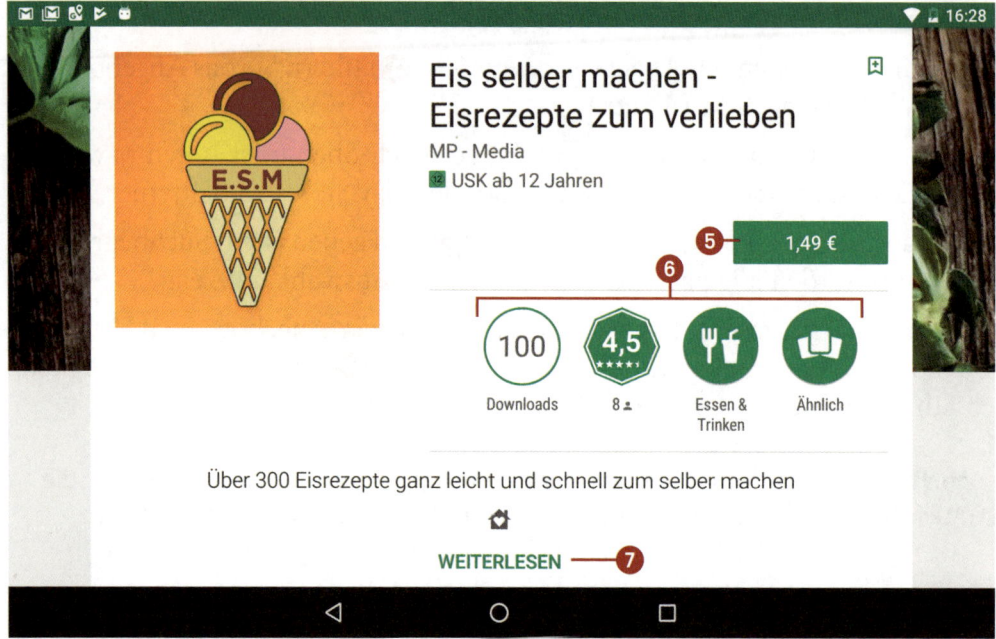

Durch Antippen eines Symbols im Infofeld öffnet sich ein sogenanntes Popup-Fenster mit weiteren Details. So lassen sich die Bewertung der App durch andere Benutzer und eventuelle Kommentare einsehen. Dann kann man oft schon erkennen, ob es bei anderen Benutzern Probleme mit einer App gibt.

Tippen Sie auf den Eintrag *WEITERLESEN* (**7**), wird der Text mit der Detailbeschreibung der App angezeigt. Blättern Sie bei Bedarf durch Wischen mit dem Finger durch die Beschreibung der App-Detailseite.

> **HINWEIS:** Es lassen sich nur solche Apps im Google Play Store finden und installieren, die auch für Ihr Android-Gerät kompatibel sind. Fehlt eine App bei der Suche im Play Store, kann es also sein, dass diese nicht auf Ihrem Gerät nutzbar ist. Beachten Sie auch, dass sich die Darstellung des Google Play Stores mit der Zeit ändern kann und manches eventuell etwas anders dargestellt wird.

Apps beziehen und verwalten

Eine App kaufen und installieren

Haben Sie eine App im Google Play Store gefunden, die Sie auf dem Gerät installieren möchten, führen Sie die zum App-Kauf vorgesehenen Schritte durch. Diese hängen davon ab, ob es sich um eine kostenpflichtige oder eine kostenlose App handelt.

▶ Wählen Sie bei einer kostenlosen App den in der Detailseite angezeigten Eintrag INSTALLIEREN (❶)

▶ Bei einer kostenpflichtigen App tippen Sie in der Detailseite auf den angezeigten Preis (❷) und bestätigen die ggf. angezeigten Pop-up-Fenster zum Kauf, zur Zahlungsmethode etc.

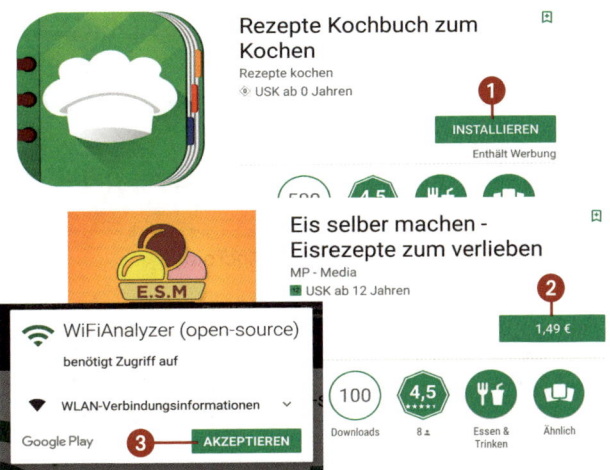

▶ Bei manchen Apps erscheint die (hier als Bildmontage sichtbare) Einblendung mit den Berechtigungen, die die App anfordert. Bestätigen Sie dies über AKZEPTIEREN (❸).

> **TIPP: Was Sie über Berechtigungen wissen sollten**
>
> Normalerweise verwehrt Android allen Apps den Zugriff auf Daten des Betriebssystems oder anderer Apps. **Berechtigungen** regeln in Android, was eine App an Funktionen und Daten anfordern darf.
>
> Achten Sie bei der Installation von Apps darauf, dass möglichst wenige Berechtigungen erforderlich sind. Will eine App über sehr viele Berechtigungen (z. B. Zugriff auf Kontakte oder die Identität des Geräts) verfügen, suche ich weiter im Play Store. Oft findet man Apps mit gleichen Funktionen, die dann aber weniger Berechtigungen möchten.

Apps beziehen und verwalten

> Eine Taschenlampen-App braucht beispielsweise weder Zugriff auf Fotos noch auf Anruferinformationen und so weiter. Aus Sicherheitsgründen verzichte ich auf die Installation von Apps, die zu viele (in meinen Augen unnötige) Berechtigungen erfordern.

Beim App-Kauf durchlaufen Sie vor dem Download die angezeigten Schritte, um die Zahlung zu bestätigen bzw. zu autorisieren (siehe folgender Abschnitt). Danach beginnt der Download. Bei kostenlosen Apps erfolgt der Download sofort nach dem Antippen von INSTALLIEREN bzw. von AKZEPTIEREN (falls angezeigt). Dieser Download kann, je nach App-Größe und Geschwindigkeit der Internetleitung, durchaus eine ganze Weile dauern.

Sobald die App erfolgreich heruntergeladen ist, wird diese automatisch installiert, und anschließend erscheint ein Fenster mit der Schaltfläche ÖFFNEN. Tippen Sie darauf, um die App zu starten. Über die Schaltfläche DEINSTALLIEREN können Sie die App auch sofort wieder entfernen lassen.

Ist die *Play Store*-App nicht mehr in der Anzeige zu sehen? Android legt die App unter *Alle Apps* ab, d. h., Sie können die App über diese Seite jederzeit finden und aufrufen. Weiterhin erzeugt Android (solange Platz vorhanden ist) bei der Installation einer App eine Verknüpfung auf dem Startbildschirm. Sie können die App also auch über diese Symbole aufrufen.

Was muss ich über App-Käufe wissen?

Zum Kaufen von Apps im Google Play Store benötigen Sie eine Internetverbindung und ein Google-Konto. Über dieses Konto werden alle Ihre Einkäufe bei Google im Play Store verwaltet. Zur Begleichung des Kaufpreises ist zudem die Angabe einer **Zahlungsmethode** erforderlich.

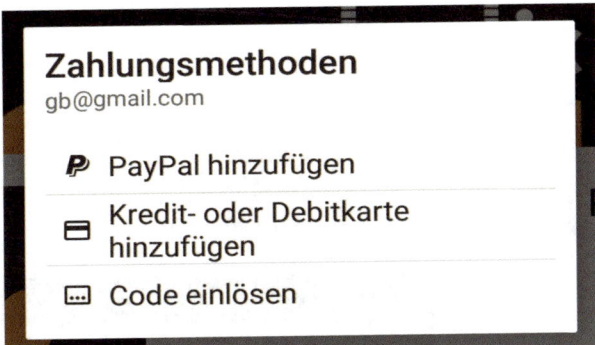

Sobald der Kauf durch Antippen der Schaltfläche mit dem Preis und über WEITER im Folgefenster bestätigt ist, wird ein Pop-up-Fenster mit dem Google-Konto und den Zahlungsmethoden angezeigt. Wählen Sie dann eine der Zahlungsmethoden durch Antippen aus.

▶ *Kreditkarte:* Die Zahlungsmethode wird bereits beim Einrichten des Geräts vorgeschlagen. Aus Sicherheitsgründen gebe ich beispielsweise keine Kreditkartendaten an, um einem eventuellen Missbrauch einen Riegel vorzuschieben. Falls Sie eine (Prepaid-)Kreditkarte für Ihre App-Käufe verwenden, lassen sich die Kreditkartendaten über den Punkt *Kredit- oder Debitkarte hinzufügen* in einem Formular eintragen.

▶ *PayPal:* Besitzen Sie ein Benutzerkonto beim Zahlungsdienstleister PayPal, können Sie durch Anwahl des Eintrags *PayPal hinzufügen* die E-Mail-Adresse und das Zugangskennwort Ihres PayPal-Kontos als Zahlungsmittel eintragen. PayPal bucht dann den Kaufpreis von Ihrem Girokonto ab.

▶ *Gutscheinkarte:* Um kostenpflichtige Angebote wie beispielsweise Apps ohne Kreditkarte oder PayPal zu kaufen, gibt es eine einfache Lösung. Google bietet über den Handel **Geschenkkarten** zum Einlösen im Play Store an. Sie können also, ähnlich wie bei Handy-Prepaid-Karten, ein Guthaben von 15, 25 und 50 Euro in Form einer Geschenkkarte erwerben. Zum **Einlösen** dieser **Geschenkkarte** wählen Sie im Fenster der Zahlungsauswahl den Befehl *Code einlösen* und geben danach im angezeigten

Apps beziehen und verwalten

Pop-up-Fenster den Gutscheincode ein. Sobald Sie auf *EINLÖSEN* tippen, wird das Google-Konto mit dem Guthaben in der angegebenen Höhe aufgeladen. Dann sind Käufe möglich, bis das Guthaben aufgebraucht ist.

Sofern Sie lediglich Gratis-Apps beziehen möchten, verzichten Sie auf die Angabe einer Zahlungsmethode und belassen die Einstellung, indem Sie jeweils die Option *Überspringen* in den angezeigten Pop-up-Fenstern wählen.

Verwalten der Play-Store-Daten

Der Google Play Store ist quasi die Buchhaltung aller Ihrer Einkäufe bei Google. Über die Play-Store-App können Sie auf die gespeicherten Daten, die gekauften Apps, die Zahlungsinformationen und mehr zugreifen.

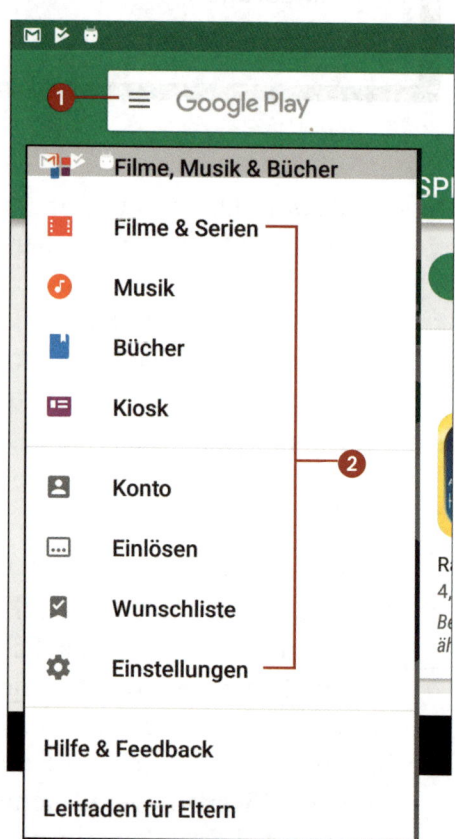

1 Rufen Sie die *Play Store*-App auf und tippen Sie auf das Symbol des sogenannten Burger-Menüs (❶).

2 Wählen Sie im eingeblendeten Menü (❷) den gewünschten Befehl, um die Daten einzusehen oder anzupassen.

Am oberen Rand des Menüs wird der Name des Google-Kontos angezeigt, für welches die Einstellungen gelten. Tippen Sie auf eine Stelle außerhalb des Menüs, wird dieses geschlossen. Bei Bedarf lässt sich durch Wischen nach oben/unten im Menü blättern. Hier noch ein Überblick über die Menükategorien.

▶ *Apps & Spiele/Meine Apps und Spiele:* Wählen Sie diesen Befehl, um alle über dieses Konto erworbenen Apps aufzulisten.

Apps beziehen und verwalten

▶ *Konto:* Dieser Befehl öffnet eine Seite, über die Sie ein Zahlungsmittel hinzufügen und den Bestellverlauf für Käufe einsehen können.

▶ *Einlösen:* Ermöglicht Ihnen, den Gutscheincode einer Guthabenkarte einzulösen und das Konto aufzufüllen.

▶ *Einstellungen:* Der Befehl öffnet eine Seite, über die Sie diverse Einstellungen festlegen.

Weitere Befehle ermöglichen Ihnen, auf Filme, Musik, Bücher, den Kiosk oder ähnliche Funktionen zuzugreifen.

> **HINWEIS:** Über den Befehl *Hilfe & Feedback* des Menüs lässt sich eine Seite mit zusätzlichen Informationen einsehen.

App-Updates

Apps werden von ihren Entwicklern von Zeit zu Zeit aktualisiert, um Fehler zu beheben oder neue Funktionen zu bedienen. Normalerweise müssen Sie sich um App-Updates nicht kümmern, 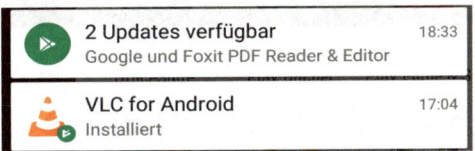 Android stellt fest, dass es Updates gibt, und lädt die Apps bei bestehender Internetverbindung automatisch herunter.

Die App-Aktualisierung wird auf dem Sperrbildschirm sowie in der Statusleiste angezeigt. Dort sehen Sie auch, ob App-Downloads erfolgen.

Tippen Sie auf die Benachrichtigung oder rufen Sie die *Play Store*-App auf und gehen Sie über das Burger-Menü zur Kategorie *Meine Apps und Spiele* (siehe vorherige Seiten), werden dort Updates angezeigt. Manchmal erfordert die Aktualisierung dann die manuelle Zustimmung des Benutzers, da neue Berechtigungen oder Ähnliches akzeptiert werden müssen.

Apps beziehen und verwalten

Apps deinstallieren

Benötigen Sie eine installierte App nicht mehr, können Sie diese deinstallieren. Das geht über eine *Deinstallieren*-Schaltfläche in der *Play Store*-App (siehe vorhergehender Abschnitt zur App-Installation). Dies erfordert aber, dass Sie die App-Seite im Play Store (z. B. über *Meine Apps und Spiele*) aufrufen. Ich bevorzuge aber die folgenden Schritte:

1 Rufen Sie die App *Einstellungen* über *Alle Apps* oder die Schnelleinstellungen auf.

2 Tippen Sie in der App *Einstellungen* auf den Eintrag *Apps* (❶) und wählen Sie anschließend in der App-Liste die gewünschte App (❷) durch Antippen aus.

3 Tippen Sie im Detailfenster der App auf die Schaltfläche *Deinstallieren* (❸).

Apps beziehen und verwalten

4 Anschließend bestätigen Sie die Deinstallation der App im angezeigten Pop-up-Fenster.

Daraufhin entfernt Android die App aus dem Speicher und vom Gerät. Die App-Daten bleiben aber im Speicher erhalten.

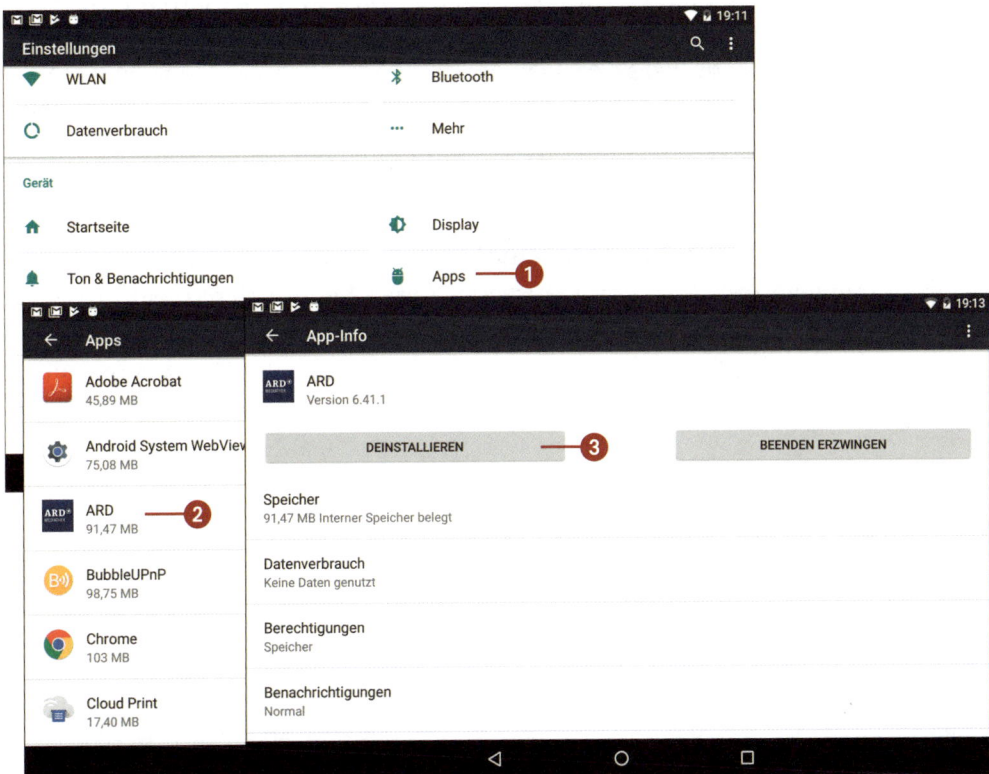

> **HINWEIS: App-Cache und Daten löschen**
>
> Bei älteren Android-Versionen enthält die Seite *App-Info* Schaltflächen, um den Cache (Zwischenspeicher) oder die Daten der App vor der Installation zu löschen. Das ist hilfreich, falls es beim Betrieb einer App Probleme gibt. Zudem existiert eine Schaltfläche, um die App zwangsweise zu beenden.

Apps beziehen und verwalten

> **HINWEIS: Apps erneut installieren**
>
> Haben Sie eine App deinstalliert, können Sie diese vom Gerät entfernte App aber jederzeit neu aus dem Play Store herunterladen. Über Ihr Google-Konto wird festgehalten, welche Apps Sie jemals gekauft oder heruntergeladen haben. Suchen Sie im geöffneten Play Store erneut die App und lassen Sie diese wieder installieren. Wahlweise können Sie dabei auch das Burger-Menü öffnen und den Punkt *Meine Apps und Spiele* wählen. Unter *Sammlung* werden alle jemals installierten und dann deinstallierten Apps (allerdings nicht in alphabetischer Reihenfolge) aufgelistet. Bei kostenpflichtigen Apps sollte dann zur Installation kein erneuter Kauf erforderlich sein.

In diesem Kapitel haben Sie die Grundlagen zum Arbeiten mit Android und Apps kennengelernt. Mit diesem Wissen können Sie mit dem Gerät arbeiten. Sie wissen nun auch, wie Sie Apps aus dem Google Play Store beziehen und diese starten. In den folgenden Kapiteln lernen Sie einzelne Apps kennen und erfahren, wie Sie diese sinnvoll nutzen können.

3

Surfen mit Google Chrome

Das lernen Sie in diesem Kapitel:
- Einstieg in Google Chrome
- Surfen für Fortgeschrittene

Android-Geräte wie Smartphones und Tablets lassen sich zum Surfen im Internet, also dem Abrufen von Internetseiten verwenden. Es ist lediglich eine Internetverbindung erforderlich, denn Android bringt mit der Google-Chrome-App einen Browser mit. In diesem Kapitel erfahren Sie, wie Sie mit dem Google-Chrome-Browser surfen und welche Funktionen die App sonst noch bereithält.

Einstieg in Google Chrome

Zum Surfen im Internet benötigen Sie ein als Browser bezeichnetes Programm. In diesem Kapitel beziehe ich mich auf den **Google-Chrome-Browser**, der in Android entweder als App bereits integriert ist oder kostenlos aus dem App-Store (siehe Kapitel 2) installiert werden kann. Sobald eine Internetverbindung besteht, können Sie loslegen.

> **HINWEIS:** Ob eine WLAN- oder Mobilfunkverbindung existiert, sehen Sie in der rechten oberen Bildschirmecke in der Statusleiste. Die **Empfangsqualität** wird durch die Anzahl der angezeigten Balken signalisiert. Wie Sie eine **Mobilfunk-** oder **WLAN-Verbindung einrichten,** erfahren Sie in Kapitel 10 dieses Buchs.

Die erste Webseite abrufen

Zum Abrufen von Webseiten (oft auch als »surfen im Internet« bezeichnet) sind nur wenige Schritte durchzuführen:

1 Tippen Sie in der Favoritenleiste des Startbildschirms (oder auf der Seite *Alle Apps*) auf das Symbol *Chrome*, um den Browser zu starten.

2 Tippen Sie auf das Adressfeld und geben Sie die gewünschte Internetadresse über die Bildschirmtastatur ein.

Einstieg in Google Chrome

> **TIPP:** Bei der Eingabe einer Adresse wird das Element *Adressfeld löschen* am rechten Rand des Adressfelds sichtbar. Tippen Sie auf *Adressfeld löschen*, um den Text in der Eingabezeile komplett zu entfernen.

Hier sehen Sie die Browser-App auf einem Android-6-Tablet-PC. Bei einem Smartphone sieht die Seite geringfügig anders aus (z. B. keine Angabe »Neuer Tab« und keine Symbole auf der Registerkarte).

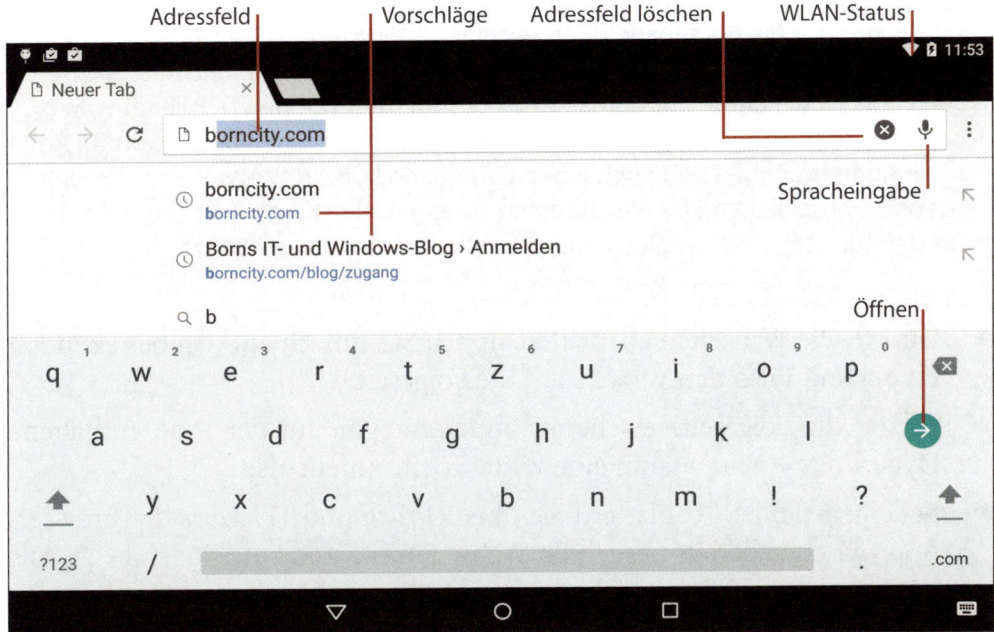

Bereits beim Eingeben der Internetadresse werden Vorschläge mit ähnlichen Seitenadressen angezeigt. Entspricht eine dieser Adressen der gewünschten Suche, übernehmen Sie diese durch Antippen.

3 Bestätigen Sie die Eingabe der Internetadresse auf der Bildschirmtastatur über die *Öffnen*-Taste (Eingabetaste).

Der Browser wird dann die betreffende Internetseite anfordern und anzeigen.

Einstieg in Google Chrome

> **TIPP: Webadressen verstehen**
>
> Webadressen (auch als **URL**, die Abkürzung für »Uniform Resource Locator«, bezeichnet) aus dem World Wide Web besitzen einen festgelegten Aufbau und werden in Zonen (als Domänen oder Domains bezeichnet) unterteilt. Die Kennung am Ende einer Webadresse gibt die Hauptzone, auch als Top-Level-Domain bezeichnet, an (*.com* steht für Unternehmen, *.org* für Organisationen, *.net* für Netzwerk, *.de* für Deutschland, *.ch* für die Schweiz, *.at* für Österreich etc.). Davor steht ein eindeutiger Domänenname wie *google, zdf, spiegel, borncity* etc. Die Zeichenfolge *www* signalisiert noch, dass es sich um den »Haupteingang« (die Startseite, auch als Homepage oder Website bezeichnet) handelt. Die URL *www.google.de* ist die Suchseite der Suchmaschine von Google. Manchmal gibt es auch noch sogenannte Subdomänen zu bestimmten Themen (z. B. leitet *tv.web.de* Sie zum TV-Programm, während *www.web.de* das Hauptangebot abruft). An diese Adresse können sich noch weitere Angaben (z. B. *http://www.borncity.com/senioren/*) anschließen. Das Webadressen vorangestellte Kürzel *http://* können Sie bei der Adresseingabe weglassen, da Google Chrome dieses ergänzt.

▶ Um weitere Webseiten abzurufen, tippen Sie einfach auf den betreffenden **Hyperlink** (also den Verweis auf die Folgeseite).

▶ Sobald die Folgeseite erscheint, tippen Sie ggf. auf der Seite enthaltene Hyperlinks erneut an, um eine weitere Seite aufzurufen.

▶ Bei einem Tablet-PC blättern Sie über *Zurück* und *Vorwärts* der Browser-App zwischen bereits besuchten Webseiten vor und zurück. Ist die jeweils erste bzw. letzte Seite erreicht, sperrt der Browser das betreffende Element (diese wird dann abgeblendet angezeigt). Am Smartphone fehlen diese Schaltflächen in der Darstellung. Dort können Sie das *Zurück*-Symbol am unteren Rand des Android-Bildschirms verwenden, um eine Seite zurückzublättern.

Das war schon (fast) alles, was Sie zum Surfen im Internet wissen müssen. Bei Bedarf können Sie jetzt ja Webadressen wie *www.spiegel.de* oder ähnliche Adressen eintippen (versuchen Sie einfach Zeitschriften- oder Firmennamen wie *www.stern.de*, *www.focus.de*, *www.aldi.de*).

Einstieg in Google Chrome

TIPP: Die Kunst ist es, die **Hyperlinks** zu **erkennen** und mit dem Finger zu treffen. Hyperlinks werden häufig durch eine andere Farbe und manchmal unterstrichen im Text dargestellt. Beim Antippen des Hyperlinks wird auf jeden Fall die Seite geöffnet, auf die der Hyperlink verweist.

Ist Ihnen die **Anzeige** der **Webseite** zu klein, spreizen Sie einfach die auf dem Bildschirm aufgelegten Daumen und Zeigefinger. Google Chrome vergrößert dann die Darstellung der angezeigten Seite, und Sie treffen die Hyperlinks besser. Ziehen Sie Daumen und Zeigefinger auf dem Bildschirm zusammen, um die Darstellung wieder zu verkleinern. Alternativ vergrößern und verkleinern Sie die Darstellung durch Doppeltippen auf die Webseite.

Durch Wischen mit dem Finger nach oben oder unten lässt sich **innerhalb der Webseite blättern**. Die **Leiste** mit dem **Adressfeld** und den Elementen *Zurück* bzw. *Vorwärts* verschwindet beim Blättern des Inhalts nach unten. Wischen Sie den Bildschirminhalt nach unten, um die Leiste erneut einzublenden.

Surftipps zu Google Chrome

Das Wissen aus dem vorherigen Abschnitt ist bereits zum Surfen im Internet ausreichend. Zum Abrufen von Webseiten in Google Chrome (oder in anderen Browser-Apps) können Sie sich mit den richtigen Techniken das Leben aber erleichtern. Hier ein kurzer Überblick samt Wiederholung, welche Funktionen Google Chrome im Allgemeinen bietet:

▶ Das Adressfeld dient nicht nur zur Eingabe der Adresse, sondern lässt sich auch zur Eingabe von Suchbegriffen verwenden (siehe auch die folgenden Abschnitte).

▶ Im Adressfeld finden Sie ganz rechts das Mikrofonsymbol. Durch Antippen aktivieren Sie die **Spracheingabe**. Anschließend können Sie die Webadresse einsprechen (z. B. »borncity Punkt com«).

▶ Beim Laden der Webseite zeigt die App eine Fortschrittsanzeige im Adressfeld an. Dauert das Abrufen der Webseite zu lange, wählen Sie das Symbol *Abbrechen* am linken Rand des Adressfelds.

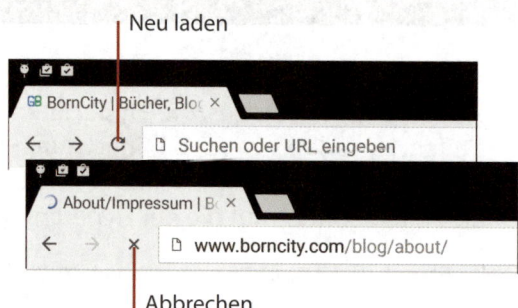

▶ Möchten Sie die Anzeige der Webseite aktualisieren, tippen Sie am linken Rand des Adressfelds auf das dann angezeigte Symbol *Neu laden*.

Diese Techniken sind ziemlich leicht zu merken, und mehr verwende ich beim täglichen Gebrauch des Browsers eigentlich nicht. Beachten Sie auch hier, dass die Schaltflächen *Neu laden* und *Abbrechen* am Smartphone im Chrome-Browser nicht angezeigt werden. Ich tippe auf das Adressfeld und drücke auf der Bildschirmtastatur die Eingabetaste, um die Seite neu zu laden.

Einstieg in Google Chrome

HINWEIS: Abgesicherte Webseiten besuchen

Beim Aufruf von Onlinekonten (Bankseiten, E-Mail-Konten, Webshops etc.) ist es wichtig, dass die übertragenen Daten (Benutzername, Kennwort, Kontodaten) vertraulich bleiben. Die Daten sollen also abgesichert und verschlüsselt über die Internetleitung übertragen werden. Auf diese Weise wird verhindert, dass Dritte im Internet diese Informationen unbefugt einsehen können.

Besuchen Sie eine solche (Bank-)Seite, sollte vor der eigentlichen Webadresse in grüner Schrift *https://* (statt *http://*) und ein kleines Schloss auftauchen. Dies signalisiert, dass die in der Webseite eingegebenen Daten verschlüsselt zum Anbieter übertragen werden und durch unbefugte Dritte nicht einsehbar sind.

Mehrere Webseiten in Tabs öffnen

Die Google-Chrome-App bietet die Möglichkeit, **gleichzeitig mehrere Webseiten** zu **öffnen**. Diese werden auf verschiedenen **Registerkarten** (auch als **Tabs** bezeichnet) angezeigt (siehe die folgende Abbildung).

▸ Tippen Sie beim Tablet am oberen Rand der App auf das Symbol (**1**), wird ein **neuer Tab** (**2**) angelegt. Tippen Sie dann im Adressfeld eine neue Webadresse ein, um die Webseite auf diesem Tab anzuzeigen.

▸ Tippen Sie auf die Registerkarte (**2**) der einzelnen Tabs, um deren **Inhalt in** den **Vordergrund** zu **holen**.

Einstieg in Google Chrome

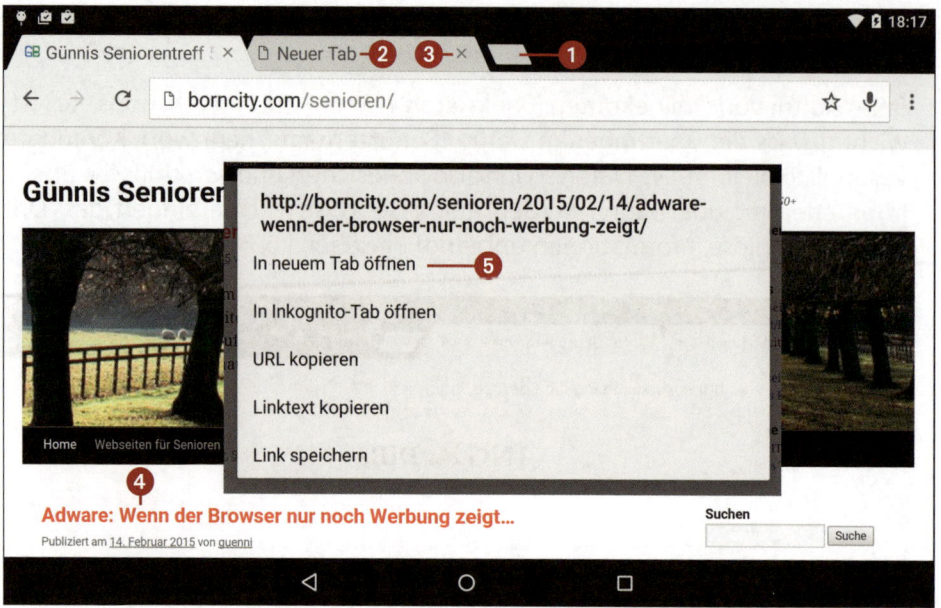

- Tippen Sie auf das am rechten Rand einer Registerkarte angezeigte Symbol x (❸), um den **Tab** zu **schließen**.

- Drücken Sie den Finger etwas länger auf einen Hyperlink (❹), öffnet sich ein Pop-up-Fenster. Über den Befehl *In neuem Tab öffnen* (❺) wird die Folgeseite direkt auf einem neuen Tab (❷) geöffnet.

Bei Smartphones zeigt die Chrome-App keine Registerkarten an. Tippen Sie rechts neben dem Adressfeld auf das Viereck, in dem die Zahl der geöffneten Seiten angezeigt wird. Die Chrome-App zeigt dann die geöffneten Tabulatorseiten als Miniaturen an. Tippen Sie auf eine Miniatur, um die zugehörige Seite in der App anzuzeigen. Wischen Sie die Miniaturseite mit dem Finger nach unten oder tippen auf das *Schließen*-Symbol, wird die Seite beendet. Es gibt zudem ein Symbol, um eine neue Seite zu öffnen.

Einstieg in Google Chrome

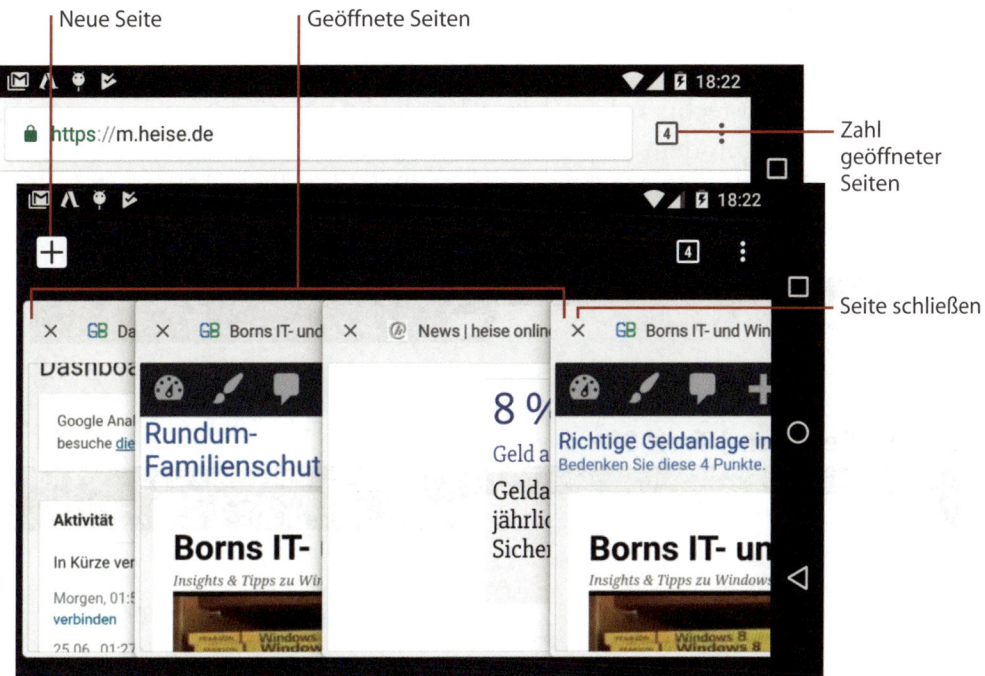

Beim Surfen können die Betreiber von Webseiten unter Umständen mitverfolgen, welche Angebote Sie sich ansehen und von welchen Seiten Sie gerade kommen. Um mehr Privatsphäre beim Surfen zu erzwingen, finden Sie im Pop-up-Fenster (sowie im nachfolgend gezeigten Menü) einen Befehl, um die **Webseite** in einem **Inkognito-Tab** zu **öffnen**. Inkognito-Tabs stellen sicher, dass Google Chrome Ihre besuchten Webseiten und Ihre Downloads nicht speichert.

Bei aktivem Inkognito-Modus wird ein stilisiertes Logo (Schlapphut mit Fernglas) in der rechten oberen Ecke der App eingeblendet. Tippen Sie auf das Logo, um zwischen Inkognito-Modus und normalem Anzeigemodus umzuschalten.

Einstieg in Google Chrome

Geschlossene Tabs erneut öffnen

Haben Sie irrtümlich einen Tab geschlossen, tippen Sie auf die drei senkrechten Pünktchen (**1**) rechts neben dem Adressfeld. Dann öffnet sich ein **Menü der Chrome-App**, in dem Sie neben Befehlen zum Öffnen eines neuen Tabs im Normal- und Inkognito-Modus auch den Befehl *Zuletzt geöffnete Tabs* (**2**) wählen können.

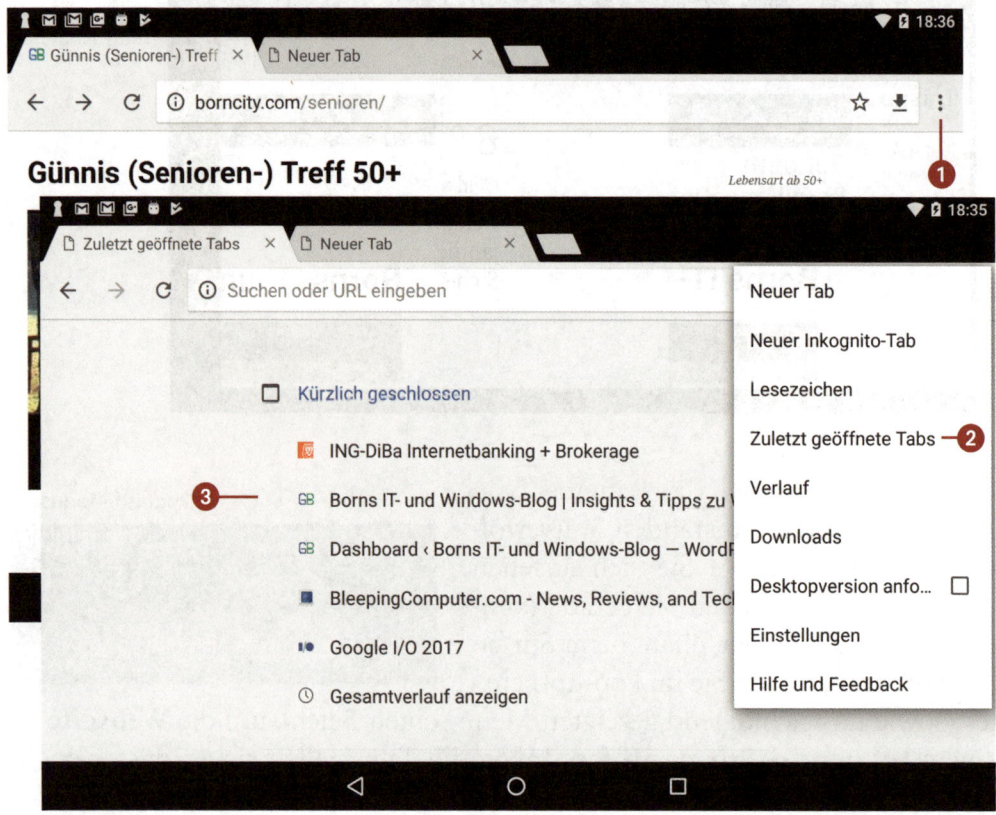

Daraufhin wird die Liste der zuletzt geschlossenen Webseiten eingeblendet (**3**). Tippen Sie auf einen Eintrag, um die geschlossene Webseite erneut in einem Tab anzuzeigen.

> **HINWEIS:** **Zur Desktopversion wechseln**
>
> Markieren Sie im geöffneten Menü den Befehl *Desktopversion anfordern*, verhält sich die Google-Chrome-App wie die Desktopversion des Google-Chrome-Browsers. Das ist beispielsweise hilfreich, wenn eine Webseite in der App nicht korrekt angezeigt werden kann.

Eingaben in Webformulare

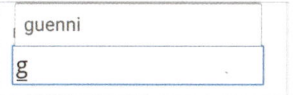

Beim **Ausfüllen von Formularen** werden die Eingabewerte gespeichert. Besuchen Sie später Webseiten mit Formularen, greift Google Chrome Ihnen mit einer »Ausfüllhilfe« unter die Arme. Eine als **Autoausfüllen** bezeichnete Funktion schlägt passende Werte vor, sobald Sie ein Formularfeld anwählen und die ersten Zeichen eintippen.

Der Vorschlag lässt sich dann durch Antippen in das Formularfeld übernehmen.

> **ACHTUNG:** Bei **Anmeldeformularen** werden Sie ggf. gefragt, ob die **Anmeldedaten** und eventuell das Passwort gespeichert werden sollen. Dann kann Google Chrome Sie künftig automatisch anmelden. Mein Rat: **Verzichten Sie** auf das **Speichern des Kennworts**, da sonst jeder, der das Gerät in die Finger bekommt, Zugriff auf das Anmeldekonto hat. Ob die Funktion zum Autoausfüllen verwendet wird, lässt sich in den Einstellungen der Chrome-App festlegen (siehe am Kapitelende den Abschnitt »Google-Chrome-Einstellungen anpassen«).

Suchen im Internet

Um Webseiten zu einem speziellen Thema zu finden, verwenden Sie die **Suche**. Die Suche lässt sich in Google Chrome ganz einfach durchführen:

Einstieg in Google Chrome

1 Tippen Sie den Suchbegriff (z. B. »Mallorca«) zumindest teilweise über die Bildschirmtastatur in das Adressfeld (**1**) ein.

2 Anschließend wählen Sie einen der im geöffneten Fenster angegebenen Suchvorschläge (**2**) durch Antippen aus.

Bestätigen Sie das über die Eingabetaste der Bildschirmtastatur, listet Google Chrome die Treffer der Suche in einer Ergebnisseite auf.

Einstieg in Google Chrome

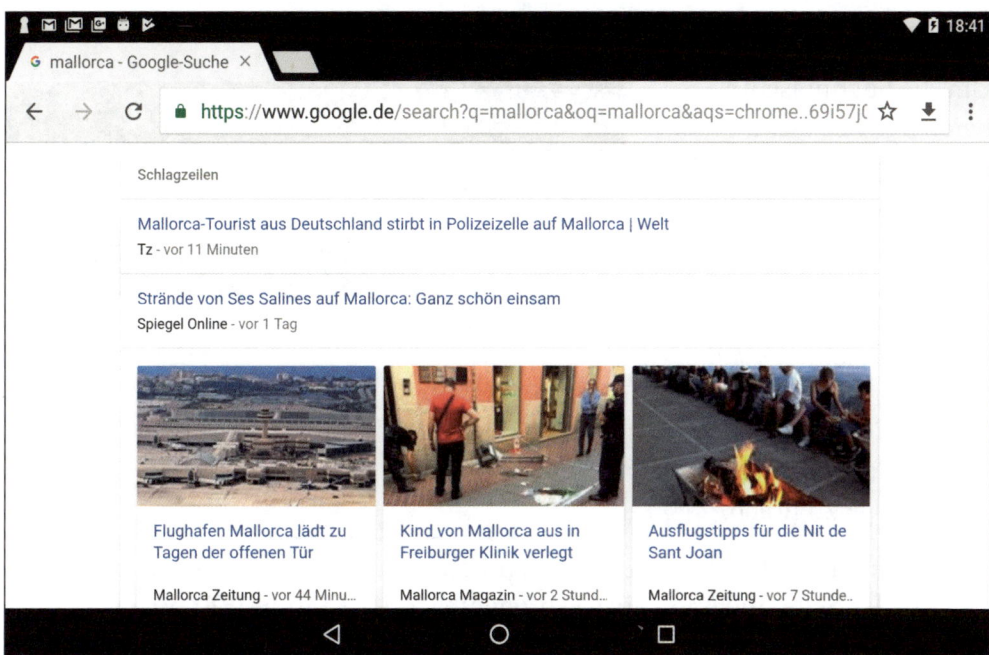

Als Suchmaschine ist standardmäßig Google voreingestellt. Google ermittelt dann alle Webseiten, in denen der Begriff vorkommt, und gibt diese in einer Ergebnisliste im Browser aus. Es genügt, den betreffenden Hyperlink in der Ergebnisseite anzutippen, um die Webseite abzurufen.

> **HINWEIS:** **Alternative Suchmaschinen verwenden**
>
> Sind Sie mit den Suchergebnissen nicht zufrieden, probieren Sie andere Begriffe aus oder verwenden eine zweite Suchmaschine. Rufen Sie über das Adressfeld beispielsweise die Webseite *www.bing.de* auf und geben Sie im Suchfeld den gewünschten Begriff ein. Möglicherweise gibt es dann weitere Treffer. Beachten Sie auch, dass die ersten Treffer der Liste meist Werbung beinhalten. Verwenden Sie die Suchseite *www.ixquick.de*, wenn Sie Suchergebnisse aus mehreren Suchmaschinen sehen möchten.

Suchmaschine wechseln

Um die Suchmaschine generell zu wechseln, rufen Sie das App-Menü (**1**) auf (siehe den Abschnitt »Geschlossene Tabs erneut öffnen« weiter vorne in diesem Kapitel) und wählen den Befehl *Einstellungen* (**2**). Blättern Sie ggf. durch Wischen mit dem Finger, um den Befehl in die Anzeige zu holen.

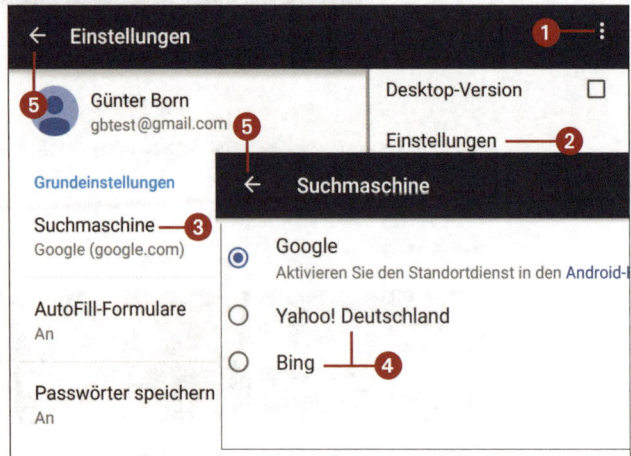

Tippen Sie unter *Einstellungen* auf den Befehl *Suchmaschine* (**3**) und wählen Sie auf der Seite *Suchmaschine* den gewünschten Eintrag (**4**) aus. Anschließend wechseln Sie über die *Zurück*-Schaltfläche (**5**) zur Browseransicht zurück. Der gewählte Anbieter ist dann als Standardsuchmaschine festgelegt.

Suchen in einer Webseite

Die Chrome-App unterstützt auch die Suche innerhalb der angezeigten Webseite. Hierzu führen Sie folgende Schritte aus:

1 Rufen Sie in Google Chrome die Webseite auf, innerhalb der gesucht werden soll.

2 Öffnen Sie das Menü (**1**) der App und tippen Sie auf den Befehl *Seite durchsuchen* (**2**).

3 Tippen Sie den Suchbegriff mittels der Bildschirmtastatur im eingeblendeten Suchfeld (❸) ein.

Die App zeichnet die Treffer in der aktuell angezeigten Webseite farbig aus.

Verwenden Sie die Symbole (❹) der Suchleiste, um zwischen den Treffern zu springen. Die Trefferzahl wird übrigens in der Suchleiste eingeblendet. Über das Symbol x (❺) lässt sich die Suchleiste wieder ausblenden.

Surfen für Fortgeschrittene

In diesem Abschnitt stelle ich Ihnen noch einige spezielle Funktionen des Browsers vor. Das reicht vom Umgang mit Lesezeichen über den Download von Inhalten bis hin zum Zugriff auf die Einstellungen oder den Ausdruck einer Webseite.

Surfen für Fortgeschrittene

Mit Lesezeichen arbeiten

Um häufig besuchte Webseiten jederzeit erneut abrufen zu können, lassen sich diese in eine Lesezeichenliste aufnehmen.

1 Rufen Sie die gewünschte Webseite in Google Chrome auf und tippen Sie auf das *Lesezeichen*-Symbol (**1**).

Der Chrome-Browser legt das Lesezeichen an und meldet dies in einer kurzzeitig eingeblendeten Leiste. Am Smartphone verwenden Sie folgende Schritte.

2 Tippen Sie in der rechten oberen Ecke der Chrome-App auf die drei Pünktchen (**2**) und wählen Sie im eingeblendeten Menü das Symbol für Lesezeichen (**3**).

Auch hier wird kurzzeitig eine Leiste (**4**) angezeigt – und über den Befehl BEARBEITEN (**5**) können Sie den Lesezeicheneintrag anpassen.

Surfen für Fortgeschrittene

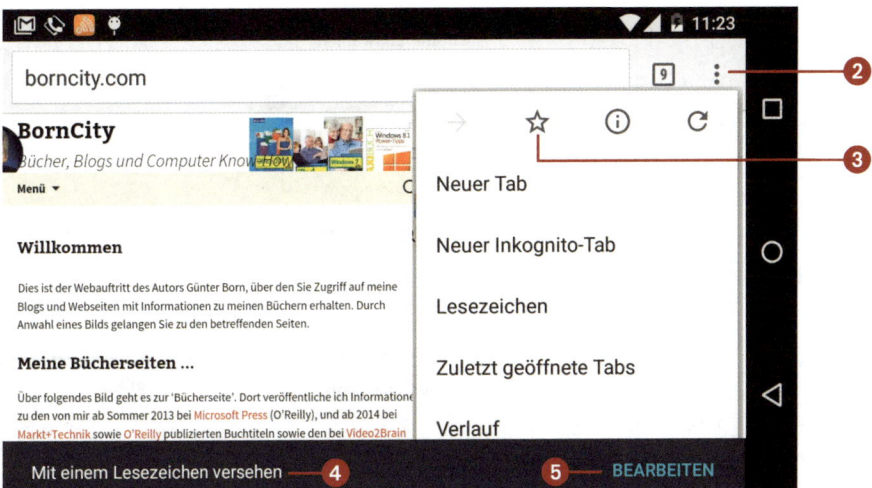

3 Kontrollieren Sie im angezeigten Pop-up-Fenster *Lesezeichen bearbeiten* die Felder *Name* (**6**) und *URL* (**7**).

Bei Bedarf tippen Sie auf die Textfelder und passen den Inhalt mittels der Bildschirmtastatur (siehe auch Kapitel 2) an. Ein Lesezeichen löschen Sie über das angezeigte Symbol des Mülleimers (**8**).

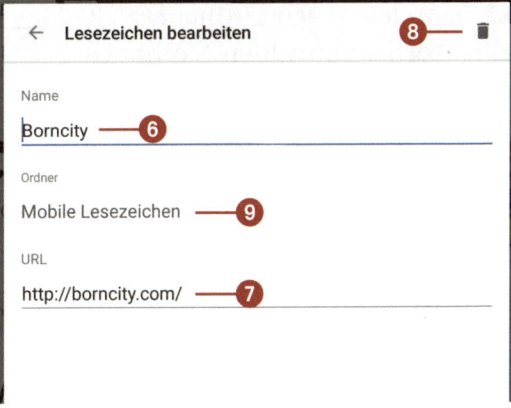

Bei sehr vielen Lesezeichen wird deren Verwaltung aber recht unübersichtlich. Google Chrome bietet Ihnen die Möglichkeit, Lesezeichen über Ordner in Gruppen abzulegen.

4 Sofern Sie dies möchten, tippen Sie vor dem Speichern des Lesezeichens auf das Symbol (**9**) im Feld *Ordner*.

Surfen für Fortgeschrittene

5 Tippen Sie im Pop-up-Fenster *Ordner auswählen* auf einen der vordefinierten Ordner (**10**).

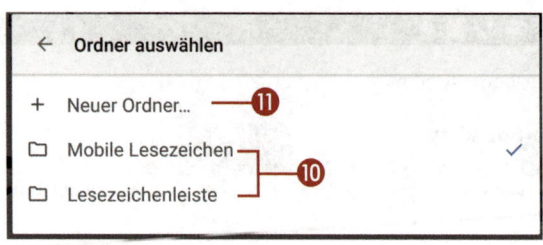

6 Möchten Sie einen eigenen Lesezeichenordner anlegen, tippen Sie auf *Neuer Ordner* (**11**).

7 Tippen Sie im Pop-up-Fenster *Ordner hinzufügen* auf das Feld *Name* (**12**) und geben Sie den Ordnernamen ein.

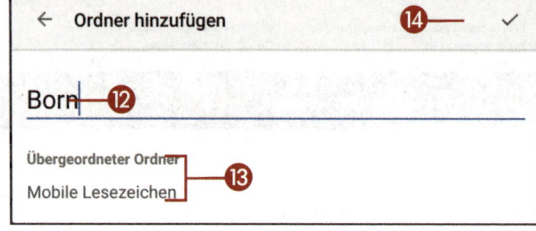

8 Um den neuen Ordner gezielt einzusortieren, wählen Sie optional im Feld *Ordner* das Zeichen (**9**) und im Pop-up-Fenster *Ordner hinzufügen* einen bestehenden Ordner (**13**).

Tippen Sie direkt auf *Speichern* (**14**), wird der neue Ordner unter »Mobile Lesezeichen« angelegt. Im Anschluss ist im Pop-up-Fenster *Lesezeichen hinzufügen* ebenfalls noch die *Speichern*-Schaltfläche ← anzutippen.

Der Browser legt das neue Lesezeichen an.

Lesezeichen abrufen

Beim Surfen können Sie über die folgenden Schritte (siehe die folgende Abbildung) **auf Lesezeichen zugreifen**:

1 Tippen Sie auf die drei Pünktchen (**1**), um das App-Menü zu öffnen, und wählen Sie den Befehl *Lesezeichen* (**2**).

Surfen für Fortgeschrittene

2 Bei Bedarf tippen Sie im Browserfenster auf das Burger-Menü (**3**) und wählen über die angezeigte Lesezeichen-Hierarchie (**4**) einen der angezeigten Ordnern aus, indem Sie einfach die Einträge antippen.

3 Tippen Sie anschließend im Browserfenster auf das gewünschte Lesezeichen (**5**).

Dann wird die zugehörige Webseite im Browser aufgerufen und angezeigt.

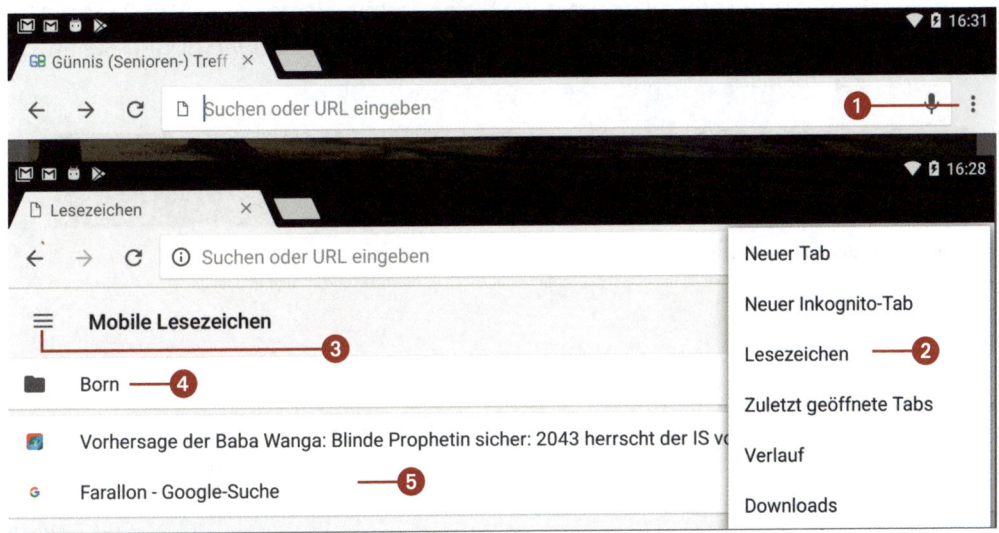

Surfen für Fortgeschrittene

> **HINWEIS: Lesezeichen synchronisieren**
>
> Google Chrome besitzt die Möglichkeit, die **Lesezeichen** zu **synchronisieren**. Beim ersten Aufruf der App werden Sie gefragt, ob Sie sich am Google-Konto anmelden möchten. Nach dieser Anmeldung synchronisiert Google Chrome anschließend den Verlauf der besuchten Webseiten, die Lesezeichen etc. mit allen Chrome-Instanzen auf anderen Geräten, die ebenfalls an diesem Konto angemeldet sind.
>
> Die Synchronisationseinstellung passen Sie an, indem Sie das App-Menü öffnen und den Befehl *Einstellungen* wählen. Auf der Seite *Einstellungen* tippen Sie auf *In Chrome anmelden*.
>
>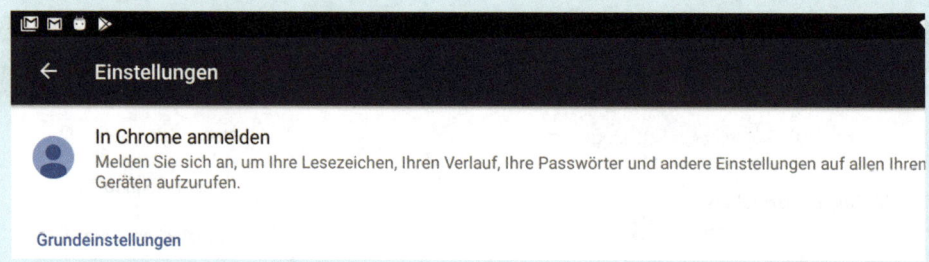
>
> Dann wird eine Seite angezeigt, in der Sie auf die E-Mail-Adresse des Google-Kontos tippen und in der Folgeseite die Synchronisationseinstellungen ändern können.

Webseiten auf dem Startbildschirm merken

Nicht immer möchte man ein Lesezeichen definieren. Um eine besuchte Webseite temporär (z. B. zum späteren Lesen) aufzuheben, können Sie auch die folgenden Schritte ausführen:

1 Rufen Sie die gewünschte Webseite in Google Chrome auf und tippen Sie auf die drei Pünktchen für das App-Menü (❶).

Surfen für Fortgeschrittene

2 Wählen Sie im geöffneten App-Menü den Befehl *Zum Startbildschirm hinzu* (❷).

3 Passen Sie im Pop-up-Fenster ggf. den Inhalt des Felds *Titel* (❸) an und wählen Sie *HINZUFÜGEN* (❹).

Die App legt daraufhin eine Verknüpfung auf dem Startbildschirm ab. Tippen Sie später diese Verknüpfung an, öffnet sich die Google-Chrome-App und zeigt die Webseite an.

HINWEIS: Diese Verknüpfung auf eine Webseite können Sie wie jede andere Verknüpfung des Startbildschirms löschen (siehe in Kapitel 2 den Abschnitt »Apps anordnen und aufräumen«).

Den Verlauf besuchter Webseiten verwenden

Die Browser-App merkt sich im sogenannten Verlauf die Adressen der von Ihnen besuchten Webseiten. Haben Sie eine Webadresse vergessen und ist diese weder als Lesezeichen noch als Verknüpfung auf dem Startbildschirm festgelegt, können Sie im Verlauf nachsehen:

1 Tippen Sie auf die drei Pünktchen (❶), um das App-Menü zu öffnen, und wählen Sie den Befehl *Verlauf* (❷).

2 Warten Sie, bis der Browser die Seite *Verlauf* (❸) mit der Verlaufsliste anzeigt, und tippen Sie auf den gewünschten Eintrag (❹).

Surfen für Fortgeschrittene

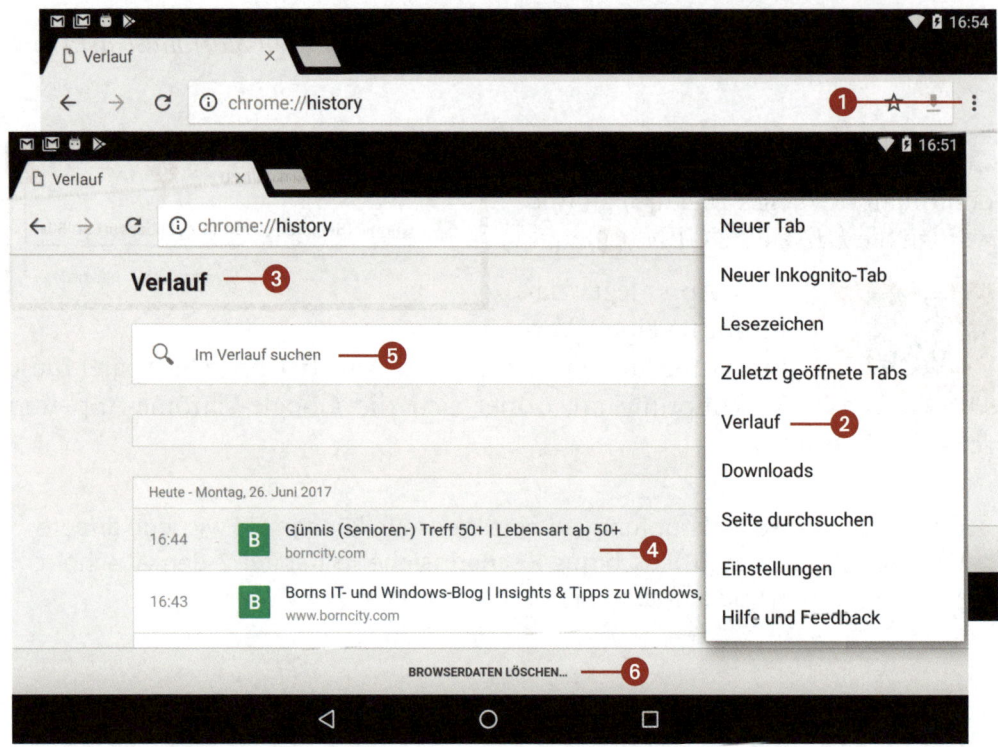

Bei Bedarf wischen Sie mit dem Finger in der Liste nach oben oder unten, um im Verlauf zu blättern. Tippen Sie auf *Im Verlauf suchen* (5), lässt sich ein Suchbegriff per Bildschirmtastatur eingeben. Dann sucht die App nach entsprechenden Seitennamen im Verlauf. Bei Anwahl eines Verlaufseintrags wird die zugehörige Webseite im Browser geöffnet.

Surfen für Fortgeschrittene

HINWEIS: Browserdaten löschen

Beim Surfen im Internet speichert Google Chrome neben dem Verlauf weitere Daten (Cookies, Eingaben in Textfelder etc.). Um diese gespeicherten Browserdaten zu löschen, rufen Sie die Seite *Verlauf* entsprechend den obigen Schritten auf. Tippen Sie auf BROWSERDATEN LÖSCHEN (**6**), erscheint diese Darstellung.

Tippen Sie bei Bedarf auf die Kontrollkästchen (**7**), um die gewünschte Option zum Löschen an- oder abzuwählen. Ein Häkchen signalisiert eine zu löschende Kategorie. Bestätigen Sie das Ganze über DATEN LÖSCHEN (**8**), werden die Browserdaten um die betreffenden Kategorien bereinigt.

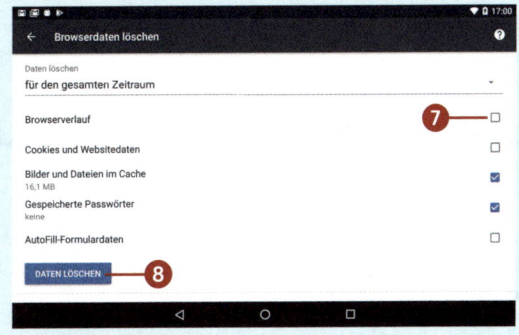

Dies ist hilfreich, wenn Dritte nicht sehen sollen, was Sie im Web abgerufen haben. In den Einstellungen der Google-Chrome-App finden Sie in der Kategorie *Datenschutz* eine Seite mit Optionen. Über diese Optionen können Sie vorgeben, ob Google Chrome Vorschläge bei fehlerhaften Webseitenadressen machen soll oder nicht.

Teilen von Webseiten mit anderen Apps

Google Chrome ermöglicht Ihnen, aufgerufene Webseiten »weiterzuleiten« oder mit anderen Apps zu teilen. Sie können beispielsweise den Link zur Webseite per Mail versenden oder in eine andere App übertragen.

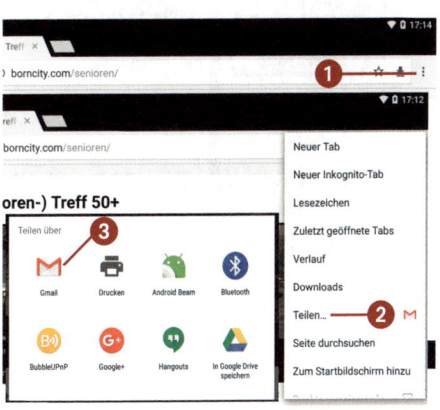

1 Tippen Sie auf das Symbol für das App-Menü (**1**) und wählen Sie den *Teilen*-Befehl (**2**) an.

111

Surfen für Fortgeschrittene

2 Die Browser-App blendet daraufhin ein Pop-up-Fenster *Teilen über* ein, in dem Sie die gewünschte App zum Teilen (**3**) antippen.

Anschließend öffnet sich die gewählte App, und die Webadresse (URL) der im Browser geöffneten Seiten kann weiter verarbeitet werden. Bei Anwahl der Gmail-App öffnet sich z. B. das Formular zum Verfassen einer neuen E-Mail. Die Webadresse der in Google Chrome geöffneten Webseite ist dann bereits im Nachrichtenfeld eingefügt.

Dateien aus dem Internet herunterladen

In Google Chrome lassen sich auch **Dokumente** im PDF-Format oder beliebige andere Dateien **aus** dem **Internet herunterladen** (**downloaden**). Zum Testen gibt es auf meiner Homepage eine Downloadseite unter *www.borncity.de/Test/*.

1 Es reicht, den betreffenden Hyperlink (**1**) zum Download anzutippen.

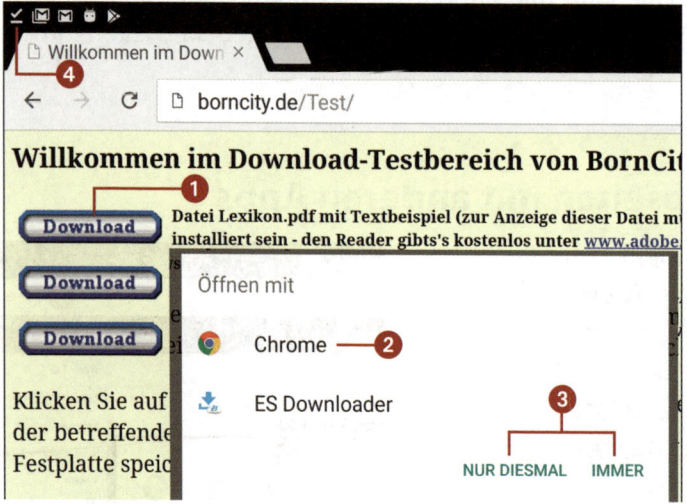

2 Tippen Sie im angezeigten Pop-up-Fenster *Öffnen mit* auf die gewünschte Anwendung (**2**) und dann auf einen der Befehle (**3**).

Der Befehl *IMMER* weist den Dateityp der gewählten Anwendung dauerhaft zu. Ich verwende in der Regel daher *NUR DIESMAL*, um die Zuordnungen unter Android nicht zu verändern.

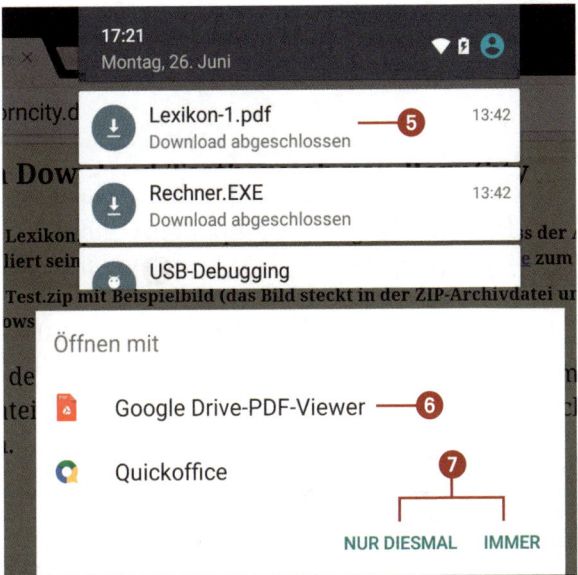

Der Download der Datei wird kurzzeitig im Statusbereich angezeigt (4), und Android speichert die heruntergeladenen Dateien im Ordner *Download*. Zum **Öffnen des Downloads** können Sie anschließend die folgenden zusätzlichen Schritte durchführen.

3 Wischen Sie im Statusbereich (4) nach unten und tippen Sie auf die Benachrichtigung des Downloads (5).

4 Tippen Sie im angezeigten Pop-up-Fenster *Öffnen mit* auf die gewünschte Anwendung (6) und dann auf einen der Befehle (7).

Dies bewirkt, dass die heruntergeladene Datei in der gewählten App geöffnet wird.

Surfen für Fortgeschrittene

> **HINWEIS:** Alternativ rufen Sie einen Datei-Manager auf, navigieren zum Ordner *Download* und öffnen die heruntergeladene Datei durch Antippen in einer anderen App. Dies klappt auch, wenn die Benachrichtigung über den Download im Status-/Benachrichtigungsbereich gelöscht wurde.

Bilder speichern

In Google Chrome ist es möglich, Bilder aus Webseiten zu speichern. Dazu genügt es, den Finger etwas länger auf das Bild (❶) zu drücken. Beim Loslassen erscheint ein Fenster, in dem Sie den Befehle *Bild herunterladen* (❷) wählen.

Google Chrome legt das Foto im Ordner *Download* ab. Die Bilder können anschließend in einer Datei-Manager-App angewählt und mittels einer Foto-App angezeigt werden..

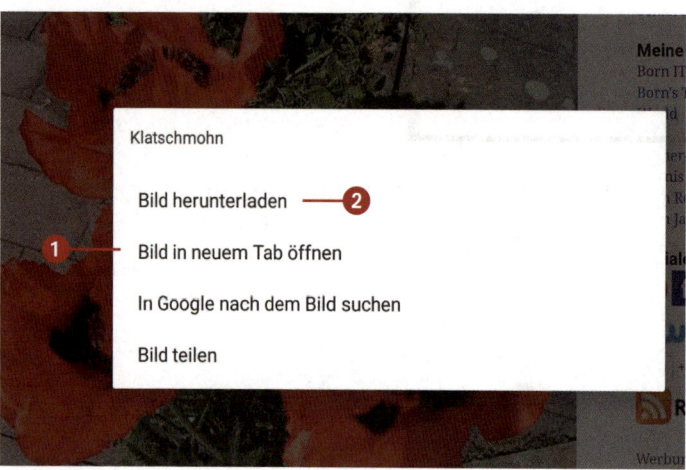

> **ACHTUNG:** Beachten Sie beim Verwenden von Bildern aus dem Web das Copyright des betreffenden Rechteinhabers.

Surfen für Fortgeschrittene

Google-Chrome-Einstellungen anpassen

Benötigen Sie **Zugriff auf** die **Einstellungen** von **Google Chrome**? Dann gehen Sie folgendermaßen vor:

1 Tippen Sie auf die drei Pünktchen (❶), um das App-Menü zu öffnen, und wählen Sie den Befehl *Einstellungen* (❷).

2 Sie gelangen dann zur Detailseite mit den zugehörigen Einstellungen (❸), auf der Sie eine der Kategorien auswählen.

Über Bedienelemente wie Schiebeschalter lassen sich dann Optionen aktivieren oder abwählen. Wischen Sie mit dem Finger, um innerhalb der Liste mit den Einstellungskategorien nach oben oder unten zu blättern.

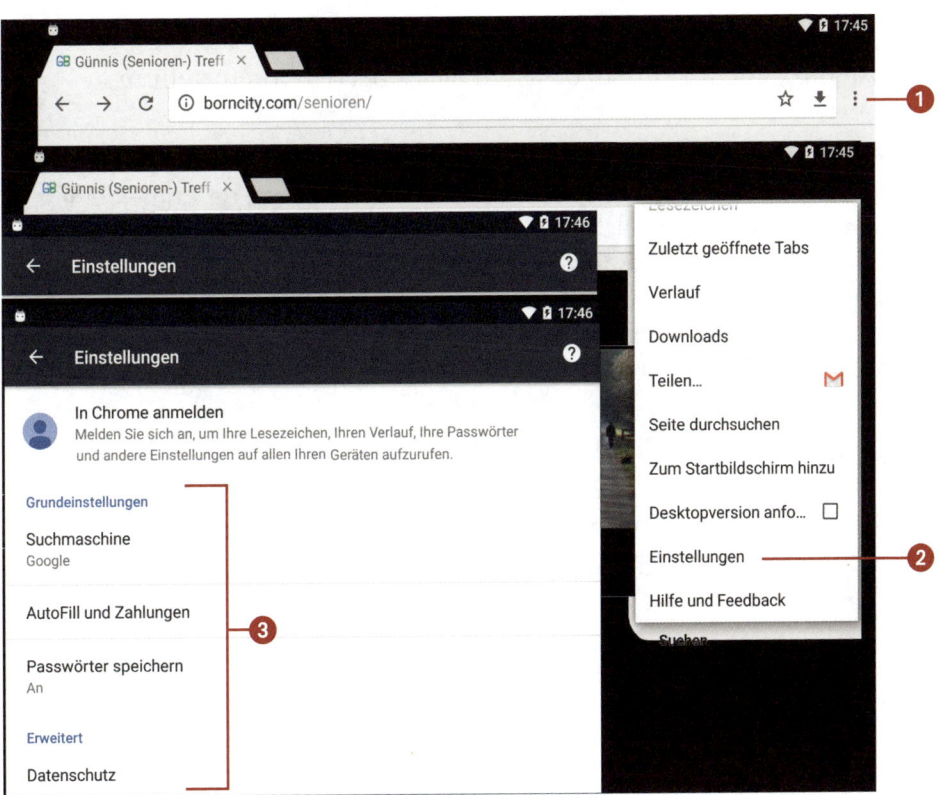

Surfen für Fortgeschrittene

- Über die Kategorie *Suchmaschine* öffnen Sie eine Zusatzseite zur Auswahl der Suchmaschine (z. B. Google, Bing, Yahoo).
- Unter *AutoFill* und *Zahlungen* sowie *Passwörter speichern* legen Sie fest, ob Google Chrome in Formularfeldern Namen und Passwörter per Autoausfüllen eintragen und speichern darf. Auf der Seite *Passwörter speichern* finden Sie auch eine Liste der Webseiten, für die keine Kennwörter gespeichert werden sollen.
- In der Kategorie *Datenschutz* finden Sie Optionen, um das Überwachen (das sogenannte Tracking) beim Surfen zu verbieten oder Such- und URL-Vorschläge ein-/auszuschalten.
- Die Kategorie *Website-Einstellungen* ermöglicht Ihnen beispielsweise, festzulegen, ob sogenannte **Cookies** gespeichert, **Kamera** und **Mikrofon** verwendet werden oder **JavaScript** ausgeführt wird.

Die Einstellungen sind mehr oder weniger intuitiv. Falls Sie die Bedeutung einer Einstellung nicht kennen, belassen Sie es bei der Voreinstellung.

> **HINWEIS:** Das Sperren der Cookie-Annahme führt dazu, dass viele Webseiten, speziell Onlineshops, nicht mehr korrekt funktionieren, da Anmeldeinformationen nicht mehr gespeichert werden können. Ähnliches gilt, falls Sie die Ausführung von JavaScript abschalten. In aktuellen Android-Versionen (mit Ausnahme der Dolphin-Browser-App) wird Flash als Anzeigetechnik aus Sicherheitsgründen nicht mehr unterstützt. Aus Sicherheitsgründen sollten Sie Flash, falls vorhanden, nicht mehr verwenden.

In diesem Kapitel haben Sie die Grundlagen zum Surfen im Web und zum Arbeiten mit dem Google-Chrome-Browser unter Android kennengelernt. Mit diesem Wissen können Sie im Web surfen und Webseiten ansehen. Im nächsten Kapitel lernen Sie die Mail-App kennen.

4 E-Mail

Das lernen Sie in diesem Kapitel:
- **Einführung in die Gmail-App**
- **Arbeiten mit der Gmail-App**

Einführung in die Gmail-App

Mit einem Android-Smartphone oder Tablet-PC können Sie bequem Ihre E-Mails abrufen, lesen und auch eigene Nachrichten verfassen und versenden. Alles, was Sie dazu brauchen, ist ein Internetzugang entweder per Mobilfunk oder über ein WLAN. Die benötigte E-Mail-App *Gmail* ist in Android immer dabei. Wie Sie E-Mail-Konten einrichten, wie die App funktioniert und was es sonst über den Austausch von E-Mails zu wissen gibt, erfahren Sie in diesem Kapitel.

Einführung in die Gmail-App

Zum Abrufen, Lesen, Bearbeiten und Beantworten von E-Mails steht in Android die Gmail-App zur Verfügung. Der folgende Abschnitt beschreibt, wie Sie die App aufrufen und einrichten. Außerdem erhalten Sie einen grundlegenden Überblick über die Funktionen der App.

Grundlagen zur Gmail-App

Die Gmail-App wird über ein Symbol der Favoritenleiste oder über *Alle Apps* aufgerufen und ermöglicht Ihnen den Zugriff auf verschiedene (eingerichtete) Postfächer bei unterschiedlichen E-Mail-Anbietern.

Die App zeigt standardmäßig die Seite mit dem Postfach und den E-Mails:

▶ In der linken Spalte (❶) des Mail-Fensters finden Sie Symbole, um abhängig vom Konto auf Kategorien (*E-Mail-Konto*, *Allgemein*, *Soziale Netzwerke* etc.) zuzugreifen.

▶ In einer zweiten Spalte (❷) werden die im Postfach eingegangenen E-Mails in einer **Nachrichtenliste** angezeigt.

▶ Tippen Sie den Eintrag einer Nachricht an (❷), wird diese in der Nachrichtenliste farbig markiert. Gleichzeitig wird der Inhalt der Nachricht im rechten Teil des Bildschirms (❸) angezeigt.

Einführung in die Gmail-App

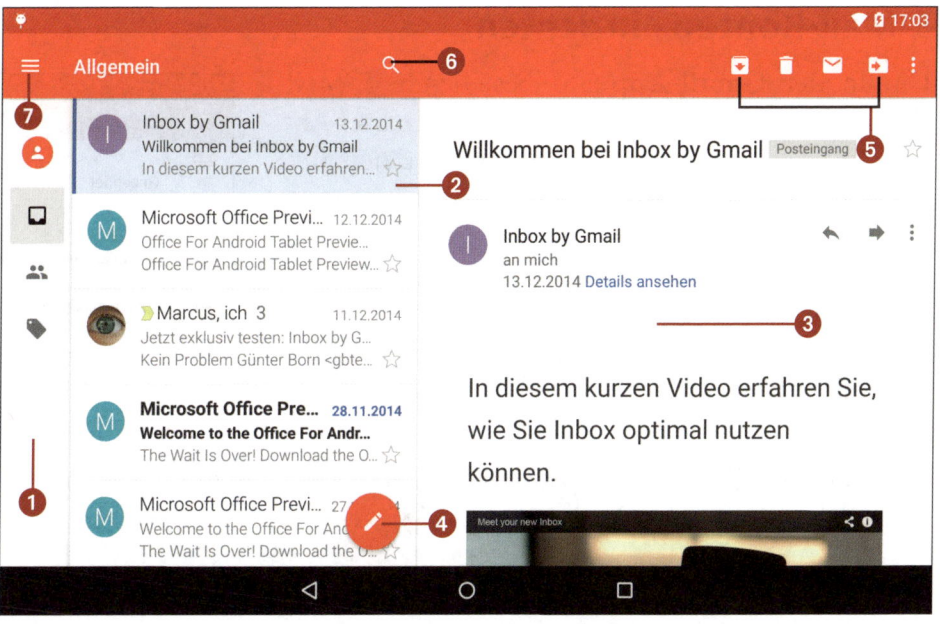

- Das in der Nachrichtenliste sichtbare Symbol (4) ermöglicht Ihnen, eine neue Nachricht (E-Mail) zu verfassen. Im Kopfbereich der App finden Sie eine **Leiste mit Symbolen** (5) zum Kennzeichnen, Löschen und Verwalten von Nachrichten.

- Oberhalb der Nachrichtenliste befindet sich das *Suchen*-Feld (6). Tippen Sie einen Ausdruck in das Feld ein, um im Postfach nach entsprechenden **Nachrichten** zu **suchen**.

Über das Burger-Menü (7) lässt sich die linke Spalte (1) erweitern und wieder zu Symbolen reduzieren. Oder Sie ziehen die Spalte durch Wischen breiter.

> **HINWEIS:** Unter *Alle Apps* finden Sie noch ein Symbol *E-Mail*. Google hat vor einiger Zeit die Funktionen dieser App abgeschaltet und verweist nun auf die Gmail-App. Von Drittherstellern gibt es weitere E-Mail-Apps (z. B. eine Outlook-App von Microsoft). Diese werden aber aus Platzgründen im Buch nicht behandelt.

Einführung in die Gmail-App

E-Mail-Konten einrichten

Um in der **Gmail-App** auf bestehende E-Mail-Konten zuzugreifen, sind diese einmalig in der App einzurichten. Dabei werden die Zugangsdaten zum jeweiligen **E-Mail-Konto in die App eingetragen**. Das Google-Konto, das Sie für Android eingerichtet haben, sollte bereits standardmäßig in der Mail-App vorhanden und eingerichtet sein. Um ein neues E-Mail-Konto zur App hinzuzufügen oder Optionen einzusehen, gehen Sie folgendermaßen vor:

1 Rufen Sie die Gmail-App auf (siehe den vorherigen Abschnitt) und tippen Sie auf das Symbol des Burger-Menüs (❶).

2 Tippen Sie in der linken Spalte des Menüs auf den Befehl *Einstellungen* (❷).

Gegebenenfalls wischen Sie mit dem Finger im Menü, um den Befehl anzeigen zu lassen. Die Seite *Einstellungen* zeigt Ihnen, welche E-Mail-Konten bereits eingerichtet sind (hier *gbtest@gmail.com*). Durch Antippen der Befehle können Sie allgemeine Einstellungen sowie die Einstellungen für ein bereits existierendes E-Mail-Konto anpassen oder ein Konto neu hinzufügen.

3 Tippen Sie in der linken Spalte des Menüs auf den Befehl *Konto hinzufügen* (❸).

Jetzt erscheint eine Seite, in der Sie festlegen, welche Art des E-Mail-Zugangs Sie einrichten möchten. Besitzen Sie ein Konto bei Google, tippen Sie auf den Google-Eintrag. Andernfalls wählen Sie einen der anderen genannten E-Mail-Anbieter aus der Liste. Bei Bedarf lässt sich in der Liste per Finger nach oben oder unten blättern. Die Postfächer nicht in der Liste aufgeführter Anbieter lassen sich über die Option *Sonstige* einbinden. Die Option *Exchange und Office 365* dürfte nur in Firmenumgebungen von Bedeutung sein und bleibt in diesem Buch ausgespart.

Einführung in die Gmail-App

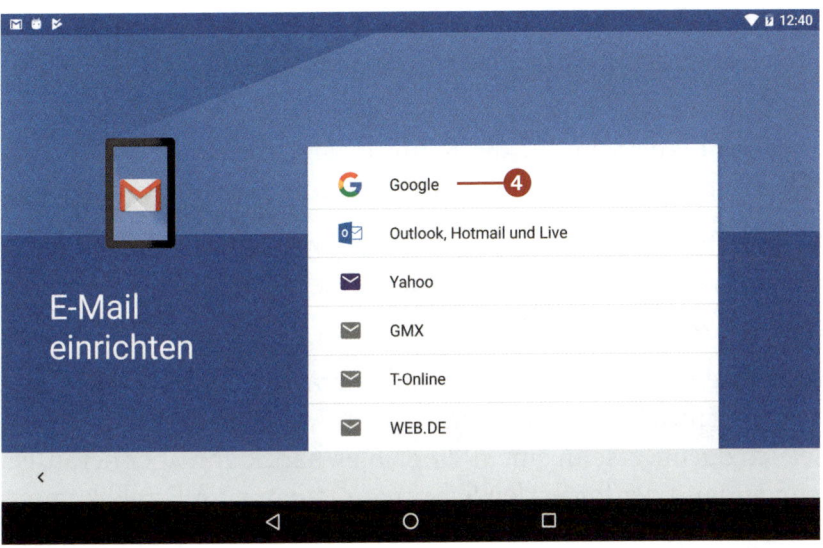

4 Tippen Sie in der Liste der unterstützten Kontentypen auf den Eintrag des gewünschten Anbieters (**4**).

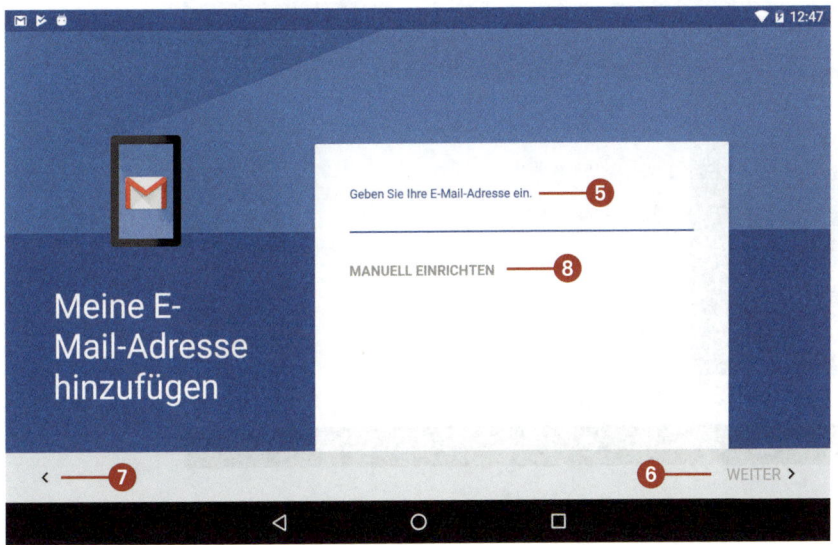

Einführung in die Gmail-App

5 Tragen Sie anschließend die E-Mail-Adresse des E-Mail-Kontos sowie das zugehörige Kennwort in den angezeigten Formularen ein.

Im ersten Formular wird die E-Mail-Adresse (**5**) abgefragt. Über *WEITER* (**6**) gelangen Sie dann zur Seite für die Kennworteingabe. Über die *Zurück*-Schaltfläche (**7**) können Sie jederzeit einen Einrichtungsschritt zurückgehen.

Im Idealfall klappt die Einrichtung des E-Mail-Kontos durch Eingabe der E-Mail-Adresse und des zugehörigen Kennworts. Bei Gmail-Konten und bei Microsoft Outlook.com ist dies der Fall.

Verwenden Sie aber ein E-Mail-Konto bei Anbietern wie Web.de, GMX etc., scheitern Sie bei der Einrichtung vermutlich an der Meldung, dass das **Kennwort falsch** sei. Ich dachte erst an einem Tippfehler, habe dann aber herausgefunden, wie man anhand der folgenden Schritte trotzdem zum Erfolg kommt:

1 Klappt das automatische Einrichten nicht, wählen Sie in obigem Formular nach Eingabe der E-Mail-Adresse den Eintrag *MANUELL EINRICHTEN* (**8**).

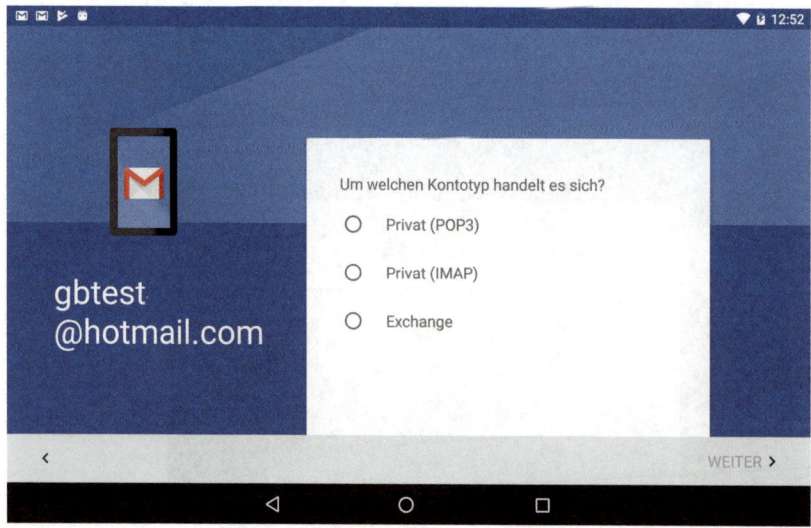

Einführung in die Gmail-App

2 Tippen Sie auf der Seite *Um welchen Kontotyp handelt es sich?* den gewünschten Eintrag an (meist *Privat (IMAP)* und bestätigen Sie anschließend mit *WEITER*.

3 Tippen Sie im nächsten Formular *Einstellungen des Eingangsservers* das zum E-Mail-Konto zugehörende Kennwort ein (**9**) und bestätigen Sie anschließend mit *WEITER*.

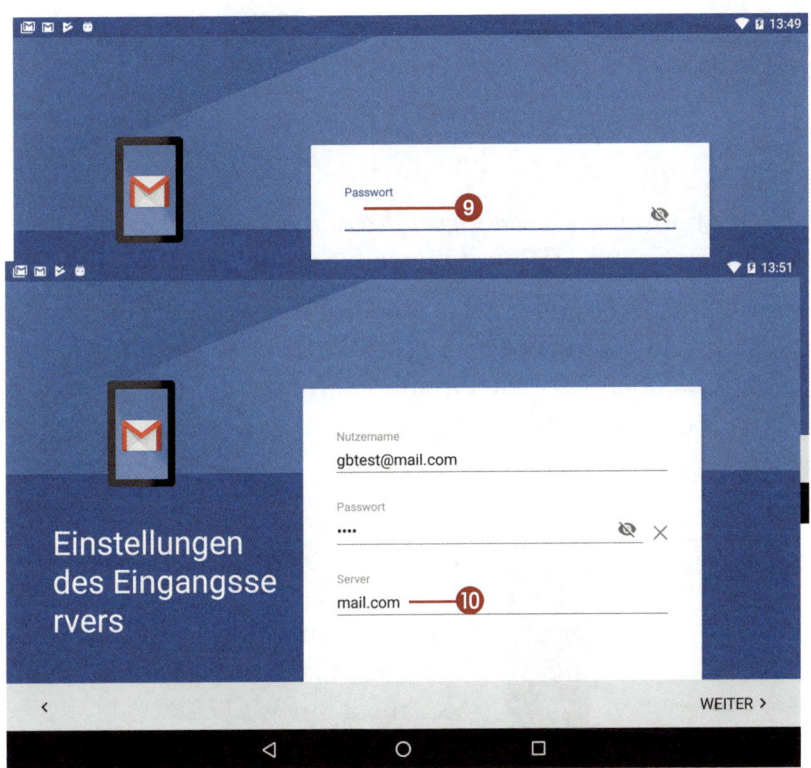

4 Korrigieren Sie im nächsten Formular die Anmeldedaten des betreffenden Eingangsservers (**10**) (siehe hierzu auch den Hinweis auf Seite 126) und tippen Sie danach auf *WEITER*.

Einführung in die Gmail-App

5 Korrigieren Sie im Formular *Einstellungen des Ausgangsservers* die Anmeldedaten des betreffenden Servers (**11**) und tippen Sie erneut auf *WEITER*.

Über den Schiebeschalter *Anmeldung erforderlich* (**12**) lässt sich steuern, ob der Ausgangsserver getrennte Anmeldedaten verwendet oder die Anmeldung im Eingangsservers verwenden soll. Die Option ist in den meisten Fällen auf *Ein* zu belassen. Über das Symbol (**13**) lässt sich ein mit Pünktchen verstecktes Kennwort anzeigen.

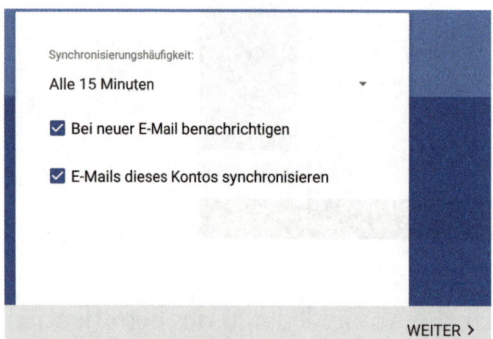

6 Passen Sie in der Seite *Synchronisierungshäufigkeit* ggf. die Markierung der Kontrollkästchen und den Wert des Listenfelds an und tippen Sie erneut auf *WEITER*.

Durch Antippen des **Kontrollkästchens** (Viereck mit blauer Füllung) kann die Option gesetzt oder abgewählt werden. Über das kleine Dreieck des **Listenfelds** lässt sich eine Liste öffnen, in der Sie das Zeitintervall für die Abrufe der Nachrichten bestimmen.

Einführung in die Gmail-App

Sobald die Meldung kommt, dass das Konto eingerichtet ist, tippen Sie so lange auf *WEITER*, bis die Seite mit den Einstellungen wieder zu sehen ist. Dort sollten dann alle eingerichteten Konten sichtbar sein.

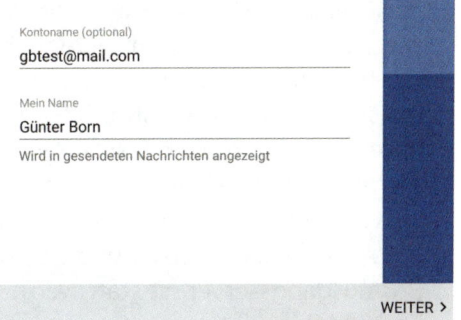

Sie können dann über die *Zurück*-Schaltfläche zur Anzeige der Gmail-App mit den Postfächern zurückkehren, mit dem Befehl *Konto hinzufügen* ein weiteres Konto anlegen oder über *Allgemeine Einstellungen* auf die Einstellungsseite zugreifen (siehe den folgenden Abschnitt).

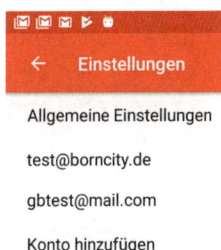

> **HINWEIS: Nützliche Informationen zum Einrichten von Konten**
>
> Ist der Gmail-App der Anbieter Ihres E-Mail-Kontos nicht bekannt, müssen Sie ggf. die Anmeldedaten für das Postfach manuell festlegen. Dann werden der Typ des E-Mail-Servers und die Serverdaten abgefragt.

> **HINWEIS:** E-Mails können über die Protokolle IMAP oder POP3 abgeholt sowie über SMTP versandt werden. Kennt die Gmail-App den Anbieter, werden die benötigten Serveradressen korrekt in den Einrichtungsseiten angegeben. Zwischenzeitlich unterstützt die App auch deutsche E-Mail-Anbieter wie Web.de oder GMX. Je nach E-Mail-Konto ermittelt die App Serveradressen aus der eingetragenen E-Mail-Adresse fehlerhaft (also aus *gb@web.de* wird dann die Serveradresse *web.de*). Für Web.de müsste beim Posteingangsserver bei POP3 die Adresse *pop3.web.de* und bei IMAP *imap.web.de* angegeben werden. Beim Postausgangsserver ist statt *web.de* die Adresse *smtp.web.de* im betreffenden Textfeld mit der Serveradresse einzugeben. Beim Anbieter GMX werden dagegen Adressen der Art *pop.gmx.net* (POP3-Posteingangsserver), *imap.gmx.net* (IMAP-Server) und *mail.gmx.net* (Postausgangsserver) verwendet. Schauen Sie ggf. auf den Webseiten der E-Mail-Anbieter nach. Dort sind die Serveradressen in der Regel angegeben.

Konteneinstellungen einsehen und ändern

Möchten Sie **Konteneinstellungen** einsehen oder **ändern**, gehen Sie zu *Einstellungen* (siehe vorherige Seiten) und tippen auf den Eintrag für das Konto (❶). Dann lassen sich der Kontenname oder die Synchronisationseinstellungen in der Seite *Einstellungen* (❷) ändern. Die angezeigten Fehler hängen dabei von der Art des gewählten E-Mail-Kontos ab. Hier einige Hinweise:

▶ Tippen Sie auf das ggf. angezeigte Feld *Kontoname* oder *Mein Name*, um im eingeblendeten Feld die beiden Werte anzupassen.

▶ Im Feld *Signatur* tragen Sie bei Bedarf einen Text ein, der unterhalb jeder verschickten E-Mail eingefügt wird. Man kann dort z. B. seinen Namen, einen Gruß etc. ablegen. Ich füge dort die Adresse meiner Webseiten ein.

▶ Wählen Sie das Feld *Synchronisierungshäufigkeit* (sofern angezeigt), öffnet sich ein Pop-up-Fenster, in dem Sie über Optionsfelder festlegen, wie häufig die Mails vom Server abgeholt werden (*Nie*, *15 Minuten* etc.).

Einführung in die Gmail-App

- Über die Option *Anhänge herunterladen* steuern Sie, wie Gmail mit Anhängen in E-Mails umgehen soll. Markieren Sie das Kontrollkästchen, lädt Gmail die Nachricht samt Anhang vom E-Mail-Server herunter. Ich persönlich deaktiviere diese Option, um im Mobilfunkbetrieb mein Datenkontingent zu schonen.

- In der Kategorie *Servereinstellungen* können Sie auf die Einträge für eingehende und ausgehende Nachrichten tippen. Dann öffnet sich eine Seite, über die Sie die Zugangsdaten für den betreffenden Server einsehen und ändern können.

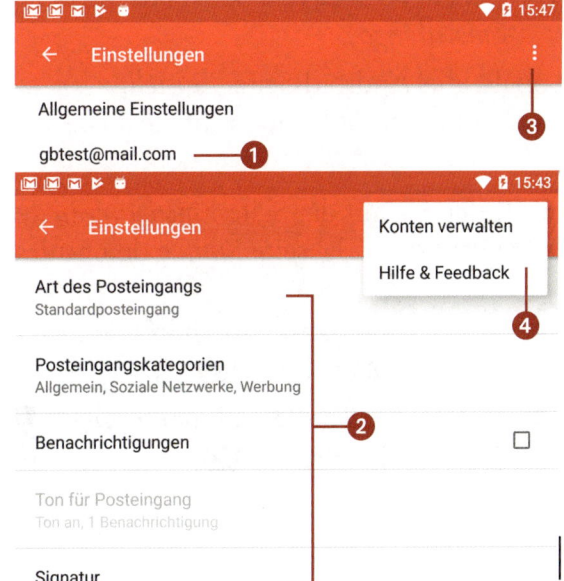

Über die drei Pünktchen (❸) in der rechten oberen Ecke der App öffnen Sie bei Bedarf ein Menü (❹), über das Sie auf den Befehl zur Kontenverwaltung (in den Android-Einstellungsseiten) zugreifen können.

E-Mail-Konto löschen

Das Löschen eines kompletten E-Mail-Kontos ist in Android etwas trickreich. Generell ist das Löschen nur für in der Gmail-App festgelegte Zusatzkonten möglich. Das Google-Hauptkonto bleibt dagegen immer erhalten. Um auf die Funktionen zum Löschen eines zusätzlichen E-Mail-Kontos zuzugreifen, haben Sie zwei Möglichkeiten:

- Tippen Sie in der E-Mail-App unter *Einstellungen* in der rechten oberen Ecke auf die drei Pünktchen (❸) und wählen Sie im Menü (❹) den Befehl *Konten verwalten* (siehe vorherige Abbildung). Bestätigen Sie im Pop-up-Fenster den Befehl *WEITER*.

Einführung in die Gmail-App

▶ Gehen Sie über den Startbildschirm zu *Alle Apps* und wählen Sie die App *Einstellungen*.

Sobald die Android-Seite *Einstellungen* aus der obigen Abbildung sichtbar wird, führen Sie folgende Schritte aus:

1 Rufen Sie auf der Seite *Einstellungen* den Befehl *Konten* (**1**) auf und wählen Sie auf der Folgeseite *Konten* den Eintrag *Privat (IMAP)* (**2**).

2 Sie gelangen dann zur Android-Einstellungsseite *Privat (IMAP)*, auf der Sie auf das E-Mail-Konto (**3**) tippen.

Jetzt sollte die Seite *Synchronisierung* mit der E-Mail-Adresse (**4**) angezeigt werden.

3 Tippen Sie in der rechten oberen Ecke auf die drei Pünktchen (**5**) und wählen Sie im eingeblendeten Menü den Befehl *Konto entfernen* (**6**).

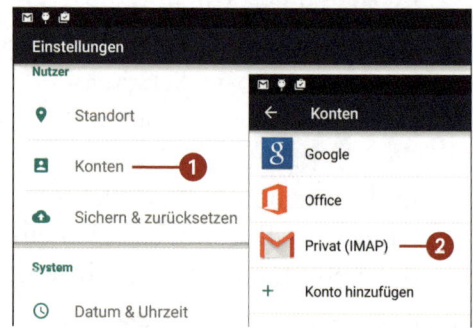

Dieser Schritt ist in einem eingeblendeten Pop-up-Fenster *Konto entfernen?* über KONTO ENTFERNEN zu bestätigen. Anschließend wird das Konto aus der Gmail-App ausgetragen.

Einführung in die Gmail-App

> **HINWEIS:** Kleine Wiederholung: In der linken oberen Ecke weisen die meisten Apps einen nach links zeigenden Pfeil auf. Tippen Sie auf den Pfeil, um in den Einstellungsseiten jeweils einen Schritt zurückzugehen. Um zwischen den Android-Einstellungen und der Gmail-App zu wechseln, verwenden Sie die *Startbildschirm*-Schaltfläche.

Gmail-Einstellungen anpassen

Um die allgemeinen Einstellungen der Gmail-App einzusehen oder zu verändern, rufen Sie die Seite *Einstellungen* der App über das Burger-Menü auf (siehe die vorhergehenden Abschnitte).

Tippen Sie im Fenster *Einstellungen* auf den Befehl *Allgemeine Einstellungen* (❶). Anschließend können Sie über die Seite *Allgemeine Einstellungen* (❷) die gezeigten Optionen anpassen. Hierzu tippen Sie auf die jeweiligen Kontrollkästchen, um die blaue Markierung mit dem Häkchen zu setzen oder zu entfernen.

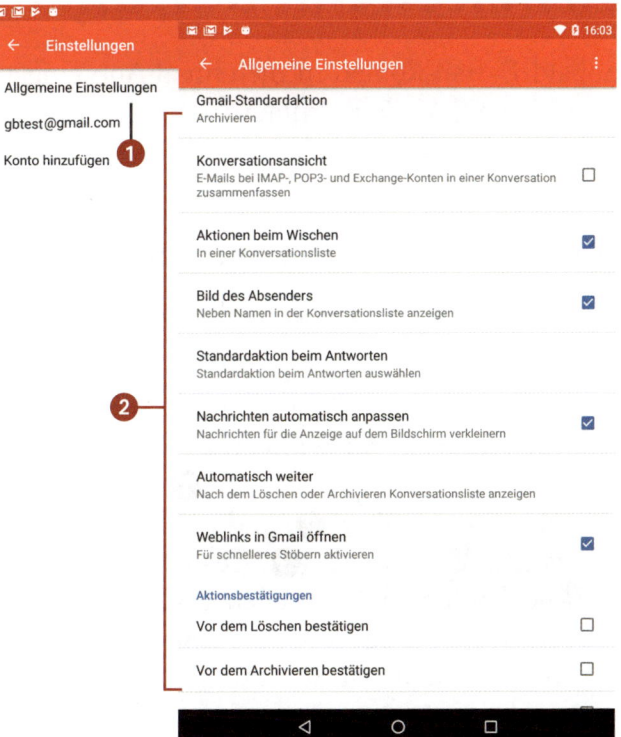

Arbeiten mit der Gmail-App

> **HINWEIS:** Unterschiede zwischen Optionsfeldern und Kontrollkästchen
>
> Bei einem **Kontrollkästchen** zeigt ein Häkchen, dass die Option aktiviert ist. Bei einem Optionsfeld ist dagegen der Punkt farbig gefüllt. Bei **Optionsfeldern** lässt sich immer nur eine Option aus einer Gruppe markieren, während bei Kontrollkästchen beliebige Optionen der Gruppe markiert werden können.

Arbeiten mit der Gmail-App

Sobald E-Mail-Konten in die Gmail-App eingetragen sind, können Sie diese nutzen, um E-Mails auszutauschen. In diesem Abschnitt erfahren Sie alles, was zum Umgang mit E-Mails in der Gmail-App erforderlich ist.

E-Mails lesen und verwalten

Die Funktionen zum Lesen, Löschen oder Verschieben von eintreffenden E-Mails sind sehr intuitiv und mit wenigen Worten erklärt:

- Sind mehrere E-Mail-Konten eingerichtet, tippen Sie zur **Auswahl eines E-Mail-Kontos** auf das Burger-Menü (**1**), tippen auf das Listensymbol (**2**) und wählen dann das gewünschte Konto (**3**) aus. Dann werden die darüber übermittelten Mails angezeigt. Über die Navigationstaste *Zurück* wird das Burger-Menü wieder zu einer schmalen Spalte reduziert.

- Zum **Suchen nach E-Mails** (siehe hierzu die Abbildung weiter unten) tippen Sie auf das Suchsymbol (**4**) und geben den gewünschten Begriff im Suchfeld (**5**) ein. Bereits einmal eingetippte Suchbegriffe werden aufgelistet (**6**) und lassen sich durch

Arbeiten mit der Gmail-App

Antippen übernehmen. Über das Mikrofonsymbol (**7**) können Sie die Spracheingabe starten und die Suchbegriffe einsprechen. Über das rechts im Suchfeld bei Eingaben eingeblendete Symbol ✕ wird der eingetragene Suchbegriff gelöscht. Das Symbol in der linken oberen Ecke (**8**) blendet die Suchleiste aus. Die Suchergebnisse werden automatisch in der Spalte mit der Nachrichtenliste (**9**) gefiltert. Über das Symbol (**10**) in der linken Spalte lässt sich die Nachrichtenliste bei mehreren Postfächern ggf. nach dem Postfach sortieren.

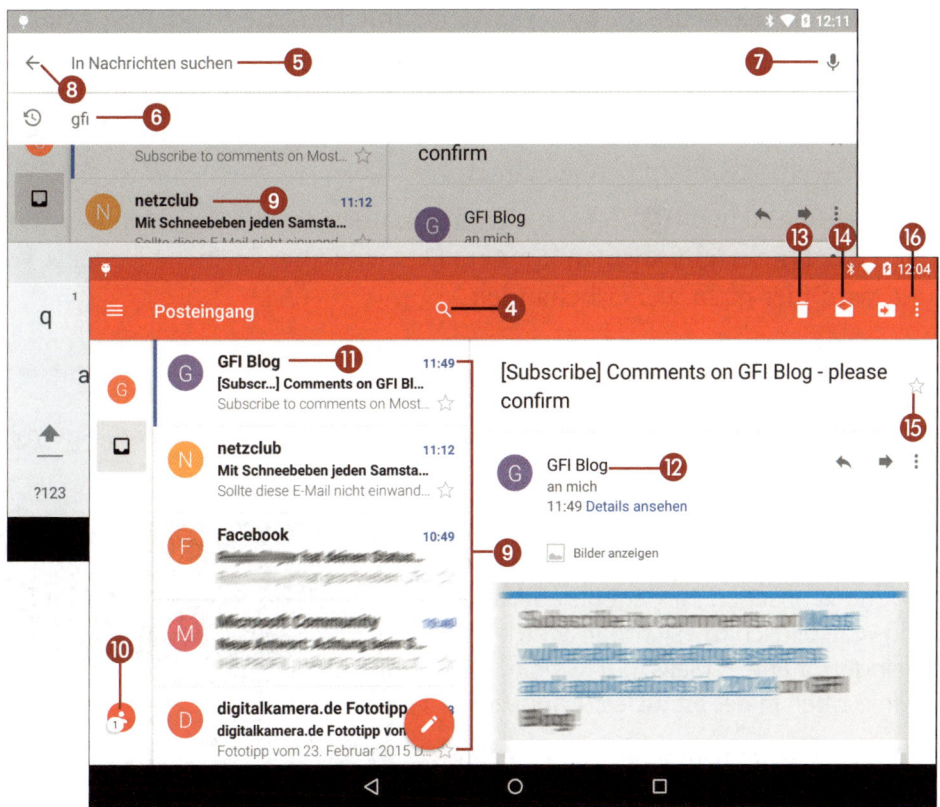

▶ Zum **Lesen einer E-Mail** tippen Sie diese in der linken Spalte (**11**) an. Der Inhalt der E-Mail wird im rechten Teil des Bildschirms (**12**) angezeigt und kann dann gelesen werden. Blättern (scrollen) Sie durch Wischen mit dem Finger durch einen längeren E-Mail-Text.

Arbeiten mit der Gmail-App

▸ Eine in der linken Spalte (**9**) angewählte **E-Mail löschen** Sie durch Antippen des *Löschen*-Symbols (**13**). Oder Sie wischen in der Nachrichtenliste die Nachricht einfach mit dem Finger nach rechts aus der Spalte heraus. Die E-Mail wird ohne Nachfrage in den Papierkorb verschoben, lässt sich aber sofort über ein eingeblendetes Pop-up *RÜCKGÄNGIG* zurückholen. Zudem können Sie über die nachfolgend beschriebene Ordnerstruktur gelöschte Nachrichten aus dem Papierkorb zurückholen.

▸ Durch Antippen des Briefumschlags (**14**) lässt sich eine **Nachricht** in der Nachrichtenliste (**9**) wahlweise mit Fettschrift oder Normalschrift **kennzeichnen**. Das Symbol des Briefumschlags wechselt dann, je nach Kennzeichnung der Nachricht, zwischen geschlossen und geöffnet (Nachricht gelesen). Tippen Sie in der Nachricht auf das Sternsymbol (**15**), um diese als Favorit zu kennzeichnen.

Die drei Pünktchen (**16**) öffnen ein Menü, über das Sie den Befehl zum **Drucken der Nachricht** abrufen können. Das setzt aber spezielle Drucker voraus und wird hier nicht weiter behandelt.

> **HINWEIS: Benachrichtigung bei Mails**
>
> Treffen E-Mails ein, zeigt Android eine Benachrichtigung auf dem Sperrbildschirm an.
>
> Ziehen Sie das Kästchen nach rechts über den Bildschirmrand, um die Benachrichtigung zu löschen. Ist dagegen der Android-Startbildschirm sichtbar, werden neu eingetroffene E-Mails per *Gmail*-Symbol links oben in der Statusleiste angezeigt.
>
>
>
> Ziehen Sie das Symbol einfach per Finger aus dem Statusbereich nach unten. Dann werden die neuen Nachrichten im Benachrichtigungsbereich eingeblendet.

Arbeiten mit der Gmail-App

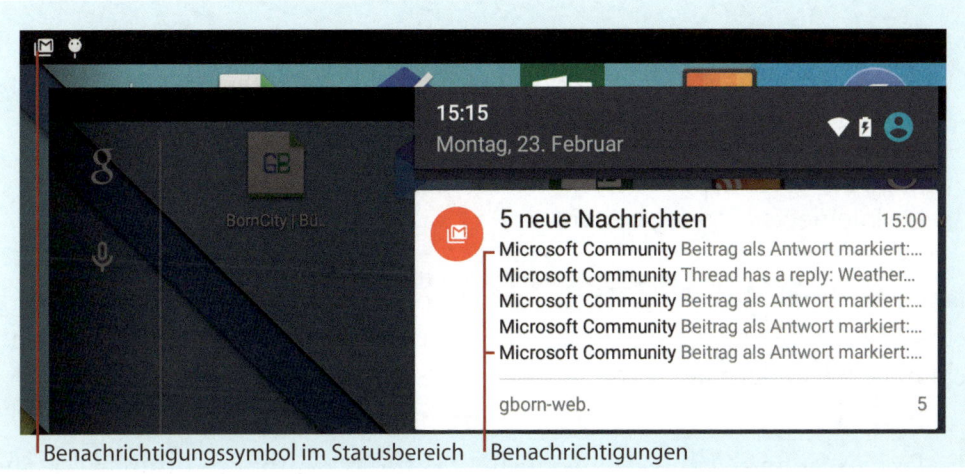

Benachrichtigungssymbol im Statusbereich | Benachrichtigungen

E-Mails verschieben

Sie können E-Mails in verschiedene Ordner des E-Mail-Kontos verschieben oder gelöschte Nachrichten aus dem Papierkorb zurückholen.

1 Um **Nachrichten** zu **verschieben**, tippen Sie im Nachrichtenkopf auf das Symbol *Ordner* (❶).

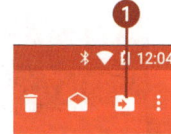

Dann wird die hier gezeigte **Ordnerdarstellung** (❷) des E-Mail-Kontos als Pop-up eingeblendet. Welche Ordner aufgeführt werden, hängt vom Anbieter des E-Mail-Kontos ab.

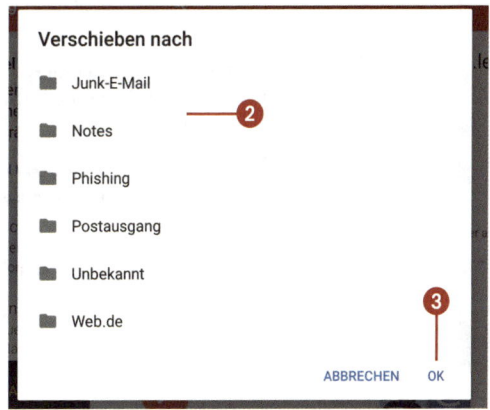

2 Tippen Sie auf einen Eintrag und dann auf *OK* (❸), um die Nachricht in den Ordner zu verschieben.

Arbeiten mit der Gmail-App

HINWEIS: Der Ordner *Papierkorb* enthält gelöschte Nachrichten, und in den Ordnern wie *Junk-E-Mail* oder *Phishing* werden unerwünschte Nachrichten aus den Kategorien Werbemüll und Phishing abgelegt. Unter *Gesendet* finden Sie Kopien Ihrer verschickten E-Mails. In *Postausgang* liegen möglicherweise Nachrichten, die noch nicht verschickt werden konnten, weil beispielsweise aktuell keine Internetverbindung besteht.

Haben Sie irrtümlich eine **Nachricht** durch Verschieben in den Papierkorb gelöscht oder möchten Sie diese in einen anderen Ordner **verschieben**? Dann gehen Sie folgendermaßen vor:

1 Tippen Sie in der linken oberen Ecke auf das Symbol des Burger-Menüs (**4**), wischen Sie in der eingeblendeten Spalte (**5**) durch die Ordnerliste *Alle Labels* und wählen Sie *Papierkorb*.

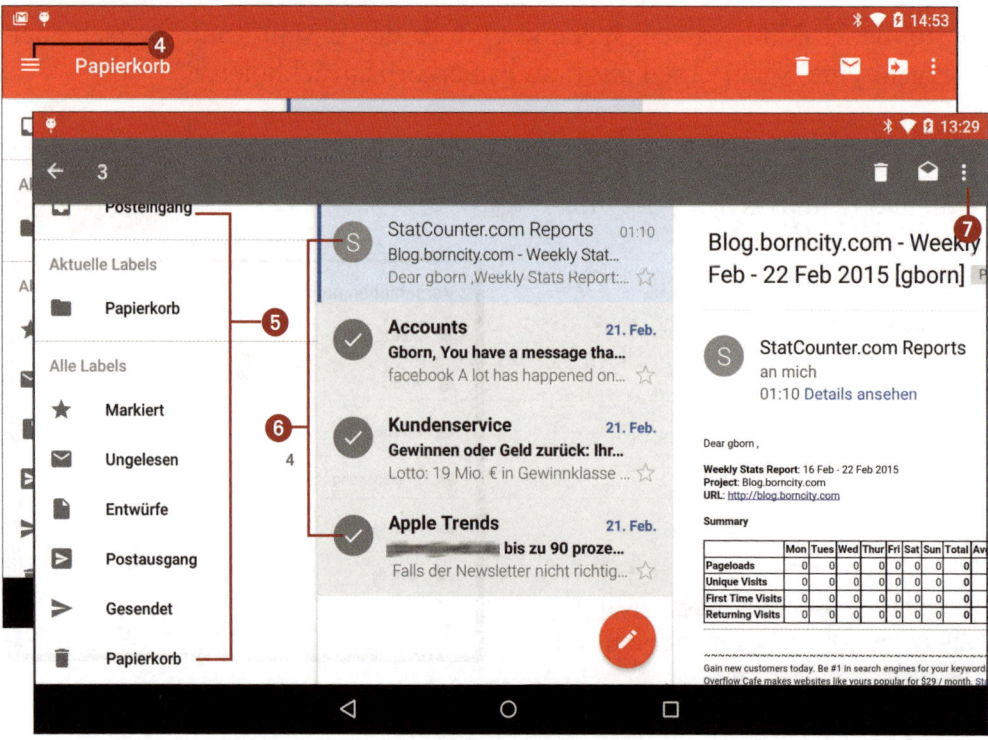

Arbeiten mit der Gmail-App

2 Tippen Sie in der mittleren Spalte mit der Nachrichtenliste (**6**) alle zu verschiebenden Nachrichten an. Diese werden mit einem Punkt und einem Häkchen gekennzeichnet.

3 Tippen Sie in der rechten oberen Ecke der App auf die drei Pünktchen (**7**) und wählen Sie im eingeblendeten Menü den Befehl *Verschieben nach*.

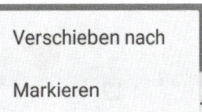

4 Tippen Sie im eingeblendeten Pop-up-Fenster *Verschieben nach* auf den Zielordner und bestätigen Sie dies über *OK*.

Jetzt werden die markierten Nachrichten aus dem Papierkorb in den gewählten Zielordner verschoben. Diese Schritte können Sie natürlich auch verwenden, um Inhalte beliebiger Ordner in andere Ordner zu verschieben. Beachten Sie, dass das Verschieben von Nachrichten nur innerhalb eines E-Mail-Kontos möglich ist.

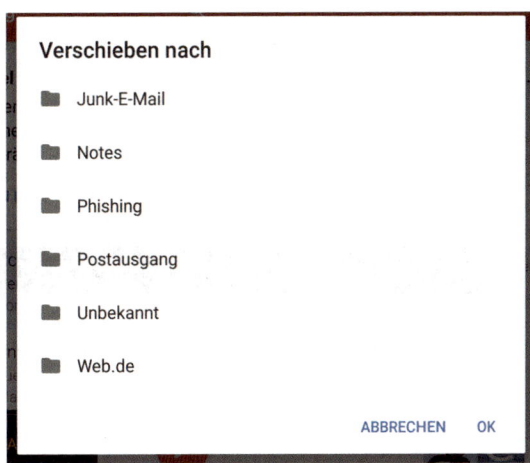

E-Mail-Anlagen einsehen und speichern

Einer E-Mail lassen sich Anlagen in Form von Dateien (Fotos, Videos, Musik etc.) mitgeben. Erhalten Sie eine E-Mail mit einem solchen Anhang, können Sie dies am stilisierten Symbol einer Büroklammer (**1**) erkennen.

▶ Markieren Sie die Nachricht in der linken Spalte der Gmail-App, um diese rechts am Bildschirm anzuzeigen.

▶ Bei darstellbaren Elementen wie Fotos erscheinen diese direkt in der Nachricht. Andernfalls befindet sich am Ende der Nachricht ein Platzhalter (**2**) mit dem Anhang.

Arbeiten mit der Gmail-App

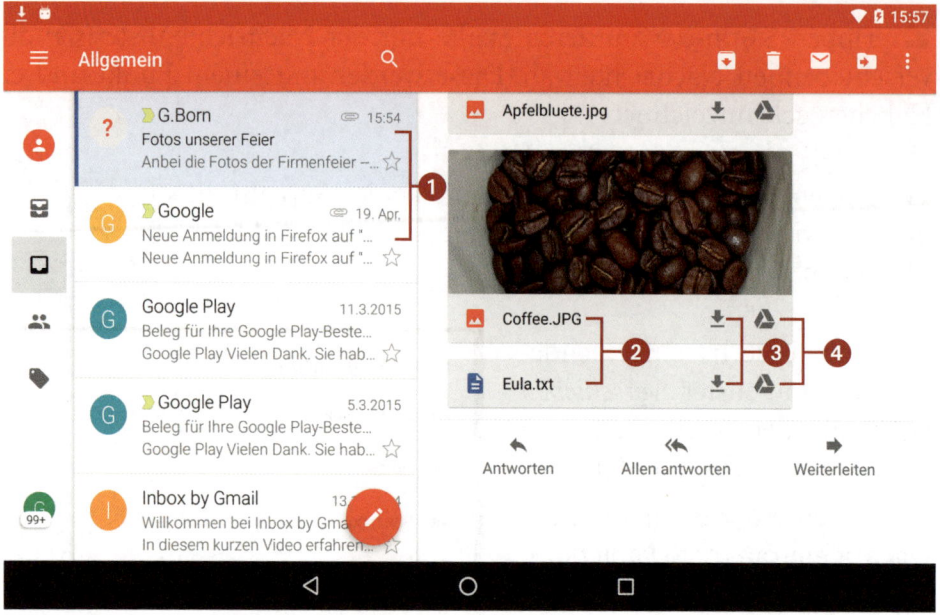

- ▶ Tippen Sie auf das *Download*-Symbol (❸), wird der Anhang in den Ordner *Downloads* gespeichert.

- ▶ Über das Symbol (❹) wird der Anhang auf das Google-Drive-Online-Laufwerk gespeichert.

Wischen Sie in der Statusleiste nach unten und tippen Sie auf die Kachel der heruntergeladenen Datei. Dann öffnet sich ein Pop-up-Fenster zur Auswahl der App, mit der sich die Datei öffnen lässt.

> **HINWEIS:** Gespeicherte Anhänge können Sie auch über einen Datei-Manager durch Antippen in einer passenden App öffnen. Bei Fotos in Mails reicht es, diese per Finger anzutippen. Dann öffnet sich das Bild in der Foto-App.

E-Mails beantworten und weiterleiten

Haben Sie eine Nachricht empfangen, die Sie an Dritte weiterleiten wollen? Oder möchten Sie auf eine Nachricht antworten? Dann sollten Sie die folgenden Schritte kennen:

Arbeiten mit der Gmail-App

1 Wählen Sie die betreffende Nachricht (**1**) in der Nachrichtenliste des Posteingangs an.

2 Tippen Sie in der Nachricht auf das Symbol für *Antworten* (**2**), für *Weiterleiten* (**3**) oder auf die drei Pünktchen (**4**) und wählen Sie den Menübefehl *Allen antworten* (**5**).

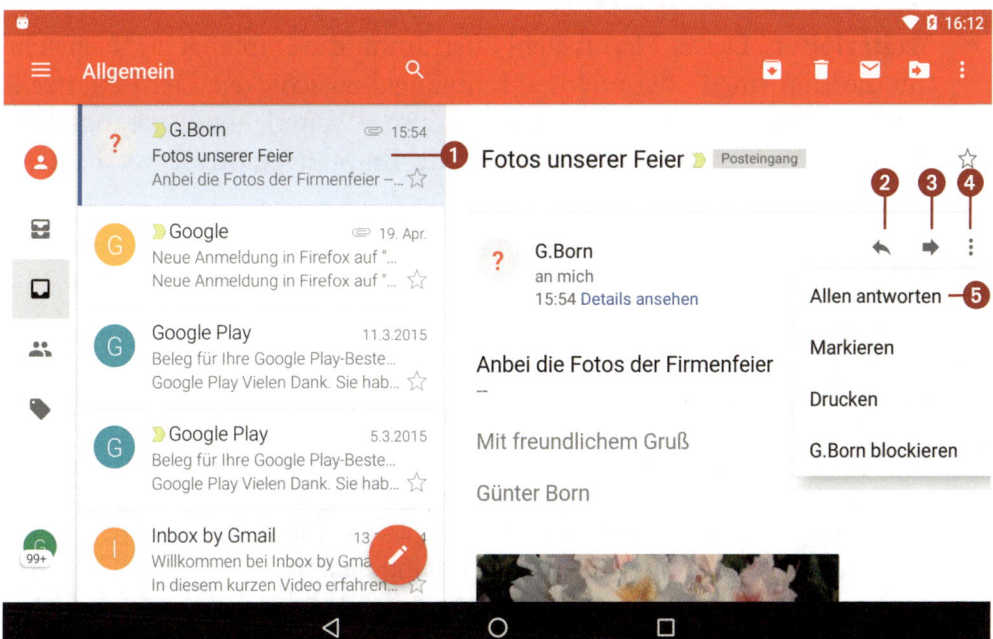

3 Ergänzen Sie im eingeblendeten Fenster der Nachricht die Betreffzeile, den Nachrichtentext, beim Weiterleiten zusätzlich die Empfängeradresse und versenden Sie die Nachricht.

Hinweise zu Schritt 3 finden Sie im folgenden Abschnitt zum Erstellen einer neuen E-Mail. Welche dieser Antwortoptionen Sie wählen, hängt davon ab, was Sie damit bezwecken:

▶ **Antworten:** Öffnet ein neues Formular der Gmail-App zum Beantworten der Nachricht, in dem bereits die Empfängeradresse und der Betreff ein-

Arbeiten mit der Gmail-App

getragen sind. Der Vorspann »Re:« (steht für »Reply«, also »Antwort«) im Betreff kennzeichnet die Nachricht als Antwort. Weiterhin wurde der Text der empfangenen Nachricht bereits als Zitat in die Antwort übernommen.

▶ **Allen antworten:** Wählen Sie diesen Befehl, um allen auf dem Verteiler stehenden Empfängern eine Antwort zukommen zu lassen. Die Gmail-App übernimmt die Empfängerliste in die Antwort-Mail – alles andere bleibt wie beim Beantworten.

▶ **Weiterleiten:** Dieser Menübefehl übernimmt die empfangene Nachricht, um diese an einen oder mehrere Empfänger zu schicken. Der Betreffzeile wird ein »Fw:« (steht für »Forward«, also »Weiterleiten«) vorangestellt. Bei einer Weiterleitung müssen Sie die Empfängeradresse im Feld *An* selbst angeben.

Im neuen Formular können Sie anschließend den Antworttext zur Nachricht hinzufügen und danach versenden. Dies funktioniert wie beim Erstellen einer neuen Nachricht (siehe den folgenden Abschnitt).

> **HINWEIS: Netiquette für E-Mails**
>
> Pendelt eine Nachricht mehrfach zwischen Personen, wird beim Beantworten oder Weiterleiten der zitierte Teil der vorhergehenden Nachrichten immer länger. Löschen Sie die nicht mehr relevanten Teile der vorherigen Nachricht vor dem Versenden (z. B. hinter den Text tippen und dann die ⬅-Taste an der Bildschirmtastatur drücken). Fassen Sie sich in der Antwort kurz und schicken Sie niemandem ungefragt eine Anlage zu.

E-Mails verfassen und senden

Das Erstellen einer neuen E-Mail ist mittels der Gmail-App mit wenigen Schritten möglich:

1 Wählen Sie das in der Gmail-App am unteren Rand gezeigte Symbol (❶), um die neue E-Mail anzulegen.

Arbeiten mit der Gmail-App

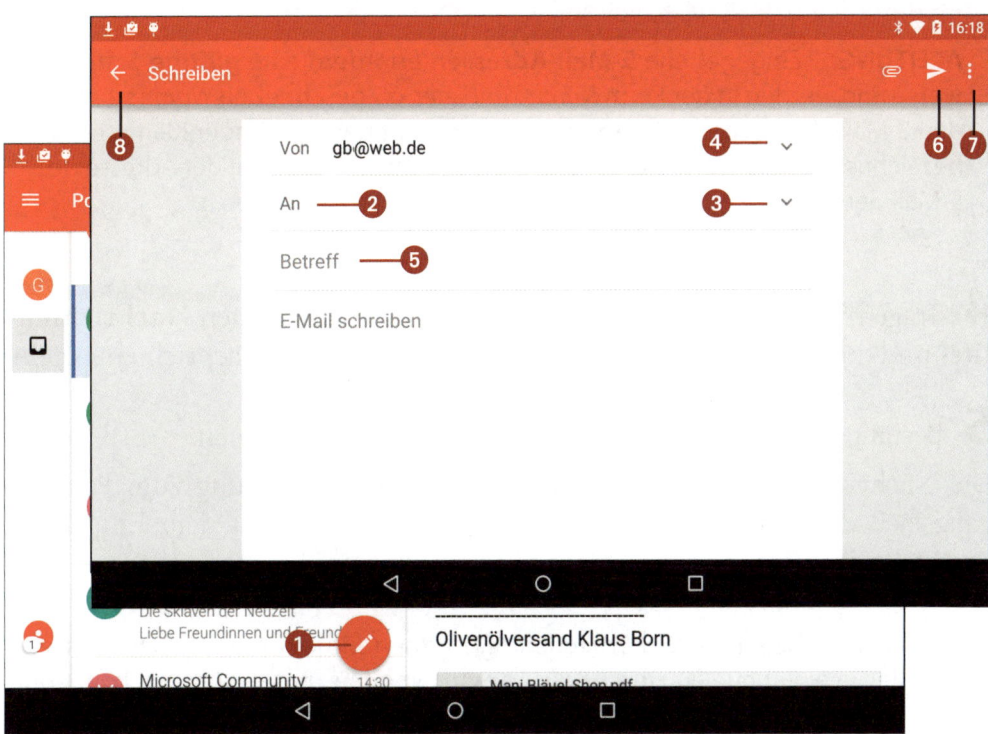

2 Anschließend tragen Sie im angezeigten Formular *Schreiben* die Empfängeradresse(n) im Feld *An* (❷) und ggf. im Feld *Cc* sowie *Bcc* ein. Diese Zusatzfelder lassen sich über das Symbol (❸) einblenden.

Die Felder *Cc* (Kopie) sowie *Bcc* (Blindkopie) dienen quasi als Verteiler für »Durchschläge« an weitere Empfänger zur Kenntnisnahme. Bei einer Blindkopie erfährt der jeweilige Empfänger der E-Mail nicht, an welche anderen Adressaten die E-Mail ebenfalls verschickt wurde. Bereits beim Eintippen werden Ihnen möglicherweise Vorschläge passender E-Mail-Adressen angeboten. Diese lassen sich durch Antippen übernehmen.

3 Sind mehrere E-Mail-Konten eingerichtet, wählen Sie bei Bedarf über das Symbol der Zeile *Von* (❹) das Absender-E-Mail-Konto aus.

Arbeiten mit der Gmail-App

> **ACHTUNG:** Eingegebene **E-Mail-Adressen** erfordern eine **gültige Schreibweise** und werden in der Form *Name@anbieter.xxx* geschrieben. *Name* steht für den E-Mail-Namen des Empfängers. Dann kommt das als AT oder Klammeraffe bezeichnete Zeichen @, gefolgt von einer Art »Ortsangabe« mit der Adresse des E-Mail-Servers, auf dem das Postfach des Empfängers zu finden ist.

4 Tragen Sie im Textfeld *Betreff* (**5**) einen aussagekräftigen **Nachrichtentitel** und im darunter befindlichen Feld den eigentlichen Nachrichtentext ein.

5 Bestätigen Sie das Ganze, indem Sie auf *Senden* (**6**) tippen.

Die Nachricht wird über die bestehende Internetverbindung zum Postausgangsfach des E-Mail-Anbieters übertragen und von dort dem Empfänger zugestellt.

> **HINWEIS:** Über die drei Pünktchen (**7**) öffnen Sie ein Menü, über dessen Befehle Sie eine neue **Nachricht als Entwurf speichern** oder löschen können. Zudem finden Sie im Menü einen Befehl zum Zugriff auf die Einstellungen. Über die Schaltfläche *Zurück* (**8**) in der linken oberen Ecke geht es zur Hauptseite der Gmail-App zurück. In diesem Fall wird die Nachricht automatisch als Entwurf gespeichert.

Fotos, Videos, Dateien an Nachrichten anfügen

Einer E-Mail können Sie Fotos, Videos oder andere Dateien anhängen. Diese werden mit der Nachricht übertragen und können vom Empfänger bei Bedarf separat gespeichert werden (siehe den Abschnitt »E-Mail-Anlagen einsehen und speichern« weiter vorne in diesem Kapitel).

1 Erstellen Sie, wie im vorherigen Abschnitt beschrieben, die neue Nachricht (oder die Antwort auf eine Nachricht).

Arbeiten mit der Gmail-App

2 Tippen Sie auf das Symbol der Briefklammer (**1**) und im angezeigten Menü auf *Datei anhängen* (**2**). Mit *Aus Drive einfügen* lässt sich eine Datei aus dem Onlinespeicher Google Drive als Anhang verwenden.

3 Wählen Sie nun den Ordner zum Einfügen der Anlagen. Über den Eintrag für den Speicherort (**3**) lässt sich zwischen der Kamera und einem Ordner (z.B. *Bilder*) umschalten. Das Burger-Menü (**4**) ermöglicht die Auswahl des Speicherordners (**5**).

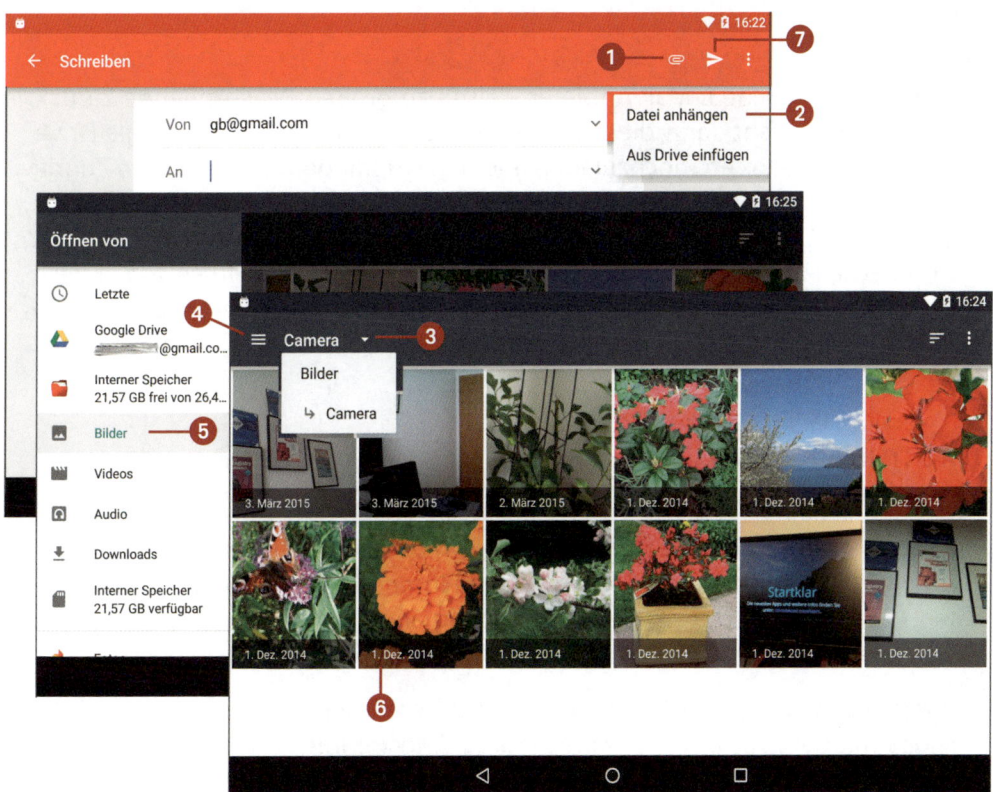

4 Wählen Sie im eingeblendeten Fenster das gewünschte Foto (**6**) oder die Datei aus.

Arbeiten mit der Gmail-App

Im Auswahlfenster werden Sie schrittweise geführt, um die anzuhängende Datei auszuwählen und als E-Mail-Anlage zu übernehmen.

5 Tippen Sie zum Abschluss im Fenster der neuen Nachricht auf *Senden* (**7**), um die Nachricht abzuschließen.

Das angehängte Foto, Video oder die Datei wird mit der E-Mail zum Server übertragen. Versand und Empfang dauern bei sehr großen Anhängen teilweise relativ lange. Vergewissern Sie sich daher vorher, ob der Empfänger dies auch wünscht.

> **HINWEIS:** Manche E-Mail-Anbieter weisen zu große E-Mail-Anhänge zurück. Die Lösung besteht darin, diese Dateien auf Onlinelaufwerke wie Google Drive, OneDrive, Dropbox etc. hochzuladen und den Empfängern den Link zum Zugriff auf die Fotos oder Videos per E-Mail zuzusenden. Dies bedingt aber, dass Sie ein Konto samt Onlinespeicher bei einem dieser Anbieter haben. Google Drive ist automatisch über Gmail erreichbar. Wählen Sie in der App *Öffnen von* einfach *Google Drive* statt eines lokalen Bilderordners und dann die anzuhängende Datei auf Google Drive. So wird nur ein Link zu dieser Datei per E-Mail versandt.

> **ACHTUNG:** **E-Mail-Sicherheitstipps**
>
> Geben Sie keine E-Mail-Adressen bei Gewinnspielen oder auf Webseiten ein, wenn Sie den Zweck und die Verwendung nicht kennen (es droht Werbemüll). Antworten Sie niemals auf Spammails und löschen Sie E-Mails von unbekannten Absendern, die ggf. noch einen Anhang angefügt haben, ungeöffnet. Die Gefahr, sich Schadsoftware bzw. -Apps einzufangen, ist einfach zu hoch.
>
> Vorgebliche Nachrichten Ihrer Bank oder anderer Dienstleister wie z. B. Onlineshops mit dem Hinweis, das Konto durch Eingabe Ihrer Anmeldedaten überprüfen zu wollen, ignorieren Sie. Bei solchen unaufgefordert zugegangenen Mails handelt es sich ausnahmslos um Phishing-Versuche. Betrüger versuchen auf diese Weise, Ihre Zugangsdaten für Bank- oder E-Mail-Konten etc. herauszufinden. Gelingt dies, übernehmen die Betrüger Ihre Onlineidentität und treiben ggf. in Ihrem Namen Missbrauch.

Arbeiten mit der Gmail-App

> **HINWEIS: Virenschutz unter Android sinnvoll?**
>
> An dieser Stelle vielleicht noch einige Anmerkungen zur Frage »Wird unter Android ein Virenschutz gebraucht?«. Wer sich im Internet umschaut, kann auf einigen Seiten (speziell bei Anbietern von Sicherheitssoftware) den Eindruck gewinnen, dass eine Virenschutz-App unbedingt erforderlich ist. Und man liest auch immer von »riesigen Bedrohungen durch Android-Malware«.
>
> **Google sagt** ganz klar, dass ein **Virenschutz nicht erforderlich** ist. Warum? Android besitzt ein integriertes Sicherheitskonzept, das verhindert, dass eine App Schadfunktionen in eine andere App speichern kann. Alle Apps, die aus dem Google Play Store installiert wurden, scannt Google auf Schadfunktionen. Falls wirklich mal eine App mit Schadfunktionen durchrutscht, kann Google diese aus dem Google Play Store entfernen und auch auf allen Android-Geräten, die eine Internetverbindung haben, fernlöschen. Belassen Sie in den Android-Einstellungen unter der Kategorie *Sicherheit* die Option *Unbekannter Herkunft* ausgeschaltet, können nur Apps aus dem Google Play Store installiert werden.
>
> Wer aber keine Apps in Form von *.apk*-Dateien aus dem Internet herunterlädt und per Doppeltippen installiert (bei abgeschalteter Option *Unbekannter Herkunft* wird die Installation sowieso blockiert), braucht keine Antiviren-App. Und Funktionen wie Diebstahlschutz für Geräte, Firewall etc. sind in Android enthalten (z. B. die Funktion »Find my device« unter *https://www.google.com/android/find* kann ein gestohlenes Handy sperren oder ein verlorenes Gerät orten).

In diesem Kapitel habe ich Ihnen eine Einführung in das Arbeiten mit der Gmail-App gegeben. Mit diesem Wissen können Sie Ihre E-Mails auf dem Android-Gerät abrufen und beantworten. Im nächsten Kapitel lernen Sie, wie Sie Notizen, Kontakte, Termine und Erinnerungen mit den jeweiligen Android-Apps verwalten.

5

Termine, Texte und Notizen

Das lernen Sie in diesem Kapitel:
- ▶ Termine verwalten
- ▶ Notizen und Texte verwalten
- ▶ Textbearbeitung

Termine verwalten

Verwalten Sie Ihre Termine einfach per App auf einem Android-Gerät, lassen Sie sich an bestimmte Aufgaben und Tätigkeiten erinnern und sehen Sie, wie einfach Notizen angelegt oder Texte erfasst werden können. Für all das gibt es passende Android-Apps. Was es zu diesen Themen an Wissenswertem gibt, erfahren Sie in diesem Kapitel.

Termine verwalten

Über die sowohl auf Smartphones als auch auf Tablet-PCs vorinstallierte Google-Kalender-App können Sie einen Terminkalender führen. In diesem Abschnitt stelle ich Ihnen diese App kurz vor.

Die Kalender-App im Überblick

Die Kalender-App wird über das hier gezeigte Symbol aufgerufen, das Sie unter *Alle Apps* finden und auf dem Startbildschirm anordnen können.

Nach dem Aufruf zeigt die Kalender-App eine Terminübersicht. Wie diese genau aussieht, hängt von der Android-Version und dem benutzten Gerät ab. Im Folgenden wird die Darstellung unter Android 5 auf einem Tablet-PC beschrieben. Dort ist standardmäßig die nachfolgende Darstellung der Terminübersicht, bestehend aus Monats- und Tagesansicht, zu sehen:

▶ Links oben werden der Monat und das Jahr (❶) angezeigt. Darunter befindet sich standardmäßig ein Kalenderblatt mit der Monatsansicht (❷) und den eingetragenen Terminen.

▶ Tage mit Terminen sind durch einen Punkt (❸) markiert. Das aktuelle Datum (sowie der abgerufene Tag) werden farblich hervorgehoben (❹).

▶ Wischen Sie das Kalenderblatt (❷) mit dem Finger nach links oder rechts, um im Kalender vor- oder zurückzublättern.

▶ Tippen Sie auf ein Kalenderdatum, um die Daten in der Terminspalte (❺) anzuzeigen. Dort lässt sich durch Wischen nach oben bzw. unten durch die Termine blättern.

Termine verwalten

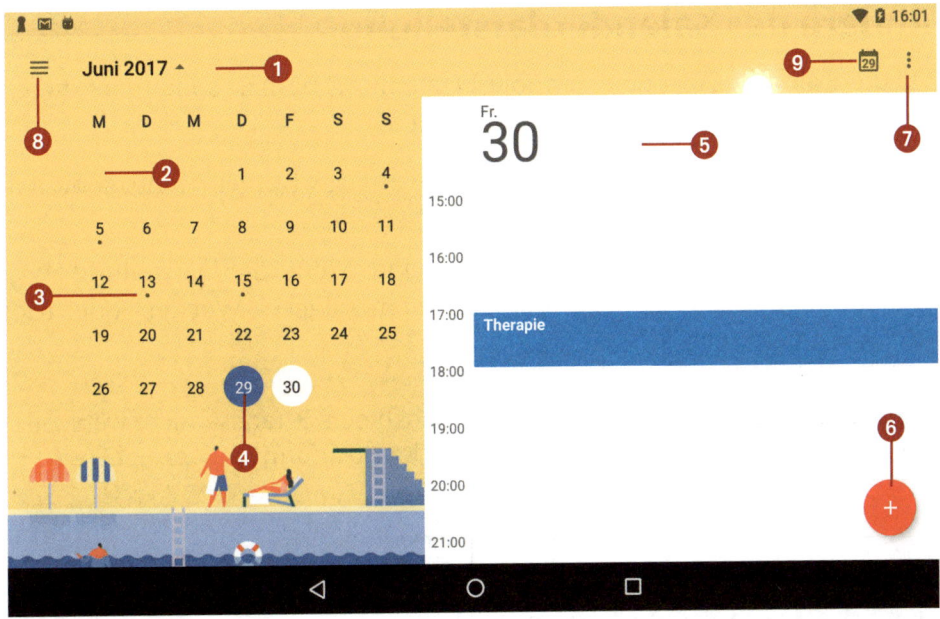

Das Symbol in der rechten unteren Ecke (6) ermöglicht Ihnen, neue Termine anzulegen. Über die drei Pünktchen (7) in der rechten oberen Ecke starten Sie die Synchronisierung. Das Burger-Menü (8) ermöglicht Ihnen den Zugriff auf die Einstellungen und die Darstellungsoptionen. Tippen Sie auf das Kalendersymbol (9), um die Kalenderanzeige auf das aktuelle Tagesdatum umzustellen.

HINWEIS: Die Google-Kalender-App greift auf das Google-Konto zu, das Sie bei der Android-Installation eingerichtet haben. Zudem können auf Wunsch Termine aus Gmail-Nachrichten übernommen werden. Bei einem Smartphone mit Android hängt die Kalenderdarstellung davon ab, ob das Gerät im Hoch- oder im Querformat gehalten wird. Beachten Sie auch, dass Google-Apps von Zeit zu Zeit aktualisiert werden, sodass die Bedienung zukünftig in Details von den nachfolgenden Beschreibungen abweichen kann. Es gibt für Android weitere Kalender-Apps, die hier aber aus Platzgründen nicht alle behandelt werden können.

Termine verwalten

Ändern der Kalenderdarstellung

Da die Kalender-App eine variable Darstellung besitzt, sollten Sie die Optionen zum Anpassen der Darstellung kennen:

▶ Tippen Sie in der linken oberen Ecke auf das Burger-Menü, sodass das in folgender Abbildung sichtbare Menü erscheint.

▶ Daraufhin lässt sich über das angezeigte Menü die Darstellung zwischen der oben gezeigten Terminübersicht, einer Tages-, Wochen- oder Monatsansicht wählen.

> **HINWEIS:** Bei einem **Smartphone** ist noch eine 3-Tagesansicht wählbar. Das Burger-Menü wird beim Smartphone nur im Hochformat angezeigt.

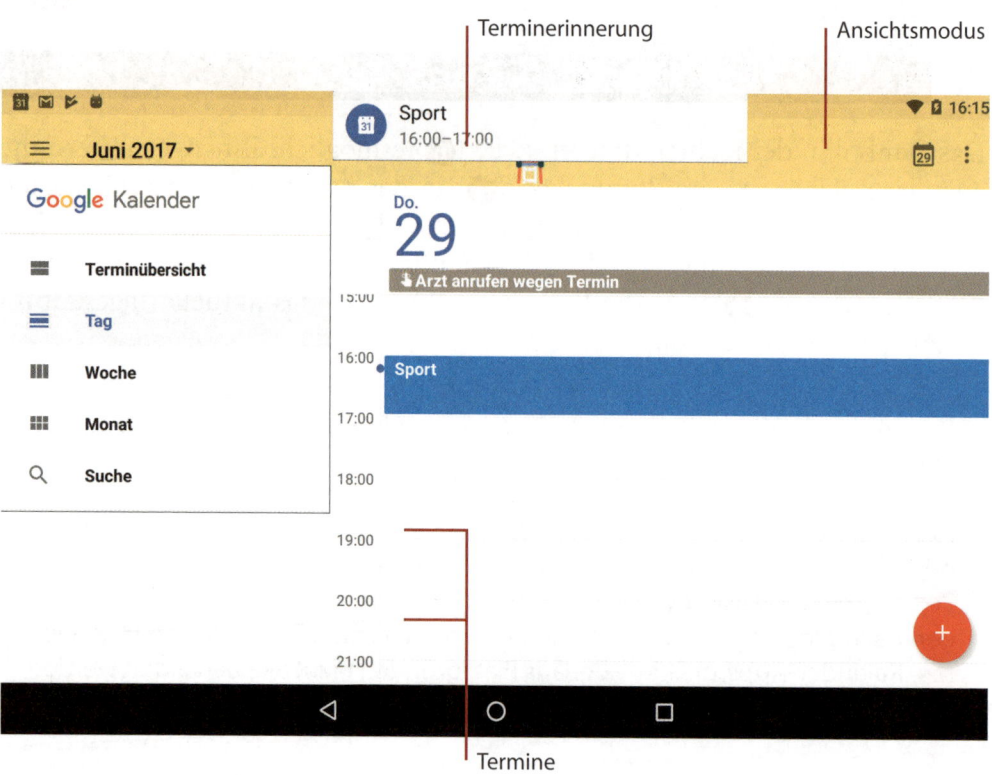

Termine verwalten

Bei dieser Darstellung des Terminkalenders werden die Termine für jeden Tag direkt im Kalenderblatt angezeigt. Hinzu kommen Einträge für Feiertage und ggf. Geburtstage. Steht ein Termin an, blendet die App auf Wunsch eine **Erinnerung** in der Anzeige sowie auf dem Sperrbildschirm ein.

> **HINWEIS:** Zum **Suchen im Kalender** öffnen Sie das Burger-Menü und tippen auf das Suchfeld.

Tragen Sie im Suchfeld den Suchbegriff für den Termin über die Bildschirmtastatur ein und tippen Sie auf die Suchen-Taste (das Lupensymbol). Bereits während der Eingabe werden Ihnen Vorschläge für Suchbegriffe als Menüeinträge eingeblendet und lassen sich ggf. durch Antippen übernehmen. Am rechten Rand des Suchfelds finden Sie ein Symbol (das x) zum Löschen der gesamten Eingabe. Die Zurück-Schaltfläche links neben dem Suchfeld beendet die Suche und blendet die Suchleiste aus. Führen Sie die Suche aus, werden Treffer unterhalb der Suchleiste angezeigt. Dann genügt es, wenn Sie einen der Einträge antippen, um die zugehörigen Termindetails einzusehen.

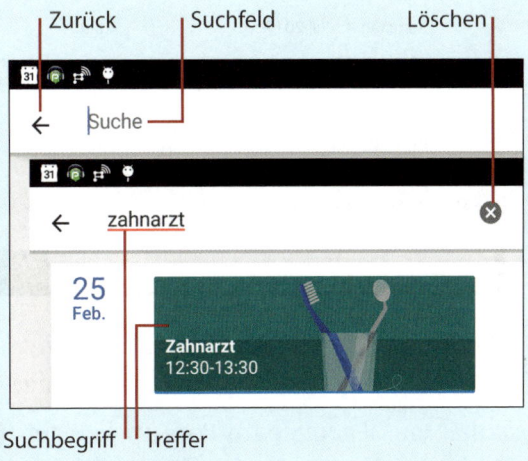

Neue Termine eintragen

Die Pflege von bestehenden Terminen (sowie Erinnerungen oder Zielen) oder das Hinzufügen neuer Einträge ist mit wenigen Handgriffen in der Kalender-App erledigt:

▶ Möchten Sie einen neuen **Termin eintragen**, tippen Sie im Kalenderblatt auf ein Datumsfeld und dann nochmals auf das Pluszeichen (❶) des Felds.

Termine verwalten

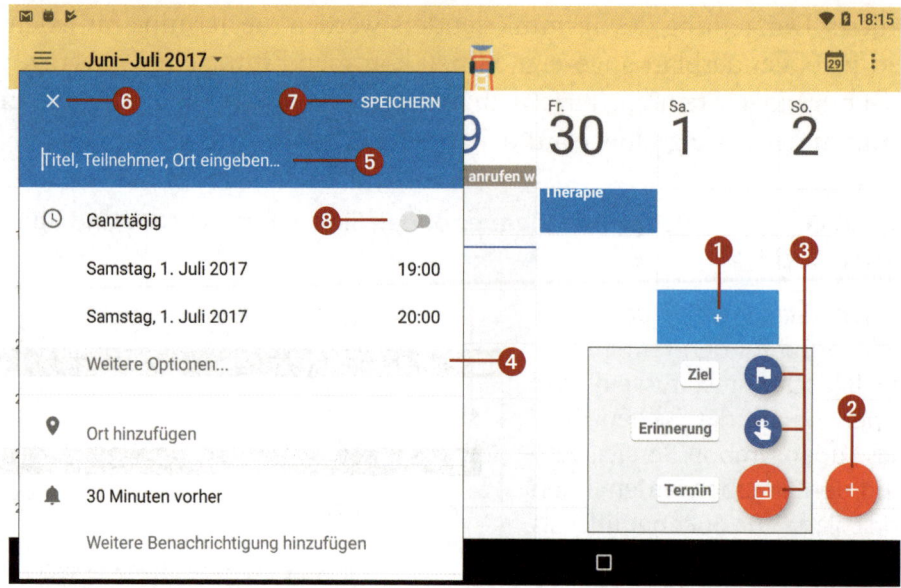

▶ Alternativ tippen Sie das Symbol *Neuer Termin* (**2**) an und wählen im eingeblendeten Pop-up einen der Einträge *Ziel*, *Erinnerung* oder *Termin* (**3**).

Anschließend legen Sie im Pop-up-Fenster (**4**) die gewünschten Terminoptionen (oder die Daten für das Ziel, z. B. »Heute Sport treiben«, oder die Erinnerung, z. B. jemand zum »Geburtstag gratulieren«) fest.

▶ Tippen Sie im eingeblendeten Pop-up-Fenster (**4**) mit den Termindetails auf das Textfeld *Titel* (**5**) und tragen Sie per Bildschirmtastatur einen Text für den Termin ein.

▶ Passen Sie anschließend im Pop-up-Fenster die Optionen (**5**) für den Termin an und bestätigen Sie die Angaben über *SPEICHERN* (**7**).

Über das *x*-Symbol (**6**) in der linken oberen Ecke schließen Sie das Pop-up-Fenster, ohne einen Eintrag vorzunehmen. Hier noch einige Hinweise zu den im Pop-up-Fenster angezeigten Einstellungen:

▶ *Ganztägig:* Tippen Sie auf den Schiebeschalter (**8**), um einen Termin für den gesamten Tag einzutragen. Dann sind keine weiteren Festlegungen für den Start und das Ende des Termins mehr möglich.

Termine verwalten

- *Start- und Enddatum:* Tippen Sie ggf. auf das obere Datumsfeld, um das Startdatum anzupassen. Über das untere Datumsfeld wird das Enddatum des Termins geändert. Zum Festlegen eines Datums tippen Sie im eingeblendeten Kalender-Pop-up-Fenster auf den gewünschten Tag und dann auf *OK*.

- *Start- und Endzeit:* Zum Anpassen der Zeiten für den Termin tippen Sie auf eines der Zeitfelder. Sobald das Pop-up-Fenster mit der Uhrzeit erscheint, tippen Sie in der linken Spalte auf die digitale Stunden- oder Minutenanzeige. Anschließend ziehen Sie den Marker mit dem Finger auf dem Ziffernblatt zur gewünschten Zeit und bestätigen dies über *OK*.

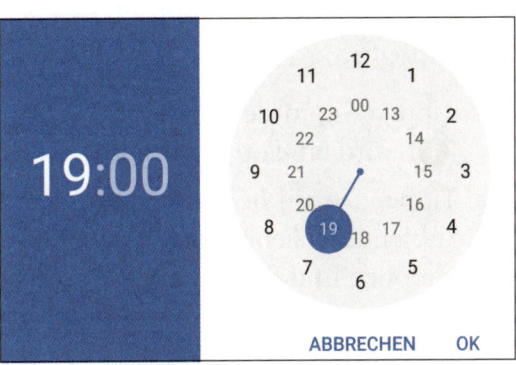

- *Ort hinzufügen:* Über dieses Feld lässt sich eine Adresse angeben. Findet die App diese Adresse über Google, wird ein Kartenausschnitt in der Terminansicht angezeigt.

- *Weitere Optionen:* Tippen Sie auf diesen Eintrag, um die Darstellung des Pop-up-Fensters zu erweitern. Dann lässt der Termin sich zwischen Zeitzonen verschieben. Weiterhin können Sie auf *Einmalig* tippen, um einen **Termin** über ein Pop-up-Fenster **wiederkehrend** (täglich, wöchentlich etc.) zu vereinbaren.

- *Benachrichtigung:* Tippen Sie auf *30 Minuten vorher*, um im eingeblendeten Pop-up-Fenster die Benachrichtigung des Termins abzuschalten oder die Benachrichtigung in wählbaren Zeitabständen vor oder zum Termin anzeigen zu lassen.

Termine verwalten

- *Gäste einladen:* In diesem Feld können Sie die Namen von Personen eintippen, die Sie zu einem Termin dazu bitten möchten. So kann ggf. eine Teilnehmerplanung für ein Treffen oder eine Feier verwaltet werden.

Über die *Standardfarbe* legen Sie fest, mit welcher Farbe Termineinträge im Kalenderblatt dargestellt werden sollen. Und das unterste Feld *Notiz hinzufügen* ermöglicht Ihnen, über die Bildschirmtastatur einen kurzen Erinnerungstext zum Termin zu verfassen.

Termine ändern und löschen

Auch das Ändern bestehender Termine ist in der Kalender-App mit wenig Aufwand möglich:

- Tippen Sie in der Kalenderansicht kurz auf den eingetragenen **Termin** (❶), wird ein Pop-up-Fenster mit den Terminen eingeblendet (❷).
- Tippen Sie auf *Bearbeiten* (❸), um das Fenster mit den Termindetails einzublenden (siehe den vorherigen Abschnitt). Dort lassen sich die Felder antippen und dann die Werte korrigieren.

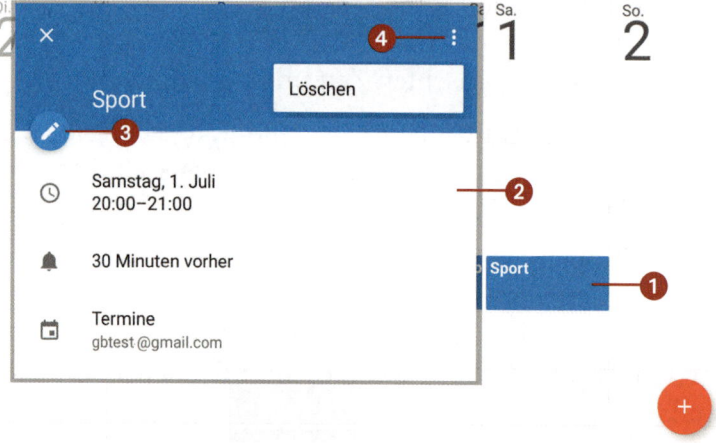

Um beispielsweise einen **Termin** zu **verschieben**, tippen Sie auf die Datums- oder Zeitfelder und passen die Werte für den Start und das Ende des Termins in den angezeigten Pop-up-Fenstern an. Tippen Sie abschließend auf *SPEI-*

Termine verwalten

CHERN, um die Änderungen zu speichern und das Pop-up-Fenster mit den Termindetails zu schließen.

Um den **Termin** zu **löschen** tippen Sie im Pop-up-Fenster auf die drei Pünktchen (**4**) und im Menü auf den Befehl *Löschen*. Dieser Vorgang ist in einem zweiten Pop-up-Fenster über *OK* zu bestätigen.

Synchronisation mit Windows & Co.

Möglicherweise möchten Sie die Termine des Kalenders nicht nur auf dem Android-Smartphone oder -Tablet, sondern auf weiteren Android-Geräten oder auf einem Windows-System haben. Da der Kalender dem Google-Konto von Android zugeordnet ist, werden die Termine auf allen anderen Android-Geräten, die über das gleiche Google-Konto verfügen, automatisch synchronisiert.

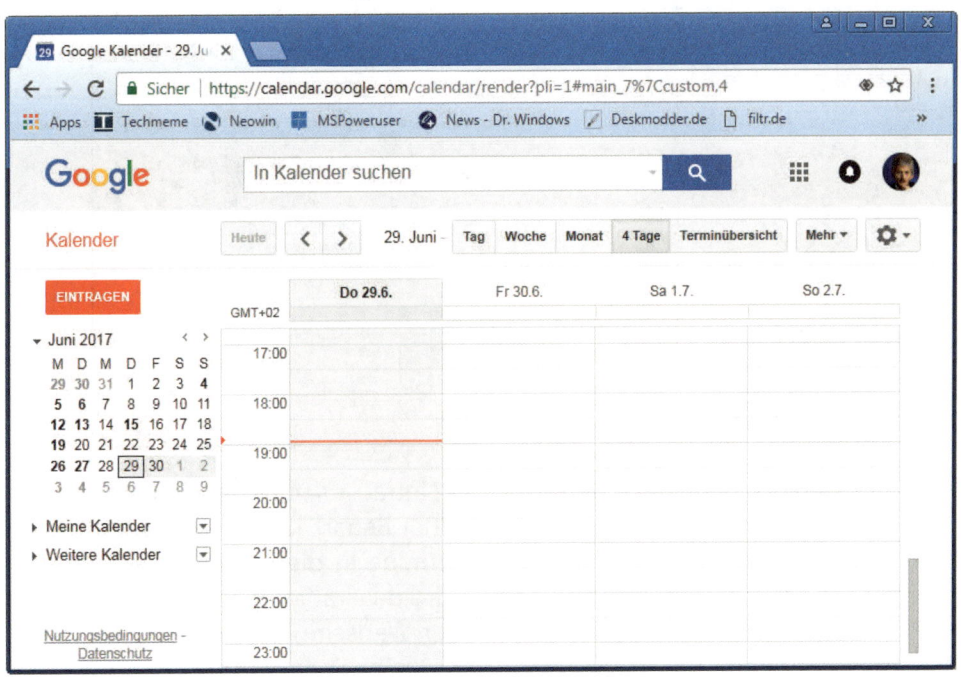

Um unter Windows, dem iPad etc. mal schnell auf die Termine zuzugreifen, starten Sie einen Browser wie beispielsweise Google Chrome. Dann rufen Sie

Termine verwalten

die Webseite *https://www.google.com/calendar* auf oder lassen in Google nach »Google Kalender« suchen. Nach einer Anmeldung am Google-Konto werden Ihnen die Termine im Kalender angezeigt.

> **HINWEIS: Termine mit MyPhoneExplorer am PC einsehen**
>
> Um unter Windows auf die Termine Ihres Android-Geräts zuzugreifen, können Sie auch das Programm MyPhoneExplorer verwenden. Nach dem Programmstart stellen Sie per USB-Kabel oder über ein Drahtlosnetzwerk (WLAN) eine Verbindung mit dem Android-Gerät her.
>
>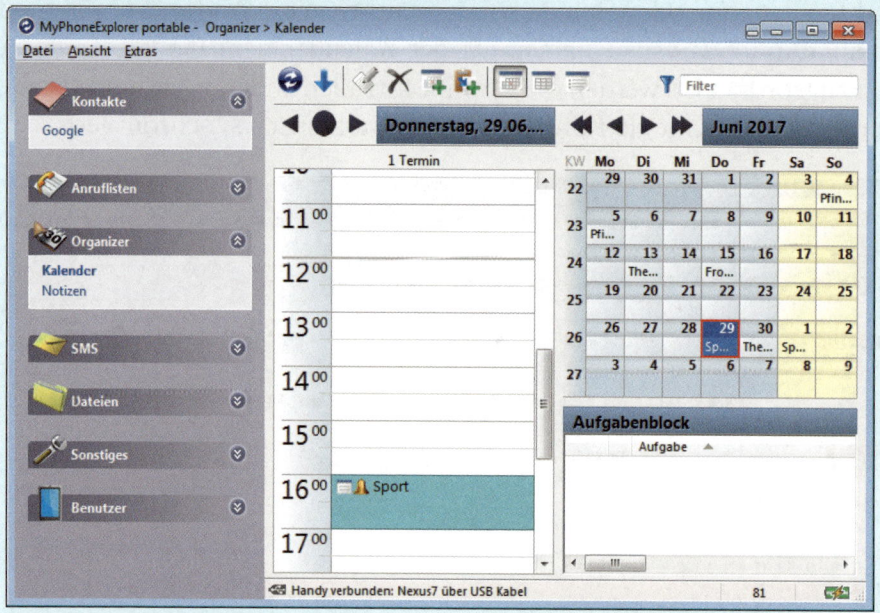
>
> Wird in der linken Spalte unter *Organizer* der Eintrag *Kalender* gewählt, erscheint in der rechten Spalte die Kalenderansicht. Bei Bedarf können Sie mit einem Rechtsklick auch über ein Kontextmenü Termine in diesem Kalender eintragen, ändern oder löschen und mit dem Android-Gerät abgleichen lassen. Den MyPhoneExplorer gibt es kostenfrei auf der Webseite *www.fjsoft.at/de/* (der Autor des Programms bittet lediglich um eine kleine Spende). Unter *http://www.borncity.com/blog/?p=92578* habe ich in meinem Blog einen Artikel veröffentlicht, der einige zusätzliche Hinweise zum Programm enthält.

Zugriff auf die Kalender-Einstellungen

Die Kalender-App ermöglicht Ihnen, verschiedene Eingaben anzupassen. Hierzu tippen Sie in der linken oberen Ecke der Kalender-App auf das Burger-Menü.

▶ Tippen Sie im in der linken Spalte angezeigten Menü auf einen der Einträge (**1**), um die Anzeige der betreffenden Kategorie im Kalenderblatt ein- oder auszublenden.

▶ Wählen Sie den Eintrag *Einstellungen* (**2**), um die zugehörige Seite *Einstellungen* (**3**) anzuzeigen. Tippen Sie in dieser Seite auf die Einträge der linken Spalte, um die zugehörige Detailseite (**4**) (hier *Allgemein*) einzusehen.

▶ Auf der Detailseite (**4**) können Sie dann die Einstellungsoptionen (**5**) bei Bedarf über verschiedene Bedienelemente durch Antippen ändern. Die jeweiligen Optionen sind selbsterklärend.

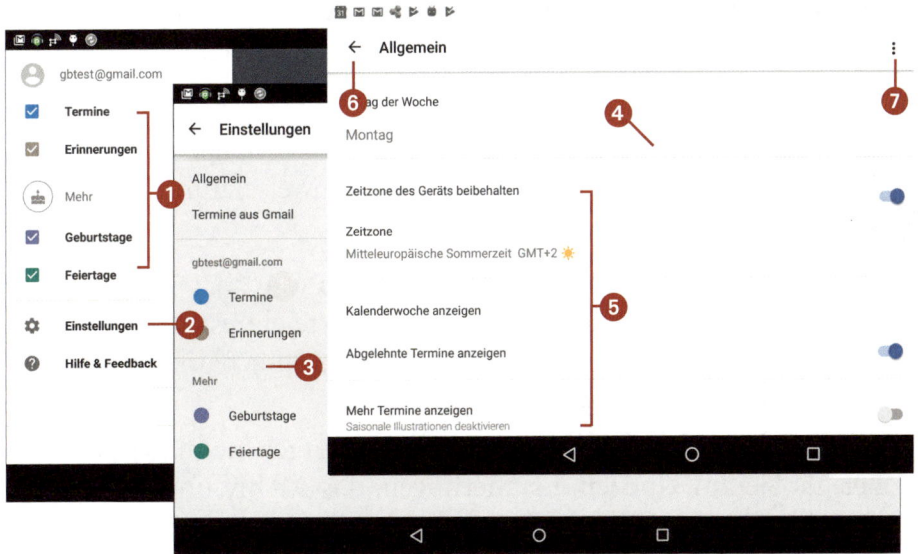

Wischen Sie mit dem Finger nach oben oder unten durch die Einstellungsseite, um alle Einstellungen anzusehen. Über *Zurück* (**6**) kehren Sie zur vorherigen Seite zurück. Die drei Pünktchen in der rechten oberen Ecke (**7**) öffnen ein Menü mit einem Befehl zum Zugriff auf die Hilfeseiten mit der Funktionsbeschreibung der App.

Notizen und Texte verwalten

Am Smartphone oder Tablet-PC wird man wahrscheinlich keine Romane schreiben. Aber manchmal ist es ganz hilfreich, wenn man einen Gedanken als Notiz festhalten oder einen Text einsehen und eine kleine Änderung vornehmen kann. Android bietet eine **Notizen-App** zum Erstellen kleiner Textnotizen. Und es gibt **Office-Pakete**, in denen Apps die Funktionen von **Schreibprogrammen** zur Gestaltung von Texten bereitstellen. In diesem Abschnitt möchte ich am Beispiel dieser Apps die unter Android gebräuchlichen Techniken zum Eingeben und Bearbeiten von Texten demonstrieren und die App kurz vorstellen.

Erste Schritte mit der Notizen-App

Um eine kurze Textnotiz zu erfassen, gibt es von Google die Notizen-App im Play-Store. Gehen Sie über die Favoritenleiste des Startbildschirms zu *Alle Apps* und tippen Sie auf das Symbol der Notizen-App.

Anschließend startet die Notizen-App mit dem nachfolgend gezeigten Fenster. An dieser Stelle noch einige Hinweise zum Umgang mit der Notizen-App:

▶ Die App zeigt die bereits **erstellten Notizen** (❶) an. Die Farbe der Notizen ist einstellbar. Zum Öffnen einer Notiz reicht es, auf die betreffende Anzeige zu tippen. Notizen können Fotos, Sprachaufzeichnungen und Text sowie Listen beinhalten.

▶ In der linken oberen Ecke findet sich das Burger-Menü (❷), über dessen Befehle Sie auf Notizen, Erinnerungen, das Archiv und den Papierkorb zugreifen können.

▶ Tippen Sie auf das Feld *Notiz schreiben* (❸) in der eingeblendeten Leiste, um die Notiz direkt zu erstellen (siehe die folgenden Seiten).

Notizen und Texte verwalten

- Bei sehr vielen **Notizen** tippen Sie auf das *Suchen*-Symbol (4) und geben einen **Suchbegriff** über die Bildschirmtastatur im Textfeld ein. Daraufhin filtert die App alle Notizen, in denen der Suchbegriff vorkommt und zeigt die Treffer an.
- Ein Symbol in der rechten oberen Ecke (5) ermöglicht die Umschaltung der Darstellung der Notizen mit einer Spalte untereinander oder (wie hier gezeigt) über mehrere.

Die Leiste enthält zudem Symbole, um eine neue Notiz als Liste (6), als Zeichnung (7), als Sprachaufzeichnung (8) oder mit einem Foto (9) zu erstellen. Tippen Sie auf eines dieser Symbole.

Notizen einfügen und bearbeiten

Zum Anlegen einer **neuen Notiz** tippen Sie auf das Feld *Notiz schreiben* (siehe (3) in der vorherigen Abbildung). Zur Eingabe der Notiz wird dann ein Pop-up-Fenster (1) eingeblendet. In diesem Fenster finden Sie alles, was zum Verfassen und Verwalten von Notizen gebraucht wird. Über die Schaltfläche

Notizen und Texte verwalten

Zurück (❷) verlassen Sie das Pop-up-Fenster. Die Notiz wird automatisch gespeichert.

- Tippen Sie auf die Platzhalter »Titel« (❶) und »Notiz« (❸) und tragen Sie den Notizentext über die eingeblendete Bildschirmtastatur (❹) ein.
- Tippen Sie auf das Symbol (❺), öffnet sich ein Menü, über dessen Befehle Sie ein Foto aufnehmen, ein Bild auswählen, eine Zeichnung anfertigen oder Audioaufnahmen und Kästchen einfügen.

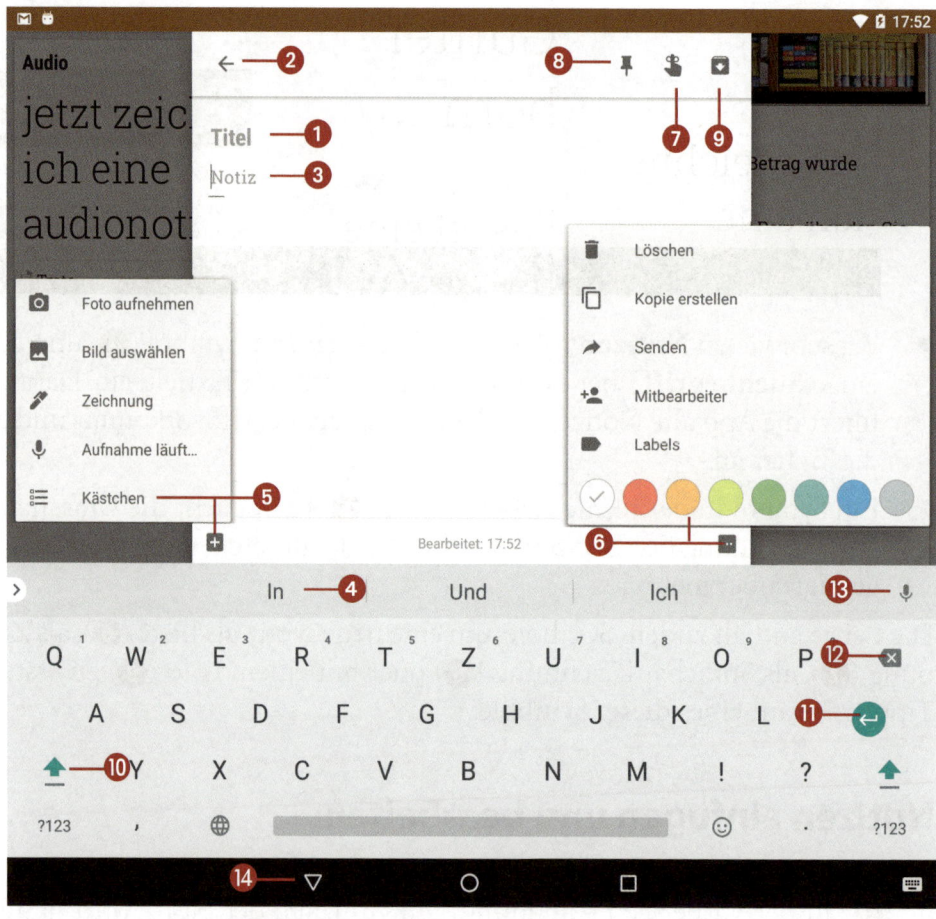

- Über das Symbol (❻) öffnet sich ein Menü mit Befehlen zum Löschen der Notiz, zum Kopieren, zum Senden per E-Mail oder um ggf. die Farbe des

Notizen und Texte verwalten

Notizpapiers über die Farbpunkte bei Bedarf zu ändern. Tippen Sie auf einen Farbpunkt, um den Hintergrund der Notiz einzufärben.

▶ Über das Symbol (**7**) blenden Sie ein Pop-up-Fenster zur Eingabe einer Erinnerung mit Uhrzeit oder Ort ein. Die Erinnerung wird über *SPEICHERN* eingetragen und das Fenster geschlossen.

▶ Um eine Notiz im Vordergrund festzuhalten, tippen Sie auf das Symbol (**8**). Die Notiz wird in der Übersicht im Bereich »Angeheftet« aufgelistet, während andere Notizen unter »Sonstige« auftauchen. Nochmals antippen löst die Notiz.

▶ Über das Symbol (**9**) schließen Sie das Pop-up-Fenster der Notiz und lassen diese archivieren. Der Zugriff auf archivierte Notizen erfolgt über den Eintrag *Archiv* im Burger-Menü.

Hier noch einige Hinweise, was bei der Texteingabe per Bildschirmtastatur zu beachten ist:

▶ Am Beginn eines Satzes oder nach einem Punkt wird der erste bzw. folgende Buchstabe automatisch in Großschreibung dargestellt. Mit der Umschalt-Taste (**10**) erzwingen Sie Großbuchstaben (oder kehren zur Kleinschreibung zurück).

▶ Mit einem Doppeltip auf die Umschalt-Taste wird der **Feststelltasten-Modus** ein-/ausgeschaltet. Bei eingeschaltetem Feststelltasten-Modus lassen sich nur noch Großbuchstaben eingeben. Der Modus ist an einem kleinen Strich auf der Umschalt-Taste zu erkennen.

▶ Die Taste (**11**) führt in diesem Notizen-Eingabemodus einen Zeilenumbruch durch und beginnt eine neue Zeile. Die Rück-Taste (**12**) löscht das Zeichen links von der Einfügemarke.

Weitere Hinweise zum Umgang mit der Bildschirmtastatur finden Sie in Kapitel 2 im Abschnitt »Arbeiten mit der Bildschirmtastatur«.

Notizen und Texte verwalten

> **TIPP:** Ist Ihnen das Eintippen des Texts (z. B. am Handy) zu mühsam, tippen Sie auf das Mikrofonsymbol (⓭). Dann lässt sich der Text per **Spracheingabe** aufsprechen. Android wandelt die gesprochenen Wörter in Text um und fügt diesen in der Notiz ein. Tippen Sie mit dem Finger auf den Notizbereich, um die **Spracheingabe** zu **beenden** und die **Bildschirmtastatur erneut anzuzeigen**. Die **Bildschirmtastatur** lässt sich übrigens jederzeit über die *Zurück*-Taste (⓮) des Navigationsbereichs **ausblenden** (siehe letzte Abbildung).

Um eine **Notiz** zu **bearbeiten**, tippen Sie diese einfach in der App an und passen den Text im angezeigten Pop-up-Fenster an.

Notizen mit Listen und weitere Funktionen

Eine Notiz lässt sich als Aufzählung (Liste) gestalten. Zudem können Sie Notizen per Mail weiterleiten oder teilen.

1 Zum Erstellen einer Liste wählen Sie in der Notiz-App das Symbol *Neue Liste* (siehe Symbol (❻) im Bild auf Seite Seite 157) im Abschnitt »Erste Schritte mit der Notizen-App« weiter vorne in diesem Kapitel).

2 Dann tippen Sie den Text hinter dem Kontrollkästchen ein. Einen neuen Listenpunkt erzeugen Sie durch Antippen des Platzhalters *+ Listeneintrag*.

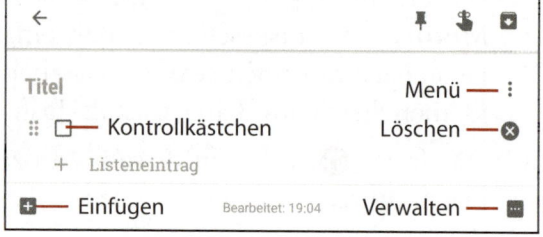

Bei Listen werden die Aufzählungspunkte mit vorangestellten Kontrollkästchen versehen.

Notizen und Texte verwalten

HINWEIS: Innerhalb einer Notiz lässt sich links unten das Symbol *Einfügen* anwählen. Dann kann der Menübefehl *Kästchen* gewählt werden, um die Listenansicht einzublenden. Tippen Sie auf die drei Pünktchen, öffnet sich ein Menü mit dem Befehl *Kontrollkästchen ausblenden*, um die **Listenanzeige ein- oder auszuschalten.** Rechts neben einem Listeneintrag findet sich ein Symbol zum Löschen dieses Eintrags.

Die Schaltfläche *Verwalten* rechts unten öffnen ein Menü, in dem Sie auch Befehle finden, um eine **Notiz** zu **löschen**, eine Kopie zu erstellen oder die Notiz per E-Mail zu versenden oder mit jemanden zu teilen. Die Notiz lässt sich aber nur löschen, wenn sie vorher bereits gespeichert wurde. Mit dem Befehl *Label* lässt sich eine Notiz in Kategorien wie *Beruflich*, *Inspiration* oder *Privat* einsortieren.

Zum **Versenden einer Notiz** öffnen Sie das Menü über das Symbol *Verwalten* und wählen den Befehl *Senden*.

In einem Pop-up-Fenster wählen Sie zwischen *In Docs kopieren*, wenn die Notiz in Google Docs übernommen werden soll, oder *Über andere Apps senden*.

Im eingeblendeten Fenster *Notiz senden* wählen Sie anschließend die App (z. B. *Gmail*). Dann wird die Notiz in die App übernommen und lässt sich beispielsweise per E-Mail versenden. Die Handhabung der Funktionen zum Versenden ist in Kapitel 4 am Beispiel von E-Mails beschrieben.

Notizen und Texte verwalten

HINWEIS: Der Befehl *Mitarbeiter* im Menü *Verwalten* öffnet das gleichnamige Pop-up-Fenster, in dem Sie Benutzer (mit deren E-Mail-Adresse) hinzufügen können. Tippen Sie auf *Speichern*, um diesen Personen die Notiz zukommen zu lassen.

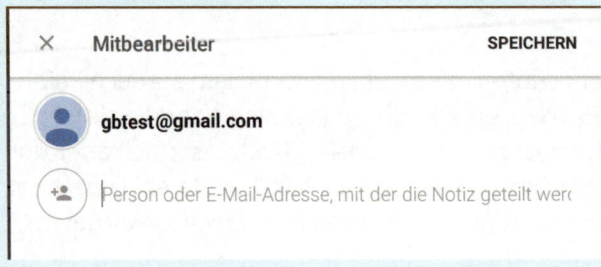

Foto- und Sprachnotizen

Statt eine Textnotiz zu erstellen, können Sie auch eine **Audioaufzeichnung** starten. Oder Sie fotografieren etwas (Dokument, Schild, Person etc.) und speichern das Foto in ciner Notiz.

▶ Um eine **Sprachnotiz** anzufertigen, tippen Sie in der Notiz-App einfach auf das Mikrofonsymbol (❶) der Leiste und sprechen dann die Aufzeichnung ein.

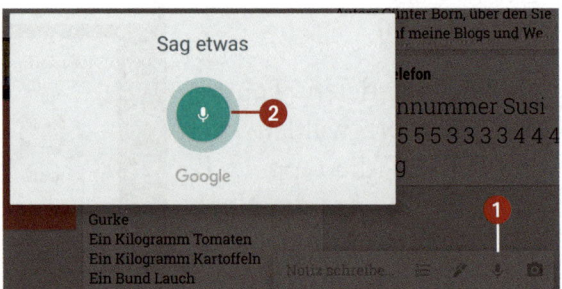

▶ Die Sprachaufzeichnung funktioniert, solange die *Sag etwas*-Anzeige (❷) sichtbar ist. Bei Inaktivität oder falls Sie auf das Feld tippen, wird die Aufzeichnung unterbrochen. Tippen Sie erneut auf das Feld, um die Sprachaufzeichnung erneut zu starten.

▶ Ist die Sprachaufzeichnung fertig, tippen Sie auf einen Bereich neben dem Feld *Sag etwas*.

Notizen und Texte verwalten

Sobald die Sprachaufzeichnung beendet wurde, sehen Sie die Audionotiz im Notizenfenster. Erkannte Begriffe wurden zusätzlich in Text umgewandelt und eingetragen. Am linken Rand der Audionotiz befindet sich eine *Wiedergabe*-

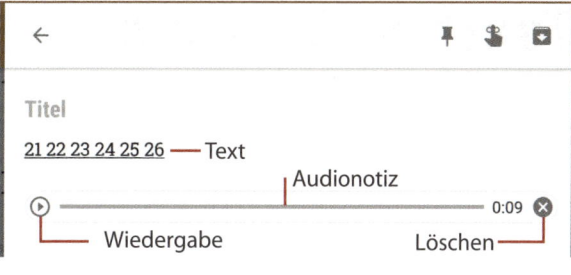

Schaltfläche und am rechten Rand gibt es eine *Löschen*-Schaltfläche.

Bei Bedarf tippen Sie auf das Titelfeld und fügen noch einen Titeltext hinzu. Zudem können Sie auf den Textbereich tippen und auch dort Textanmerkungen hinterlassen. Dies funktioniert wie das Anfertigen von Textnotizen.

▶ Möchten Sie eine **Fotonotiz anfertigen**, tippen Sie in der Notiz-App links unten auf das Menüsymbol (**3**).

▶ Wählen Sie im Menü den Befehl *Foto aufnehmen* (**4**), um das Bild mit der Kamera des Android-Geräts aufzunehmen.

▶ Tippen Sie in der Kamera-App auf das Symbol des Auslösers (**5**) und bestätigen Sie dann das angezeigte *OK*-Symbol (**6**), um das Foto in die Notiz zu übernehmen.

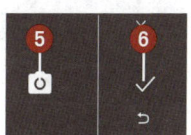

▶ Über den Befehl *Bild auswählen* des Menüs öffnet sich die Dateiauswahl. Tippen Sie einfach auf das einzufügende Foto.

Die Notiz mit dem eingefügten Foto lässt sich mit einem Titel und ggf. ergänzendem Text versehen und dann wie jede andere Textnotiz speichern (siehe die vorherigen Abschnitte).

Textbearbeitung

Textbearbeitung

Zum Abschluss stelle ich Ihnen noch einige Funktionen und Techniken zur Korrektur von Texten vor. Weiterhin streifen wir kurz einige Apps zur Textbearbeitung.

Rechtschreibkorrekturen bei Texteingaben

Android verfügt über eine integrierte Rechtschreibprüfung, die Sie z. B. bei der Texteingabe in der Notizen-App unterstützt.

1 Tippen Sie einen Begriff mit einem Schreibfehler (**1**) ein, erscheint ein Vorschlag für die korrekte Schreibweise (**2**) am oberen Rand der Bildschirmtastatur.

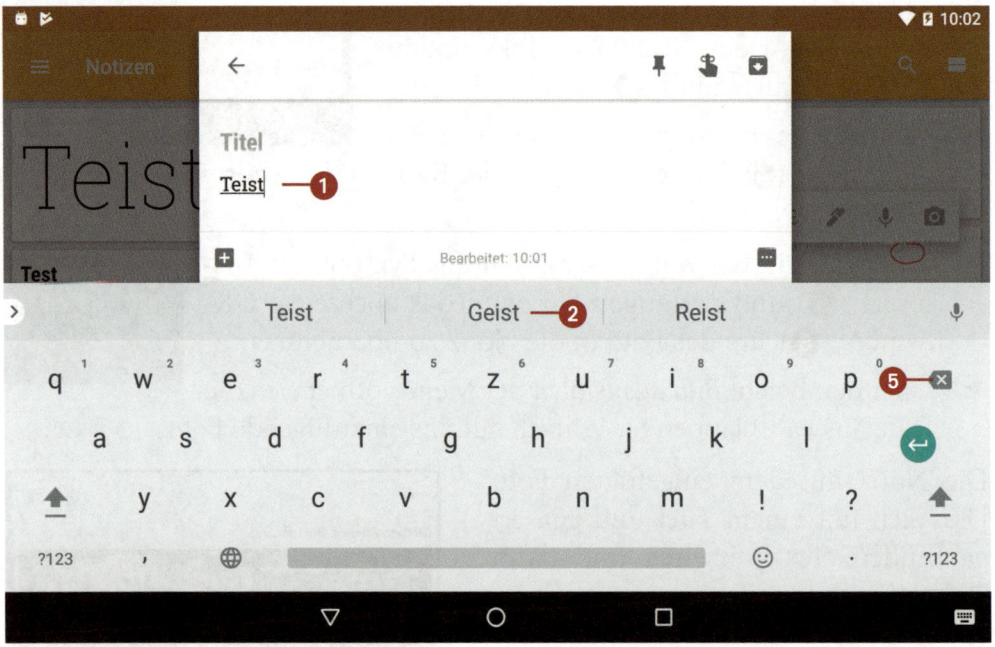

2 Tippen Sie den Vorschlag an, um die korrekte Schreibweise zu übernehmen.

Textbearbeitung

Bereits eingegebene Texte lassen sich ebenfalls korrigieren, indem Sie folgende Techniken verwenden:

▶ Tippen Sie mit dem Finger auf eine Textstelle, wird dort die Schreib- oder **Einfügemarke** (❸) (der senkrechte blinkende Strich) positioniert. Texteingaben erfolgen links von der Einfügemarke.

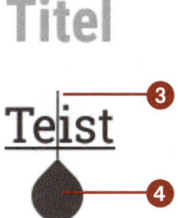

▶ Android blendet dann einen Korrekturvorschlag am oberen Rand der Bildschirmtastatur (❷) ein. Tippen Sie auf den Korrekturvorschlag, um den Schreibfehler zu korrigieren.

▶ Bei Bedarf können Sie die Einfügemarke (senkrecht blinkender Strich) über den kurzzeitig eingeblendeten Marker (❹) im markierten Wort mit dem Finger verschieben.

▶ Dann lassen sich Zeichen links von der Schreibmarke über die Rück-Taste (❺) löschen.

Mit diesen Techniken lassen sich bereits eingegebene Texte ergänzen und Schreibfehler korrigieren.

> **HINWEIS: Optionen der Rechtschreibprüfung anpassen**
>
> Um die Optionen der Rechtschreibkorrektur einzusehen bzw. anzupassen, starten Sie die App *Einstellungen*. Wählen Sie die Kategorie *Sprache & Eingabe*. Dann können Sie über die Unterkategorien *Rechtschreibprüfung* und *Mein Wörterbuch* die Optionen der Rechtschreibprüfung und das zur Prüfung verwendete Benutzerwörterbuch einsehen.

Textbearbeitung

Techniken zur Textbearbeitung

Unter Android gibt es weitere Techniken, um Texte zu markieren, auszuschneiden, zu kopieren und komfortabel zu bearbeiten. Da diese Techniken allgemein in allen Apps anwendbar sind, möchte ich am Beispiel einer Notiz in der Notiz-App kurz darauf eingehen:

▶ Tippen Sie mit dem Finger auf eine Textstelle, wird dort die Schreib- oder **Einfügemarke** (1) positioniert. Über den vorübergehend eingeblendeten Marker (2) lässt sich die Einfügemarke mit dem Finger verschieben.

▶ Um einen Text zu markieren, drücken Sie den Finger ein paar Sekunden auf die Textstelle. Oder Sie wählen das zu korrigierende Wort durch doppeltippen an.

▶ Daraufhin wird der Text farbig gekennzeichnet (3) und am Anfang sowie Ende der Markierung werden Marker (4) angezeigt. Verschieben Sie die Anfangs- oder Endmarke, um den Markierungsbereich anzupassen.

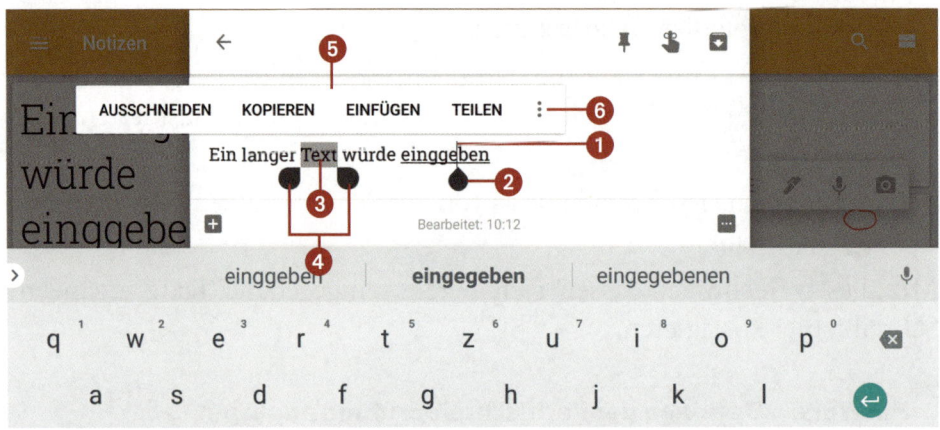

Sobald Sie Texte markieren, erscheint eine Leiste (5) mit verschiedenen Befehlen zur Auswahl von Funktionen.

Textbearbeitung

- Wählen Sie den Befehl *AUSSCHNEIDEN*, um den markierten Inhalt aus der Notiz zu entfernen und in die sogenannte **Zwischenablage** einzufügen.
- Mit dem Befehl *KOPIEREN* wird der markierte Inhalt als Kopie in die Zwischenablage übertragen.
- Tippen Sie die drei Pünktchen (**6**) und im Menü auf *ALLES AUSWÄHLEN*, um den **gesamten Text** im Schreibbereich der App zu **markieren**.
- Drücken Sie den Finger auf eine andere Stelle im Textbereich, erscheint der Menübefehl *EINFÜGEN* im Text oder in der Leiste. Wählen Sie den Befehl, wird der vorher ausgeschnittene oder kopierte Text aus der Zwischenablage in die Notiz an der Position der Einfügemarke eingefügt.
- Mit dem Befehl *TEILEN* öffnet sich ein Pop-up-Fenster zur Auswahl einer App (z. B. Gmail). Durch Auswahl der App wird der markierte Text an die gewählte App übertragen.

> **HINWEIS:** Die **Zwischenablage** ist ein interner Speicherbereich, in den Apps Daten ablegen und wieder abrufen können. Dies funktioniert nicht nur innerhalb einer App, sondern auch über mehrere Apps hinweg. Sie können beispielsweise im Google-Chrome-Browser einen Text oder ein Bild markieren, *KOPIEREN* wählen, zur Notizen-App wechseln und dort das Bild oder den Text über *EINFÜGEN* aus der Zwischenablage übernehmen. Bei manchen Apps wird die Leiste mit den Befehlen am oberen Rand des Fensters angeordnet.

Die in diesem Abschnitt am Beispiel der Notizen-App vorgestellten Techniken lassen sich bei anderen Apps ebenfalls zur Textkorrektur verwenden. Die Nutzung der Zwischenablage klappt nicht nur bei Text, sondern es können auch Fotos zwischen Apps oder Notizen übertragen werden.

Textbearbeitung

Apps zur Textverarbeitung

Neben der Notizen-App können Sie aus dem App-Store auch Office-Lösungen mit umfangreicheren Funktionen zur Texterfassung und -gestaltung einsetzen. Hier ein schneller Überblick.

Microsoft Word für Android

Microsoft stellt ein komplettes Office-Paket für Android bereit. Wer nach »Microsoft Word für Tablet« im Google Play Store sucht, bekommt die App für sein Android-Gerät angeboten.

Die App ist kostenlos erhältlich, stellt in diesem Fall aber nur Basisfunktionen zur Anzeige von Word-Dokumenten zur Verfügung. Über In-App-Käufe kann man ein Office-365-Abonnement abschließen und erhält dann Zugriff auf weitere Funktionen. Mit einem Office-365-Abonnement stehen mit Word, Excel und PowerPoint vollwertige Office-Funktionen bereit. Das Schöne an Word für Android: Es ist mit dem auf Windows-Rechnern verfügbaren Word 2013/2016 kompatibel.

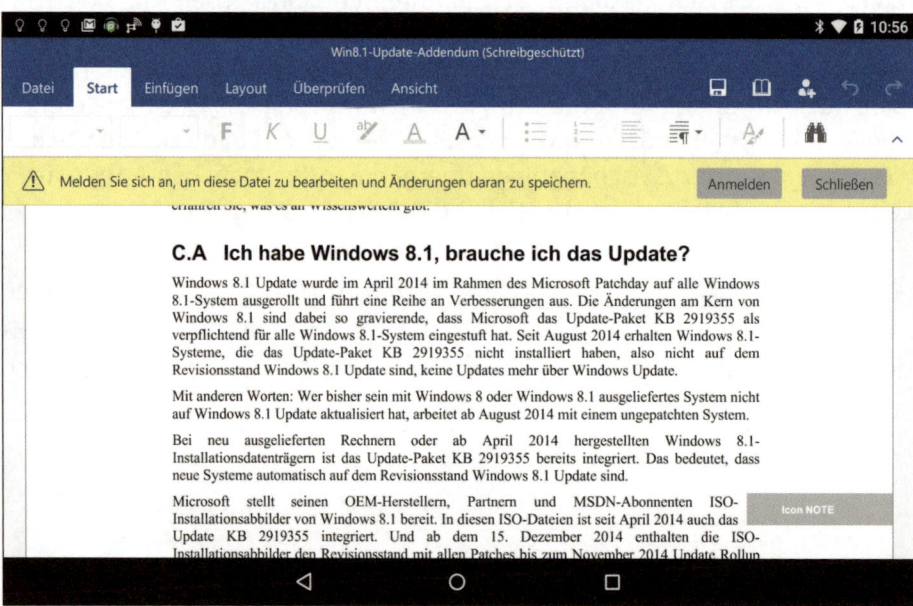

Textbearbeitung

HINWEIS: Was mich aber stört, ist die Downloadgröße von über 100 MByte für die Microsoft-Word-App, was schon enorm ist. Zudem stellt die App recht hohe Anforderungen an das Android-Gerät.

Google Docs

Google bietet als Hersteller von Android ebenfalls ein kostenloses Office-Paket im Google Play Store für Android an. Sucht man nach »Google Docs«, wird die App zur kostenlosen Installation angeboten. Mit Google Docs lassen sich Dokumente erstellen, ändern und dann auf den Onlinespeicher Google Drive hochladen.

Hier ist die Darstellung eines Word-Dokuments auf einem Android-Tablet-PC zu sehen. Am oberen App-Rand finden Sie zwei Leisten mit Symbolen, um das Dokument zu formatieren oder über ein Menü auf weitere Befehle zuzugreifen.

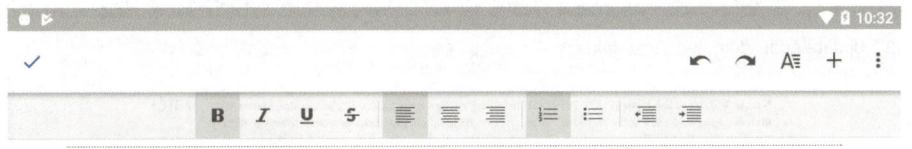

Google Docs kann dabei auch Microsoft-Word-Dokumente aus dem Onlinespeicher Google Drive oder lokal aus dem Gerätespeicher öffnen und anzeigen. Wird aber ein Word-Dokument von einem Windows-System auf das Android-

Textbearbeitung

Gerät (z. B. per USB-Kabel) kopiert, lassen sich die mit dem Word-Dokument verknüpften Bilder nicht anzeigen.

TextMaker Mobile von SoftMaker

Von der deutschen Firma SoftMaker gibt es eine sehr interessante Office-Alternative, die in der Mobile-Version gratis ist. Das komplette Office-Paket mit TextMaker Mobile, PlanMaker Mobile und Presentations Mobile ist auf meinem Medion-Tablet sogar vorinstalliert. Suchen Sie im Google Play Store nach TextMaker Mobile, wird Ihnen die betreffende App zum kostenlosen Download angeboten.

Mit TextMaker lassen sich Word-Dokumente sowohl am Windows-Rechner als auch auf dem Android-Geräte ansehen und bearbeiten. TextMaker kann sowohl Dokumente aus dem Gerätespeicher als auch von Onlinespeichern wie Google Drive, Microsoft OneDrive oder Dropbox lesen.

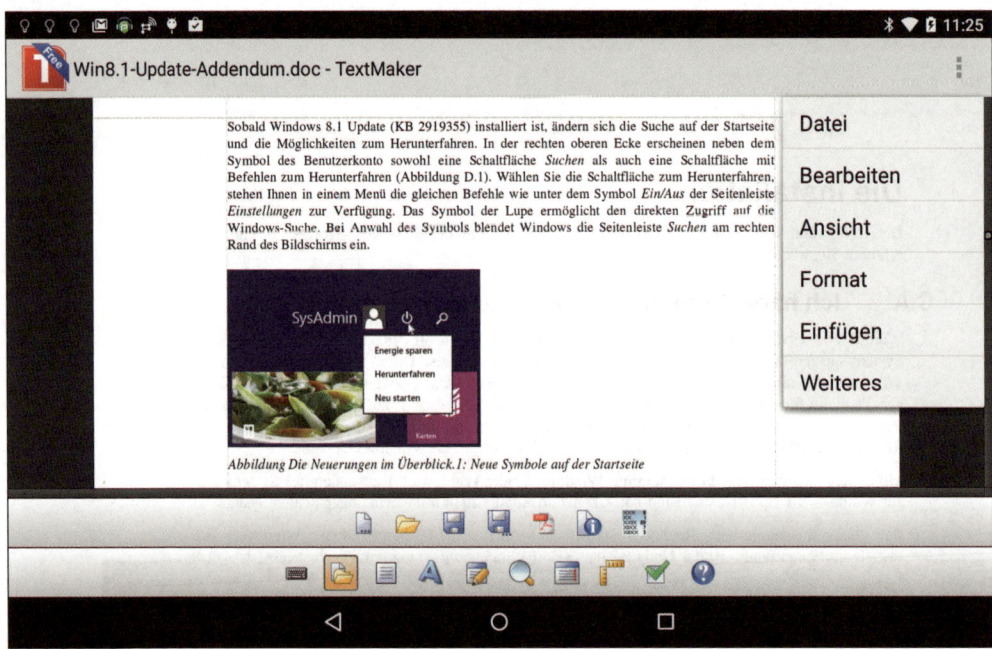

Textbearbeitung

> **HINWEIS:** Auch die **OfficeSuite 8** von MobiSystems verfügt über eine sehr leistungsfähige Textverarbeitung und kann sogar PDF-Dateien bearbeiten. Die Benutzeroberfläche ist zudem sehr intuitiv gestaltet. Was mich persönlich stört: Die App will bei der Installation umfangreiche Zugriffsrechte, zeigt in der Gratisversion bei jedem Start eine Registrierungsseite zur Anmeldung an Facebook & Co. (lässt sich überspringen) und blendet ständig eine Werbeanzeige am unteren Rand ein.

Die Beschreibung der App-Funktionen führt aber über den Ansatz dieses Buchs hinaus. In diesem Kapitel habe ich Ihnen eine Einführung in das Arbeiten mit den Apps *Termine* und *Notizen* gegeben. Zudem kennen Sie die wichtigsten Techniken zur Textbearbeitung, zur Rechtschreibprüfung und zur Verwendung der Zwischenablage. Weiterhin habe ich einen kurzen Überblick über Office-Apps zur Textbearbeitung gegeben. Im nächsten Kapitel lernen Sie die Fotos-App kennen.

6

Fotofunktionen

Das lernen Sie in diesem Kapitel:
- Die Kamera-App
- Fotos und Dateien austauschen
- Fotos und Videos verwalten
- Fotobearbeitung

Die Kamera-App

Mittlerweile verfügt jedes Android-Smartphone und jeder Tablet-PC mit Android über Kameras, mit denen sich Fotos und Videos anfertigen lassen. Zudem können Sie Fotos vom Android-Gerät auf den Computer übertragen sowie bei Bedarf auch Fotos von Digitalkameras oder vom Computer auf das Android-Geräte zurückkopieren. Die Fotos lassen sich ansehen und auch bearbeiten. Dieses Kapitel stellt Ihnen die Fotofunktionen von Android vor.

Die Kamera-App

Verwenden Sie die Kameras auf der Front- und Rückseite des Android-Geräts, um sowohl Foto- als auch Videoaufnahmen anzufertigen. In diesem Abschnitt stelle ich Ihnen die Funktionen der Google Kamera-App vor.

Einstieg in die Kamera-App

Fast jedes Android-Smartphone bzw. jeder Tablet-PC mit Android besitzt zumindest auf der Rückseite und häufig auch auf der Vorderseite eine Kamera. Während sich die Frontkamera eher für Videounterhaltungen und zur Aufnahme der berühmten »Selfies« (Selbstporträts) eignet, kann die Rückseitenkamera durchaus als Ersatz für eine Handy- oder Digitalkamera angesehen werden. Die Kamera-App stellt Ihnen die Funktionen zur Bedienung der Kameras und zur Aufzeichnung von Fotos und Videoaufnahmen bereit.

1 Zum Zugriff auf die Kamerafunktionen des Android-Geräts starten Sie die Kamera-App über das hier gezeigte Symbol.

Das Symbol der Kamera ist standardmäßig in der Favoritenleiste eingetragen. Diese befindet sich entweder am unteren oder rechten Rand des Bildschirms. Sie finden das Symbol der Kamera-App aber ggf. auch unter *Alle Apps*.

2 Verwenden Sie anschließend die Fotofunktionen der Kamera-App, um Fotos aufzunehmen und Videos aufzuzeichnen.

Die Kamera-App

Die gespeicherte Ergebnisse können anschließend von der nachfolgend beschriebenen Fotos-App angezeigt werden. Die Kamera-App zeigt beim Start sowohl ein Bild der Kamera als auch Bedienelemente.

Optionen

Auslöser

- ▶ Normalerweise reicht es, die Kamera so zu halten, dass das Motiv scharf auf dem Bildschirm erscheint.
- ▶ Anschließend tippen Sie mit dem Finger auf das angezeigte Auslösersymbol.

Mehr müssen Sie eigentlich für einfache Schnappschüsse nicht wissen. Sie können dabei den Tablet-PC oder das Smartphone im Hoch- oder Querformat halten, um das Motiv als Porträt- oder Landschaftsaufnahme zu fotografieren.

TIPP: Bei einigen Smartphones lässt sich auch die Lautstärketaste als Auslöser für die Kamera verwenden. Bei Android-7-Smartphones (oder bei Kamera-Apps der Gerätehersteller) werden ggf. mehr Bedienelemente (z. B. zum Umschalten der Kamera oder zum Zugriff auf die Einstellungen) als hier gezeigt, eingeblendet. Näheres entnehmen Sie bitte der Bedienungsanleitung des Geräts.

Die Kamera-App

Kamerabedienung, kurz und bündig

Da viele Android-Geräte zwei Kameras besitzen und sich diese auch zur Aufnahme von Fotos oder Videos verwenden lassen, sollten Sie die zusätzlichen Bedienoptionen kennen:

1 Tippen Sie auf die in der Kamera-App in einer Ecke angezeigten drei Pünktchen (❶).

2 Tippen Sie dann auf die Symbole der angezeigten Kamera-Optionen (❷), um die Funktionen abzurufen.

Ich habe die relevanten Bedienelemente einmal in einer Bildmontage zusammengeführt. Welche Bedienelemente bzw. Kamera-Optionen vorhanden sind, hängt vom Gerät ab. Unter Android 7 kann es sein, dass die Kamera-App die hier erwähnten Symbole direkt in der App anzeigt, sodass die drei Pünktchen (❶) fehlen. Ich habe im nachfolgenden Bild zwei verschiedene Optionsleisten von einem Tablet-PC und einem Smartphone zusammengestellt:

▸ Das hier am oberen Rand der Bedienleiste sichtbare Kamerasymbol (❷) dient der **Umschaltung** zwischen **Front**- und **Rückseitenkamera**. Tippen Sie auf das Symbol, um die Kamera zu wechseln. Welche Kamera gerade benutzt wird, sehen Sie am angezeigten Motiv. Die Frontkamera zeigt das Motiv übrigens seitenverkehrt an. Dies wird aber beim Speichern korrigiert.

▸ Der *Aufhellblitz* (❸) wird als Symbol nur angeboten, wenn die Rückseitenkamera über ein **LED-Blitzlicht** verfügt. Durch mehrfaches Antippen des Symbols lässt sich der LED-Blitz zuschalten, abschalten oder als Aufhellblitz aktivieren. Ein **Aufhellblitz** wird verwendet, um das Motiv im Vordergrund etwas besser auszuleuchten und ggf. Schatten zu vermeiden.

▸ Das Kürzel *HDR* (❹) (steht für High Dynamic Range) und ermöglicht Aufnahmen in Situationen, die einen hohen Kontrastverlauf haben (z. B. Lichtquellen vor einem dunklen Hintergrund). Standardmäßig neigen Kameras dann zur Unter- oder Überbelichtung des Fotos. Im **HDR-Modus** werden mehrere Fotos mit unterschiedlichen Belichtungszeiten aufgenommen. Anschließend fügt die App die jeweils besten Bereiche aus diesen Fotos zu einem Foto zusammen.

Die Kamera-App

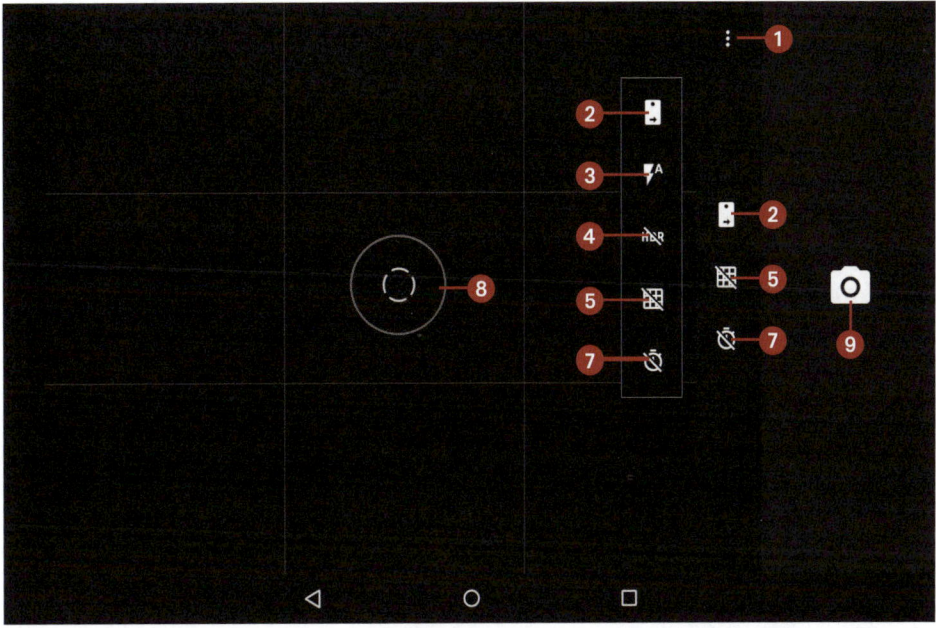

- ▶ Tippen Sie auf das Symbol (5), um ein **Raster** (6) über den Bildausschnitt mit dem Motiv zu legen oder das Raster wieder auszublenden. Das Raster ist hilfreich, um das Android-Geräte bei der Aufnahme am Motiv (z. B. Horizont, Kanten von Dokumenten etc.) auszurichten.
- ▶ Ein Antippen des Symbols (7) blendet ein Menü des Aufnahmetimers ein. Dort können Sie den **Aufnahmetimer** (Selbstauslöser) auf *Aus*, *3 Sekunden* und *10 Sekunden* einstellen. Welcher Modus aktiv ist, wird eingeblendet. Bei aktiviertem Timer wird das Foto erst nach Ablauf der eingestellten Wartezeit ausgelöst. Ist das Android-Gerät auf einem Stativ montiert, ermöglicht dies Aufnahmen mit Selbstauslöser.
- ▶ Der große Kreis (8) zeigt den Autofokuspunkt in der Aufnahme an. Dort sollte das Motiv scharf sein. Tippen Sie ggf. auf einen Punkt auf dem Bildschirm, um den Fokuspunkt auf diese Stelle des Motivs zu legen.

Die Kamera-App

▶ Meist lässt sich auch eine digitale **Zoomfunktion** der Rückseitenkamera verwenden. Legen Sie einfach zwei Finger auf das Display und spreizen Sie diese. Es wird kurzzeitig eine Linie eingeblendet und dann sollte das Motiv auf dem Bildschirm vergrößert erscheinen. Durch Zusammenziehen von Daumen und Zeigefinger auf dem Display lässt sich der Zoom wieder rückgängig machen.

Sobald die Kameraoptionen festgelegt wurden und der Fokuspunkt gefunden ist, tippen Sie auf den **Kameraauslöser** (9). Damit fertigen Sie ein Foto von der gewählten Kamera an, lösen den Selbstauslöser aus oder starten und beenden eine Videoaufzeichnung.

> **HINWEIS:** Je nach Gerät und verwendeter Kamera-App sind eventuell weitere Optionen verfügbar. So kann die Kamera-App ab Android 5 bei bestimmten Smartphones einen sogenannten RAW-Modus verwenden. Bei diesem Modus werden die Rohdaten des Kamera-Chip gespeichert und lassen sich später in einem Fotobearbeitungsprogramm zu einem Foto kombinieren.

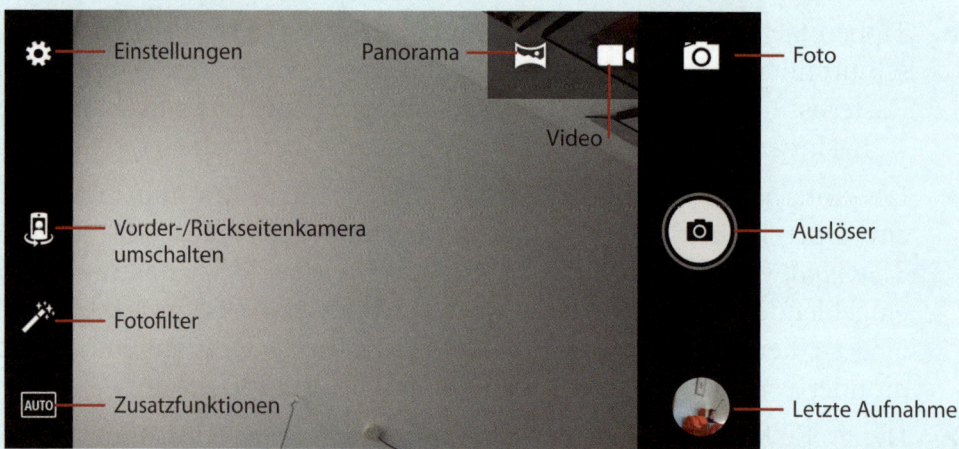

Das obige Foto zeigt die Kamera-App bei einem Medion X5520 Smartphone mit Android 7.0. Über eingeblendete Symbole lässt sich auf spezielle Funktionen der App zugreifen. Diese speziellen Optionen werden allerdings in diesem Buch nicht behandelt.

Die Kamera-App

> **ACHTUNG:** Android-Geräte mit GPS-Funktion können den Aufnahmeort erfassen und dann in den Fotodateien speichern. Was einerseits eine nette Funktion ist, stört vielleicht manchen Nutzer. Ob der Standort mit den Fotos gespeichert wird, lässt sich in den Einstellungen der Kamera-App festlegen (siehe den Abschnitt »Zugriff auf die Kamera-Einstellungen« weiter hinten in diesem Kapitel).

Spezielle Kamerafunktionen verwenden

Mit den obigen Techniken kommen Sie bereits recht weit. Sie können mit Vorder- und Rückseitenkamera, mit oder ohne Blitz und Selbstauslöser arbeiten und auch ein Raster ein-/ausblenden. Aber ich hatte doch erwähnt, dass man mit Android-Geräten auch Videos aufnehmen kann. Die Android-Kamera-App hat noch einige Funktionen in petto, die aber etwas versteckt sind:

1 Wischen Sie vom linken Rand mit dem Finger zur Mitte, erscheint eine Liste mit Funktionen.

2 Tippen Sie anschließend auf einen der Einträge, um die Funktion zu verwenden.

Die Funktionen wie Photo Sphere, Panorama etc. werden in den folgenden Abschnitten näher vorgestellt. Beachten Sie auch, dass möglicherweise nicht alle Funktionen auf Ihrem Android-Gerät verfügbar sind. Die Option *Photo Sphere* fehlt z. B. auf meinem Medion-Tablet mit Android 4.4.4.

Die Kamera-App

HINWEIS: Oben rechts in der Ecke wird das Symbol eines Zahnrädchens eingeblendet. Über dieses Symbol können Sie direkt auf die Einstellungen der Kamera-App zugreifen (siehe Abschnitt »Zugriff auf die Kamera-Einstellungen« weiter hinten in diesem Kapitel).

Auch hier erneut der Hinweis, dass die genaue Darstellung auf Ihrem Gerät abweichen kann. So kann ich auf einem Medion-Smartphone mit Android 7 nur dann zusätzliche Befehle an der linken Seite durch Wischen einblenden, wenn das Gerät im Hochkantmodus gehalten wird. Dafür findet sich das Symbol eines Zahnrädchens zum Zugriff auf die Einstellungen am linken Rand der Kamera-App. Bei einem Motorola Moto G5 mit Android 7 stehen ebenfalls diverse Symbole am App-Rand sowie Menübefehle durch Wischen zur Verfügung. Aus Platzgründen werden diese Besonderheiten im Buch nicht beschrieben.

Panoramas aufnehmen mit Photo Sphere

Die Funktion *Photo Sphere* ermöglicht Ihnen, 360-Grad-Panoramaaufnahmen (z. B. den Altarraum einer Kirche samt Decke und Boden, oder eine Rundumsicht einer Landschaft mit Boden, Rundblick und Himmel) zu einem Foto zu kombinieren.

Die Kamera-App

▶ Tippen Sie auf den Befehl und beenden Sie ggf. die bei der ersten Verwendung angezeigten Einführung über *OK*. Anschließend erscheint ein kleiner Bildausschnitt des Motivs auf dem Bildschirm.

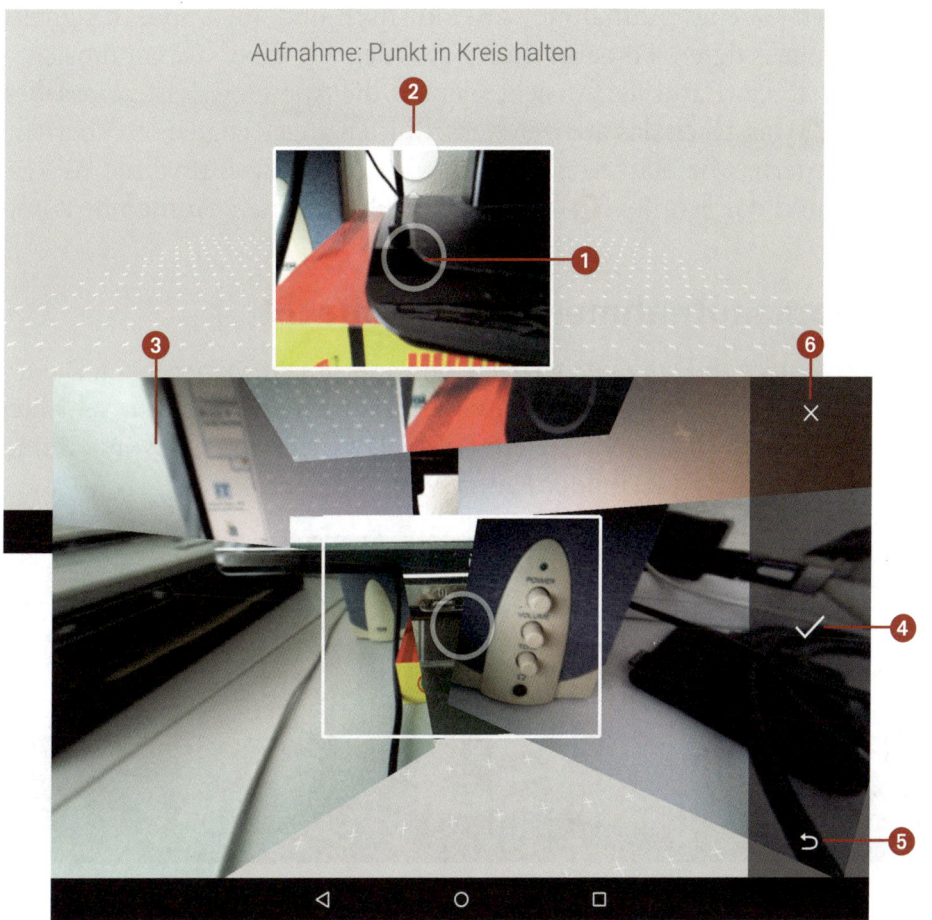

▶ Sehen Sie den Kreis (❶) und den Punkt (❷) ? Kippen oder drehen Sie das Android-Gerät, um den Kreis mit dem Punkt für ein paar Sekunden zur Deckung zu bringen. Sobald dies zutrifft, wird ein Foto des Ausschnitts geschossen.

Die Kamera-App

▶ Lassen Sie durch Bewegung des Geräts weitere gefüllte Punkte in die Anzeige einblenden. Bringen Sie den Kreis mit dem Punkt zur Deckung, wird das nächste Foto geschossen.

Das Anfertigen einer Aufnahme wird akustisch und auch optisch signalisiert. Die so angefertigten Fotoausschnitte werden zu einer Gesamtansicht (❸) kombiniert. Am Rand der Ansicht blendet die App eine Leiste ein. Über das Symbol (❹) lässt sich das aus den Ausschnitten angefertigte Foto übernehmen und speichern. Mit dem Symbol (❺) wird die letzte Aufnahme rückgängig gemacht und das Symbol (❻) verwirft die Photo Sphere-Aufnahme komplett.

Panoramaaufnahmen leicht gemacht

Über die Funktion *Panorama* fertigen Sie Panoramaaufnahmen an. Dabei werden die Einzelbilder eines Kameraschwenks zu einem einzigen (sehr breiten) Bild kombiniert. Hier sehen Sie ein Beispiel, welches ich im Wohnzimmer als Panoramafoto aus Einzelbildern aufgenommen habe.

Bei meinen Android-Geräten sind aber auch vertikale, kreisförmige oder rechteckige Panoramaaufnahmen möglich. Hier einige Hinweise, wie Sie Panoramafotos aufnehmen.

Die Kamera-App

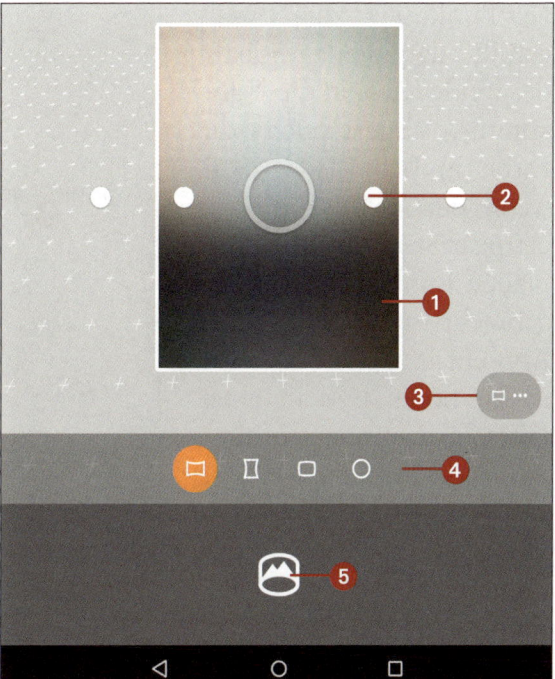

- Blenden Sie in der Kamera-App die Befehle durch Wischen von links in der Anzeige ein (siehe den Abschnitt »Spezielle Kamerafunktionen verwenden« weiter vorne in diesem Kapitel) und tippen Sie auf den Befehl *Panorama*. Sollte eine kurze Einführung erscheinen, lesen Sie sich diese durch und schließen die Seite durch Wischen oder über die eingeblendete *OK*-Schaltfläche.

- Danach wird ein kleiner Bildausschnitt des Motivs auf dem Bildschirm eingeblendet (❶). Kleine weiße Punkte (❷) signalisieren die Aufnahmepositionen für die Einzelbilder des Panoramafotos. Im hier gezeigten Bild habe ich einen horizontalen Panoramamodus eingestellt.

- Tippen Sie bei Bedarf in der Kamera-App auf das (hier als Bildmontage eingeblendete) Symbol (❸), um die Kontrollleiste (❹) mit den Symbolen zur Auswahl des Modus für die Panoramaaufnahme einzublenden. Tippen Sie auf ein Symbol in der Leiste, um den Aufnahmemodus wie horizontales oder vertikales Panorama auszuwählen.

- Visieren Sie den ersten Motivausschnitt für das Panoramafoto mit der Kameralinse an und tippen Sie in der Kontrollleiste auf das Auslösersymbol (❺).

- Anschließend bewegen Sie das Android-Gerät so, dass die Kameralinse auf einen weiteren Ausschnitt des Panoramas zeigt. Sobald ein gefüllter Punkt (❼) im Fotoausschnitt auftaucht, bringen Sie diesen mit dem weißen Kreis (❻) zur Deckung.

Die Kamera-App

Der Punkt wird zuerst weiß gefüllt dargestellt. Sobald der weiße Kreis in die Nähe kommt, ändert sich die Farbe in Blau. Jedes Mal, wenn der weiße Kreis für ein paar Sekunden mit dem blauen Punkt zur Deckung gebracht wird, fertigt die App ein Einzelfoto an. Das ist zu hören und in einer Fortschrittsanzeige auch zu sehen. Auf diese Weise nehmen Sie die Einzelfotos des Panoramabilds mit der Kamera-App auf.

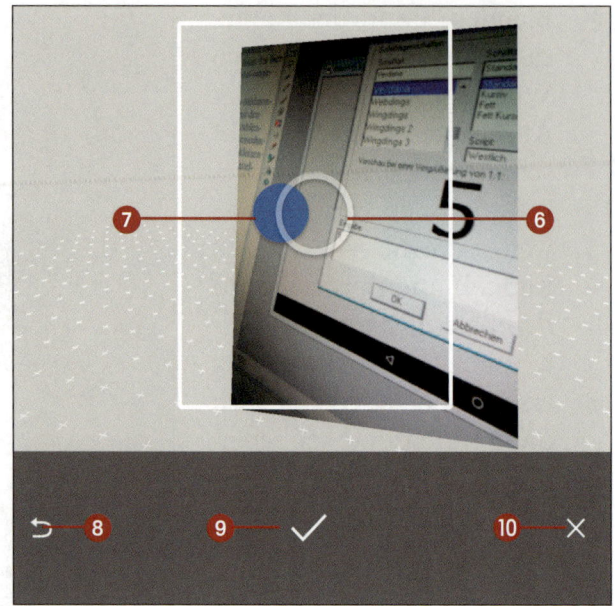

▶ Sobald das erste Foto geschossen wurde, blendet die App eine Kontrollleiste mit drei Symbolen ein.

▶ Über die Symbole verwerfen Sie die letzte Aufnahme (**8**), beenden die Aufnahme des Panoramafotos (**9**) oder verwerfen die gesamte Sequenz der bisher aufgenommenen Einzelfotos (**10**).

Das Verwerfen aller Aufnahmen muss von Ihnen in einem Pop-up-Fenster explizit bestätigt werden. Sobald Sie die Einzelaufnahmen über das Symbol (**9**) der Kontrollleiste akzeptieren, werden die Fotos automatisch von der Kamera-App zu einem Panoramabild zusammengesetzt und im Foto-Ordner gespeichert.

Den Fokussiereffekt nutzen

Bei Aufnahmen von Motiven ist es häufig erwünscht, dass der Fokus, d. h. der Bereich der größten Schärfe, auf einen Motivausschnitt (z. B. Person einer Gruppe) gelegt wird. Mit dem Fokussiereffekt kann dies auch nach der Aufnahme erfolgen:

Die Kamera-App

▶ Wischen Sie in der Kamera-App vom linken Rand nach rechts und tippen Sie in der angezeigten Befehlsliste auf *Fokussiereffekt* (siehe Abschnitt »Spezielle Kamerafunktionen verwenden« weiter vorne in diesem Kapitel).

▶ In der Anzeige sollte dann das von der Kamera erfasste Motiv (❶) zu sehen sein. Bei Bedarf können Sie auf die drei Pünktchen (❷) tippen und dann zwischen Front- und Rückseitenkamera umschalten (❸) sowie die Anzeige des Gitternetzes (❹) aktivieren.

▶ Visieren Sie mit der Kamera das Motiv an und tippen Sie auf das Symbol des Kameraauslösers (❺). Dann löst die Kamera-App die Aufnahme aus.

▶ Konnte das Motiv nicht automatisch erkannt werden, erscheint eine Einblendung (❻) auf dem Bildschirm. Bewegen Sie das Android-Gerät so, dass das Markierungsrechteck über das zu fokussierende Motiv bewegt wird.

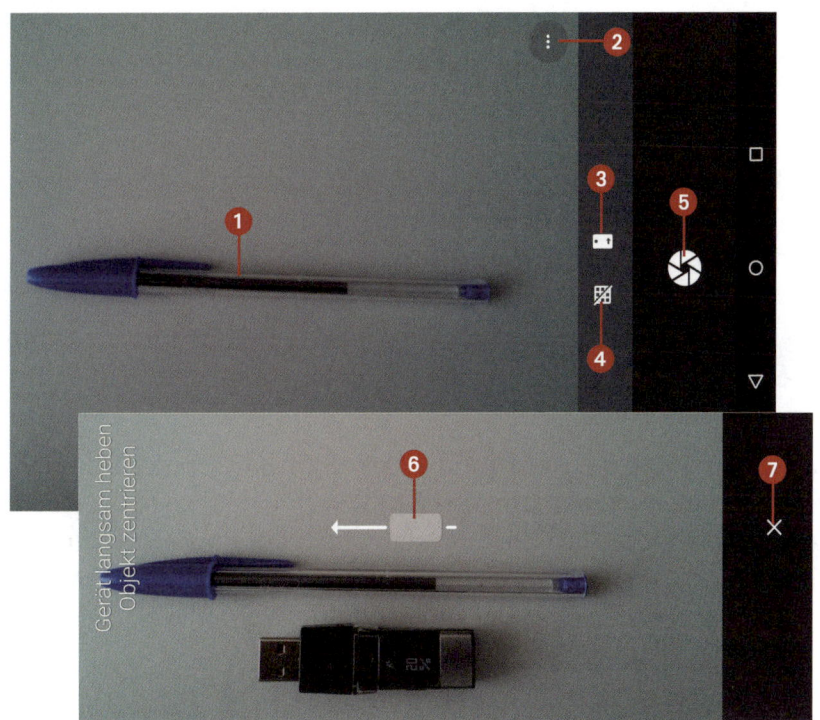

Die Kamera-App

Auf dem Bildschirm erhalten Sie entsprechende Anweisungen und auch eine Warnung, wenn die Bewegung zu schnell erfolgt.

Wurde das Motiv erkannt, zeigt die Kamera-App ein X im Bild an und speichert die Fotodatei. Über das in der Kontrollleiste eingeblendete *x*-Symbol (❼) lässt sich die letzte Aufnahme verwerfen.

Videos aufnehmen

Mit einem Android-Tablet-PC oder Android-Smartphone ist das Aufnehmen von Videos mit wenigen Handgriffen möglich:

1 Starten Sie die Kamera-App und wischen Sie vom linken Rand zur Bildschirmmitte, um die Befehle einzublenden.

2 Tippen Sie auf den Befehl *Video* (❶), um den Modus für die Videoaufzeichnung einzuschalten.

3 Tippen Sie ggf. auf die drei Pünktchen (❷), um die Leiste mit den Symbolen zur Umschaltung der Kamera zwischen Front- und Rückseite oder das Ein-/Ausblenden der Gitterlinien anzuzeigen.

4 Sind alle Einstellungen vorgenommen, visieren Sie das Motiv an und tippen auf das Symbol für den Auslöser (❸). Oder Sie drücken eine der Lautstärketasten am Android-Gerät.

Anschließend führen Sie die Kameralinse des Android-Geräts so, dass die gewünschte Videoszene in der Anzeige erscheint. Vermeiden Sie dabei ruckartige Bewegungen. Die Kamera-App zeichnet das Video kontinuierlich auf und erfasst den Ton über das Mikrofon des Android-Geräts. Während der Aufnahme werden in der linken oberen Ecke das Aufzeichnungssymbol und die Aufzeichnungszeit (❹) eingeblendet.

Die Kamera-App

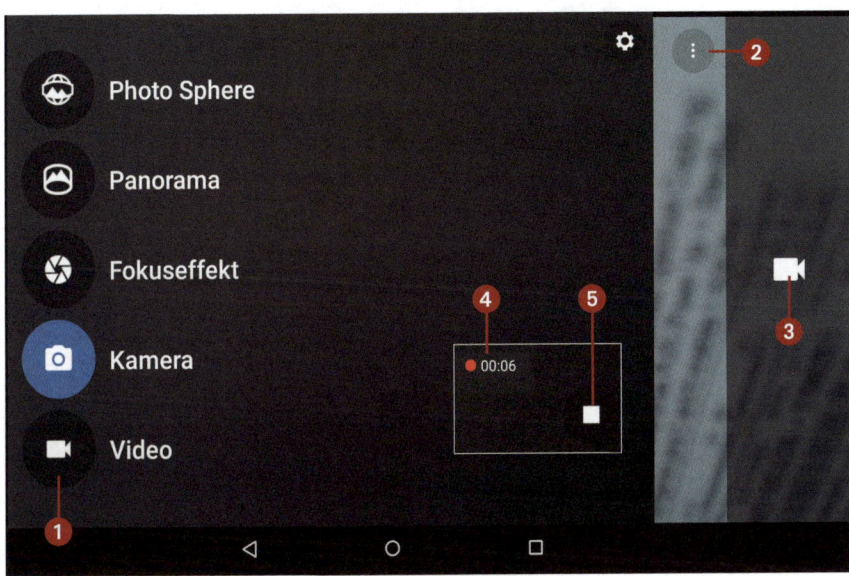

Um die Videoaufzeichnung zu beenden, tippen Sie in der Kontrollleiste auf das *Beenden*-Symbol (5). Das Video wird dann mit Bild und Ton im Fotospeicher abgelegt.

HINWEIS: Wo und wie Foto- und Videodateien unter Android gespeichert werden, erkläre ich im Abschnitt »Fotos und Dateien austauschen« weiter hinten in diesem Kapitel. Zum Beenden der Spezialmodi wischen Sie in der App zum Bildschirmrand und tippen auf den gewünschten Befehl (z. B. *Foto*).

TIPP: Haben Sie ein Foto oder ein Video aufgenommen, können Sie vom rechten Bildschirmrand nach links wischen. Dann schaltet Android zur Fotos-App um, und Sie sehen das Video oder das Foto. Hinweise zur Anzeige von Fotos und Videos finden Sie im Abschnitt »Fotos und Videos verwalten« weiter hinten in diesem Kapitel.

Die Kamera-App

Fotos manuell belichten

Standardmäßig verwendet die Kamera-App ab Android 4.4 (KitKat) eine automatische Belichtungssteuerung. Die manuelle Belichtung ist abgeschaltet und muss explizit aktiviert werden (siehe den folgenden Abschnitt). Die manuelle Belichtungsoption ermöglicht Ihnen mit folgenden Schritten die Belichtungsdauer für Fotoaufnahmen anzupassen:

1 Tippen Sie in der Fotos-App auf die drei Pünktchen (❶), um die Kontrollleiste zu erweitern.

2 Tippen Sie auf das Symbol der manuellen Belichtungskorrektur (❷).

3 Passen Sie den Belichtungswert an, indem Sie auf eine der eingeblendeten Einträge (❸) tippen.

Positive Werte führen zu einer längeren Belichtung (hellere Fotos), während negative Werte kürzer belichten (Foto dunkler). Sobald Sie auf den Kameraauslöser (❹) tippen, wird das Foto mit dem gewählten Belichtungswert aufgenommen.

HINWEIS: Um die manuelle Belichtungssteuerung abzuschalten, tippen Sie auf den Wert 0.

Die Kamera-App

Zugriff auf die Kameraeinstellungen

Zum Zugriff auf die Kameraeinstellungen sind in der Kamera-App folgende Schritte auszuführen:

1 Starten Sie die Kamera-App und wischen Sie vom linken Rand zur Bildschirmmitte.

2 Tippen Sie in der rechten oberen Ecke auf das angezeigte Symbol des Zahnrädchens (**1**).

Je nach Gerät kann es sein, dass das Symbol des Zahnrädchens direkt angezeigt wird. Oder die Einstellungen erscheinen, sobald Sie vom linken Bildschirmrand zur Mitte wischen.

3 Anschließend passen Sie auf den Einstellungsseiten (**2**) die gewünschten Optionen an.

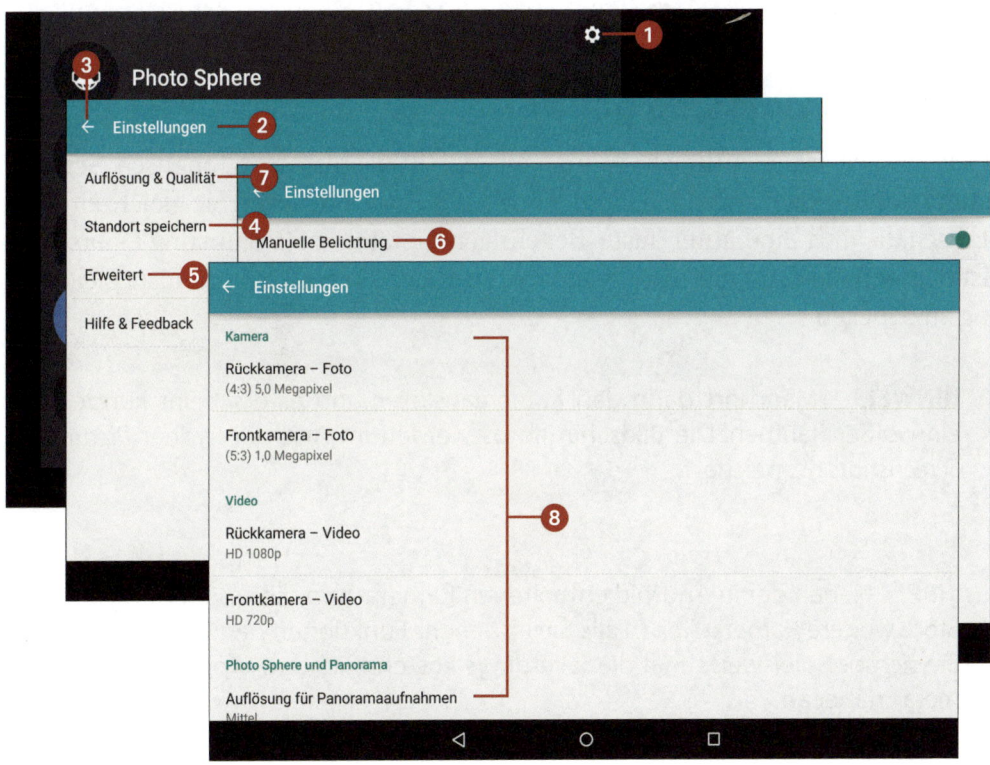

Die Kamera-App

Über das Symbol *Zurück* (③) gehen Sie jeweils einen Schritt in den Einstellungen oder zur Kamera-App zurück.

▶ *Standort speichern:* Die Option (④) legt fest, ob die Kamera-App die Fotos mit Ortsangaben per GPS versieht. Falls Sie dies nicht möchten, schalten Sie diese Option durch Antippen aus.

▶ *Manuelle Belichtung:* Um die Option zu ändern, tippen Sie in der Seite *Einstellungen* auf *Erweitert* (⑤). Anschließend tippen Sie auf *Manuelle Belichtung* (⑥), um diese Option ein- oder auszuschalten.

▶ *Auflösung & Qualität:* Tippen Sie auf den Befehl (⑦), erscheint die betreffende Seite, in der Sie durch Anwahl der angezeigten Optionen (⑧) die gewünschten Einstellungswerte festlegen.

Über diese Seiten lassen sich also die Einstellungen der Kameras für Fotos und Videos anpassen oder für Panoramafotos etc. verändern. Sobald Sie eine Option antippen, werden Ihnen die verfügbaren Einstellungen angezeigt. Über die Schaltfläche *Zurück* (③) kehren Sie zur App zurück.

Bildschirmfotos, so geht's

Gelegentlich ist es hilfreich, wenn man ein Bildschirmfoto (englisch **Screenshot**) der Anzeige anfertigen kann. Für diesen Zweck drücken Sie gleichzeitig die Einschalt- und die Lauter-Taste. Bei einigen Geräten (z. B. Samsung Galaxy S4) ist dagegen die Einschalttaste zusammen mit der *Startbildschirm*-Taste gleichzeitig zu drücken.

> **HINWEIS:** Man hört dann den Kameraauslöser, und es erscheint kurzzeitig ein weißer Rahmen. Die Bildschirmfotos werden im Android-Ordner *Pictures\Screenshots* gespeichert.

> **TIPP:** Neben der in Android enthaltenen Kamera-App gibt es im Google Play Store weitere Kamera-Apps. Falls Sie also mehr Funktionen benötigen, schauen Sie sich beispielsweise mal die (allerdings kostenpflichtige) App »A Better Camera« näher an.

Fotos und Dateien austauschen

Sie können Fotos vom Android-Gerät auf einen PC übertragen oder auch von einem PC auf das Android-Gerät zurückkopieren. Dann lässt sich ein Tablet-PC beispielsweise zur Anzeige von Fotos oder Videos verwenden. In diesem Abschnitt erfahren Sie, was Sie zum Austausch von Dateien allgemein und Fotos im Speziellen wissen sollten.

Dateiaustausch mit dem PC, so geht's

Um Fotos, Videos oder andere Dateien (Musik, Dokumente) zwischen einem PC und dem Android-Gerät auszutauschen, sind nur wenige Schritte erforderlich:

1 Verbinden Sie das eingeschaltete Smartphone oder den Tablet-PC mittels des mitgelieferten USB-Kabels mit der USB-Buchse eines PCs.

2 Windows sollte dann ein Fenster mit Befehlen zum Zugriff auf das angeschlossene Gerät öffnen, in dem Sie die Option zum Anzeigen der Dateien (**4**) wählen.

Unter Windows 7 erscheint das Fenster *Automatische Wiedergabe* (**1**), während Windows 8.1 und Windows 10 eine Benachrichtigung (**2**) und eine Palette (**3**) zur Auswahl des Befehls anzeigen.

Der Befehl *Gerät zum Anzeigen der Dateien öffnen* (**4**) öffnet ein Ordnerfenster, in dem Sie den Zugriff auf den Speicher des Android-Geräts erhalten. Dann haben Sie anschließend Zugriff auf alle Ordner des Android-Speichers und können von dort Dateien auf den Computer kopieren oder verschieben. Das Ordnerfenster gibt Ihnen aber auch Gelegenheit, Dateien vom Computer in die Ordner des Android-Geräts zu kopieren. So lassen sich Fotos, Musik, Videos oder auch andere Dateien wie Office-Dokumente, PDF-Dateien etc. auf dem Android-Gerät ablegen.

Fotos und Dateien austauschen

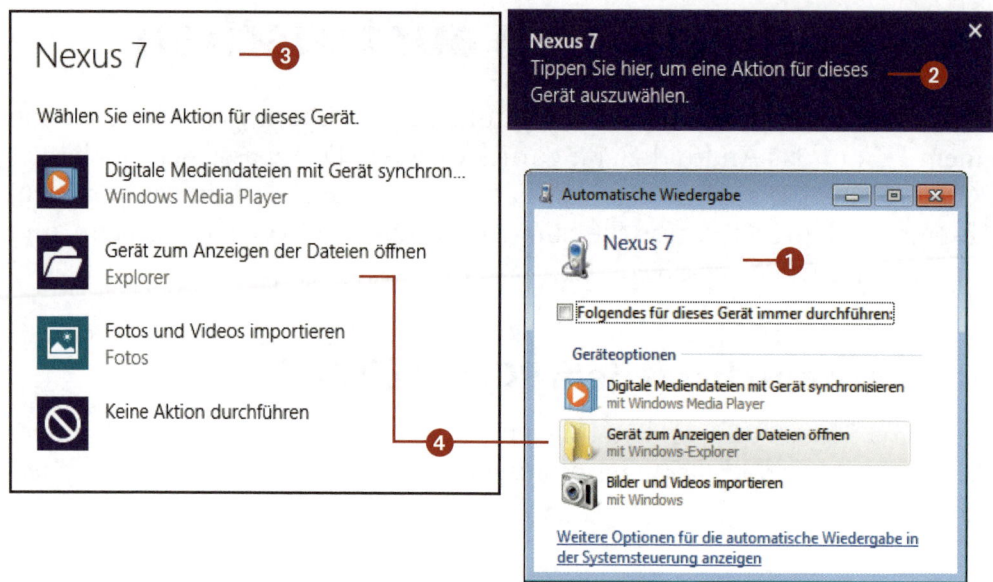

Sie dürfen natürlich auch die Funktion zum Importieren von Fotos und Videos wählen und die Übertragung der Dateien dem in Windows enthaltenen Import-Assistenten überlassen. Diese Variante hat aber den Nachteil, dass die Rückübertragung von Fotos oder Dateien an das Android-Gerät nicht unterstützt wird. Zudem bevorzuge ich den Explorer, da ich dann mehr Kontrolle über die zu kopierenden Dateien erhalte.

> **HINWEIS:** Falls Sie mit einem Mac von Apple arbeiten, funktioniert das ähnlich. Sobald die USB-Verbindung hergestellt wurde, bekommen Sie ggf. eine Benachrichtigung, um die Ordneransicht im Finder zu öffnen.
>
> Je nach Gerät kann es sein, dass Ihnen zwei externe Laufwerke für das Android-Gerät angeboten werden. Ein Laufwerk bezieht sich auf den internen Gerätespeicher, während das zweite Laufwerk zur MicroSD-Karte gehört.

Fotos und Dateien austauschen

TIPP: Erscheint die Benachrichtigung zum Zugriff auf das Android-Gerät nicht, gehen Sie im Windows-Explorer oder im OS X Finder die Liste der angeschlossenen Laufwerke und Geräte durch. Das Android-Gerät sollte dort (ggf. als externes Laufwerk) auftauchen. Wählen Sie das Gerätesymbol an, um auf die Ordner des Gerätespeichers zuzugreifen. Alternativ haben Sie auch die Möglichkeit, die ggf. im Android-Gerät vorhandene MicroSD-Karte zu entnehmen und über einen geeigneten Kartenleser direkt am PC einzulesen.

Wie und wo speichert Android die Daten?

Ein per USB-Kabel an den Computer angeschlossenes Android-Gerät verhält sich wie ein externes Laufwerk. Sie können anschließend Fotos oder andere Dateien löschen oder aus dem Ordnerfenster in einen lokalen Ordner der Festplatte kopieren bzw. verschieben. Um kein Unheil anzurichten, sollten Sie jedoch grob wissen, was sich hinter den angezeigten Inhalten verbirgt.

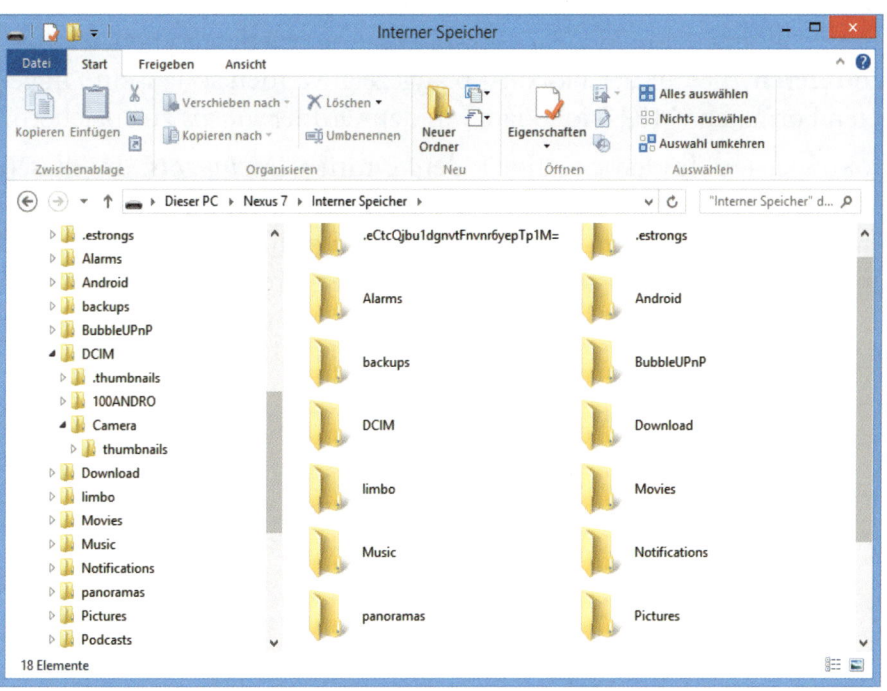

Fotos und Dateien austauschen

Android verwendet eine feste Ordnerstruktur, um aufgenommene Fotos, Bildschirmfotos, Videos, Musik, Downloads oder andere Dokumente zu speichern. Die Struktur ist im hier gezeigten Ordnerfenster zu erkennen.

- Jeder Ordner steht für einen Speicherort einer App. Bei den meisten Ordnern wie *Alarms*, *Android* etc. ergibt der Zugriff über Windows keinen wirklichen Sinn. Ordner mit einem vorangestellten Punkt sind Systemordner von Android oder von Apps, die Sie auf keinen Fall löschen oder verändern sollten.

- **Fotos** und **Videos**, die Sie mit der Kamera-App aufgenommen haben, werden im Ordner *DCIM* abgelegt. Sie finden die **JPEG**-Fotodateien sowie die **MP4**-Videodateien in einem Unterordner *Camera*.

- **Bildschirmfotos** (Screenshots) legt Android dagegen im Ordner *Pictures* im Unterordner *Screenshots* ab. Die Screenshots werden zudem im **PNG**-Dateiformat gespeichert. Diese können mit einem Grafikprogramm eingelesen und als JPEG-Fotodateien gespeichert werden.

- **Musikdateien** werden dagegen als **MP3**-Dateien im Ordner *Music* abgelegt und können mit der Google-Music-App wiedergegeben werden. **Videodateien**, die mit der Video-App angezeigt werden sollen, sind in geeigneten Formaten (MP4-Videodatei) in den Ordner *Videos* zu speichern.

Im Android-Speicher finden Sie noch den Ordner *Documents*. In diesen Ordner können Sie beispielsweise PDF-Dateien, Office-Dokumente und so weiter vom Computer kopieren. Die Dateien lassen sich dann unter Android mit geeigneten Apps (z. B. PDF-Viewer) ansehen. Der Ordner *Downloads* wird verwendet, wenn Sie unter Android Dateien in einem Browser herunterladen (downloaden).

Fotos und Dateien austauschen

HINWEIS: Der Ordner *DCIM* signalisiert, dass die Fotos nach dem Speicherstandard für Digitalkameras abgelegt sind. Ein Fotoimport-Assistent erkennt anhand dieser Struktur, wo er die Fotos importieren kann.

HINWEIS: Android-Datei-Manager

Um unter Android einen Blick in die einzelnen Ordner zu werfen, **Dateien** zu **öffnen**, zu **löschen**, zu **verschieben** oder umzubenennen, verwenden Sie einen Datei-Manager. Falls Ihr Android-Gerät über keinen Datei-Manager verfügt, beziehen Sie entsprechende Apps von verschiedenen Anbietern aus dem Google Play Store. In der Basisversion sind diese Datei-Manager meist kostenlos.

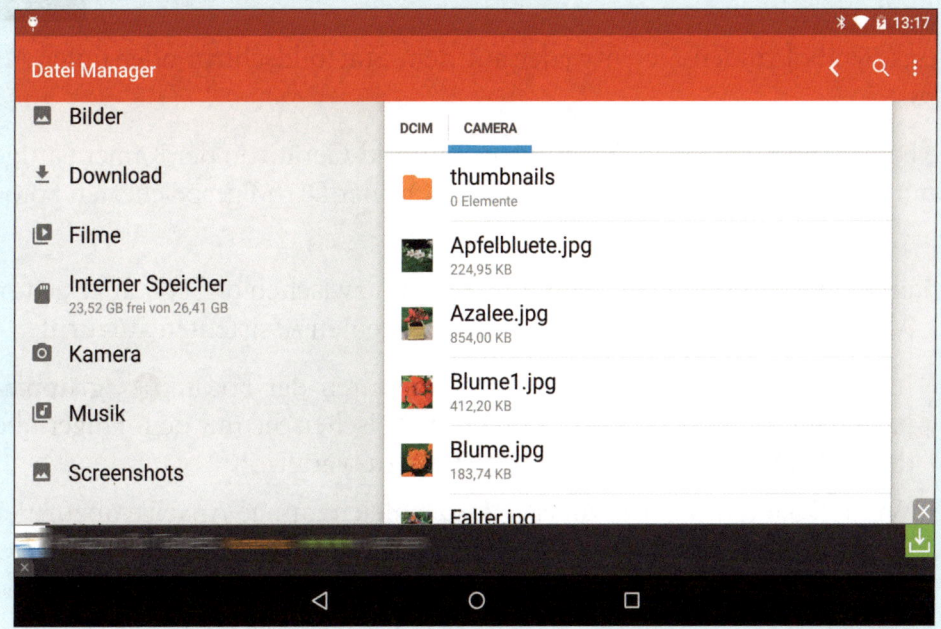

Fotos und Videos verwalten

In Android ist die Fotos-App enthalten, die ihnen Funktionen zur Fotoanzeige und -verwaltung bereitstellt. Die App kann auch die von der Kamera aufgenommenen Videos wiedergeben. Nachfolgend möchte ich Ihnen die Funktionen dieser App vorstellen.

Die Fotos-App im Überblick

Die Fotos-App stellt Ihnen verschiedene Anzeigefunktionen für Fotos und Videos zur Verfügung und wird über das hier gezeigte Symbol aufgerufen.

Dieses Symbol finden Sie entweder auf dem Startbildschirm oder unter *Alle Apps*.

Die Fotos-App zeigt Ihnen alle auf dem Android-Gerät von der Kamera aufgenommenen Fotos und Videos (oder die im Ordner *DCIM* gespeicherten Fotos) an.

Am unteren Rand finden Sie Symbole (❶), um zwischen der Fotoanzeige und den Alben umzuschalten, Fotos zu teilen oder einen Assistenten aufzurufen.

▶ In der Ansicht *Fotos* (❷) werden Miniaturen der Fotos (❸), gruppiert nach dem Aufnahmedatum, aufgelistet. Wischen Sie mit dem Finger über den Bildschirm, um zwischen den Fotos zu blättern.

▶ Wählen Sie das Symbol *Alben*, um die gleichnamige Anzeige abzurufen. Dann werden Fotos nach Orten, Dingen, Videos, Collagen oder angelegten Alben sortiert zusammengefasst. Alben lassen sich über den Assistent anlegen.

▶ Über das Burger-Menü (❹) in der linken oberen Ecke greifen Sie auf verschiedene Funktionen wie den Papierkorb mit gelöschten Fotos oder die Einstellungen zu. Der Befehl *Papierkorb* ermöglicht es, gelöschte Fotos wiederherzustellen.

Fotos und Videos verwalten

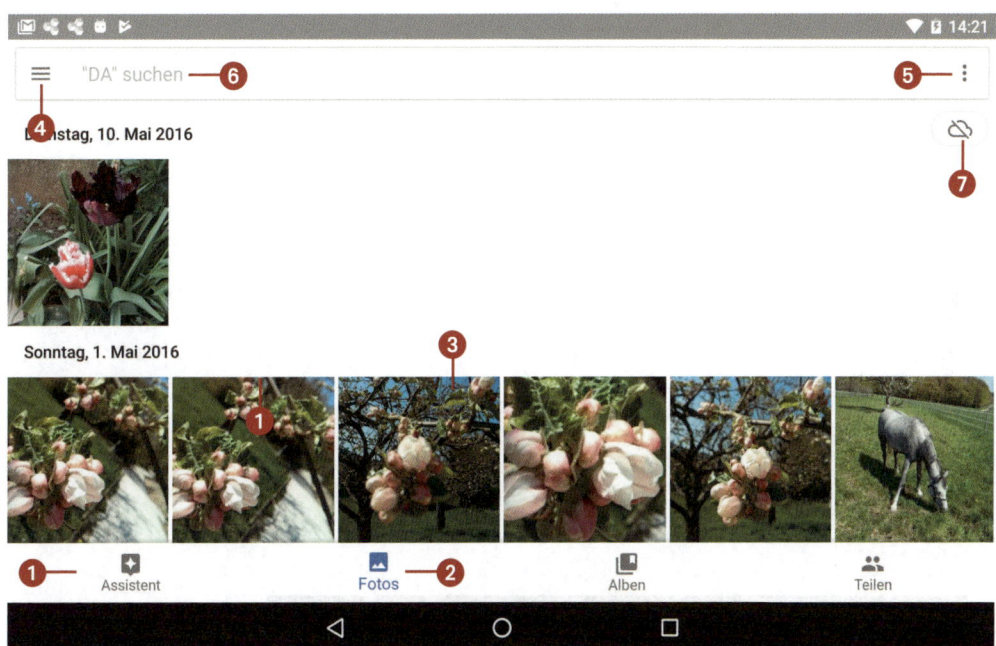

▶ Das Symbol *Weitere Optionen* (5) in der rechten oberen Ecke öffnet ein Menü, über dessen Befehle Sie das Layout der Anzeige ändern oder auf die Gruppe *Neu erstellen* zugreifen. Über die Befehle der Gruppe lassen sich Alben, Filme, Animation oder Collagen neu erstellen. Diese Funktionen werden in diesem Buch aber nicht behandelt.

Nach dem Antippen des Suchfelds (6) können Sie gezielt nach Fotodateien suchen. Über die Wolke (7) öffnet sich eine Option, mit der Sie die Sicherung und Synchronisierung von Fotos mit dem Google Konto per Internet zu- oder abschalten können.

Fotos und Videos verwalten

HINWEIS: Über den Menübefehl *Einstellungen* des Burger-Menüs (**4**) öffnet sich eine Seite, in der Sie die Option zum automatischen Sichern von Fotos aktivieren bzw. deaktivieren sowie weitere Optionen anpassen.

Ist die Sicherung und Synchronisierung aktiv, werden alle Fotos zu Ihrem Google-Konto hochgeladen und stehen auf weiteren Android-Geräten, die das gleiche Konto verwenden, zur Verfügung. Diese Funktion belasse ich abgeschaltet, um die Übertragung der Fotos ins Internet zu verhindern. Beachten Sie, dass Google die Fotos-App häufiger aktualisiert und sich Funktionen gegenüber der Beschreibung hier im Buch ändern können. Sie finden aber im Burger-Menü den Befehl *Hilfe*, um auf die Google-Onlinehilfeseiten mit Beschreibungen der App-Funktionen zuzugreifen.

Fotos und Videos per Fotos-App ansehen

Sobald Sie die Fotos-App gestartet haben, können Sie durch die Fotos navigieren und Fotos oder Videos anzeigen lassen. Sie haben zum **Navigieren innerhalb der Fotos-App** verschiedene Möglichkeiten:

▶ Wischen Sie in der Ansicht *Fotos* (auswählbar über das Symbol am unteren App-Rand) nach oben oder unten bzw. nach rechts oder links, um durch die nach Datum oder Ort sortierten Fotos zu blättern.

Fotos und Videos verwalten

▶ Die drei Pünktchen am oberen rechten App-Rand öffnen das hier sichtbare Menü, über das Sie auf diverse Befehle zugreifen.

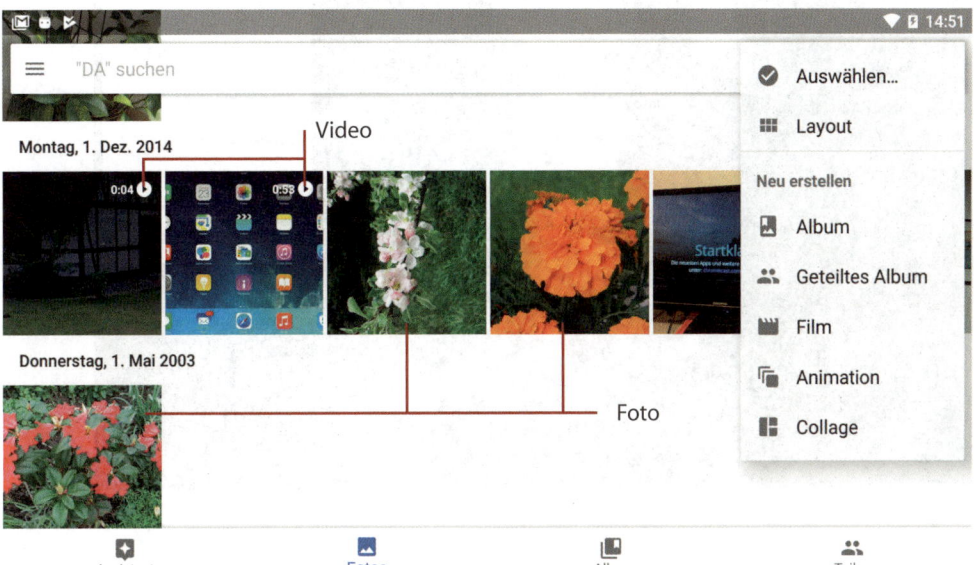

▶ Fotos und Videos erscheinen als Miniaturen in der Anzeige. Videos erkennen Sie an einem Wiedergabesymbol in der rechten oberen Ecke der Miniaturansicht.

Um **Fotos** oder **Videos** anzusehen, tippen Sie auf die angezeigte Miniaturabbildung. Dann wird das angewählte Element in einer **Vollbildansicht** in der App angezeigt. Innerhalb der Vollbildansicht stehen Ihnen verschiedene Funktionen zur Verfügung.

Fotos und Videos verwalten

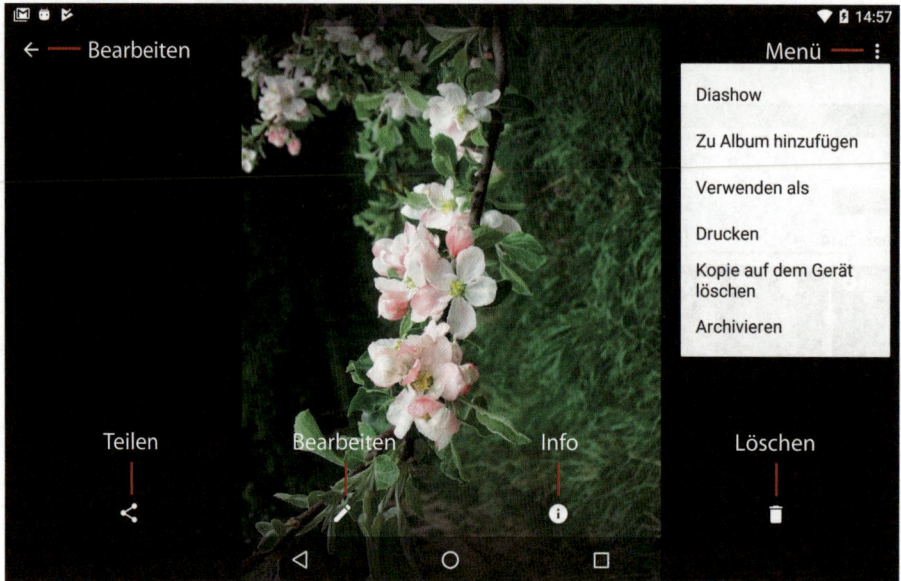

▶ Wischen Sie mit dem Finger nach rechts oder links, um in der Vollbilddarstellung zwischen den gespeicherten **Fotos** zu **blättern**.

▶ Ein **Foto vergrößern** oder **verkleinern** Sie in der Vollbilddarstellung durch Spreizen oder Zusammenziehen von Daumen und Zeigefinger auf dem Bildschirm. Ist ein Foto größer als die Anzeige, **verschieben** Sie den sichtbaren **Bildausschnitt** per Finger auf dem Bildschirm.

▶ Über das *Zurück*-Symbol in der linken oberen Ecke verlassen Sie die Vollbildansicht und kehren zur Foto- oder Albenansicht der App zurück.

▶ Über das das *Bearbeiten*-Symbol rufen Sie die nachfolgend beschriebenen **Foto-Bearbeitungsfunktionen** auf.

▶ Über das *Teilen*-Symbol können Sie die **Fotos** oder **Videos** per E-Mail verschicken oder mit anderen Apps **teilen**.

▶ Tippen Sie auf das *Löschen*-Symbol, um ein **Foto** zu **entfernen**. Dieses Löschen ist über ein Pop-up-Fenster zu bestätigen.

Das *Info*-Symbol zeigt eine Seite mit Informationen zum Foto (Aufnahmedatum etc.).

Fotos und Videos verwalten

> **HINWEIS:** Ein **gelöschtes Foto** können Sie **zurückholen**, indem Sie auf das Symbol des Burger-Menüs tippen, im Menü nach unten wischen und den Befehl *Papierkorb* anwählen. Sobald Sie den Inhalt des Papierkorbs sehen, drücken Sie den Finger auf ein gelöschtes Element, um dieses (mit einem Häkchen) zu markieren.
>
> Anschließend finden Sie in der rechten oberen App-Ecke ein Symbol vor, um den Löschvorgang rückgängig zu machen. Oder Sie klicken auf *Löschen*, um das markierte Element endgültig aus dem Papierkorb zu entfernen. Das *Schließen*-Symbol hebt die Markierung auf.

Tippen Sie in der rechten oberen Ecke der App auf die drei Pünktchen, um das hier als Fotomontage eingeblendete Menü zu öffnen. Dort lassen sich weitere Befehle abrufen.

- *Diashow:* Startet die zeitgesteuerte Wiedergabe der im Ordner *DCIM/Camera* gespeicherten Fotos.

- *Zu Album hinzufügen:* Ermöglicht das aktuelle Element eines Album hinzuzufügen.

- *Verwenden als:* Dieser Befehl öffnet ein Pop-up-Fenster, in dem Sie über Symbole ein **Foto als Hintergrund** des Sperr- und Startbildschirms oder Kontakten zuweisen.

- *Drucken:* Ermöglicht Ihnen, über eine Folgeseite das Foto aus der Vollbildansicht auf einem geeigneten Drucker auszugeben bzw als Grafikdatei oder als PDF-Datei im Ordner *Downloads* zu speichern.

Weiterhin können Sie die Kopie eines Fotos auf dem Gerät löschen oder das Element im Archivordner ablegen. Dieser Archivordner lässt sich später über das Burger-Menü der App einsehen. Tippen Sie in der Android-Navigationsleiste oder in der oberen linken Ecke der App auf *Zurück*, um zur Fotos- oder Albenansicht der App zurückzukehren.

Fotos und Videos verwalten

Videodateien wiedergeben

Die Miniaturansicht einer Videodatei wird in der rechten oberen Ecke durch eine Zeitangabe und einem Symbol gekennzeichnet. Wählen Sie die Miniatur einer Videodatei in der Fotos-App an, wird das Video wiedergegeben. Allerdings funktioniert das Zoomen durch Spreizen mit Daumen und Zeigefinger bei Videodateien nicht.

- ▶ In der geöffneten Videoanzeige sehen Sie die im vorherigen Abschnitt besprochenen Symbole zum Teilen, Bearbeiten und Löschen der Videodatei.

- ▶ Um die Videoansicht zu verlassen und zur Einzelbildansicht der Fotos-App zurückzukehren, verwenden Sie die *Zurück*-Schaltfläche im Android-Navigationsbereich oder (falls angezeigt) im Navigationsbereich der App.

- ▶ In der Mitte der Videovorschau erscheint ein Symbol *Wiedergeben*. Durch Antippen starten Sie die Wiedergabe des Videos. Daraufhin wird eine **Wiedergabeleiste** am unteren App-Rand mit einer **Zeitleiste** sichtbar.

- ▶ Die Zeitleiste gibt Ihnen die Videodauer, die bereits zur Wiedergabe verstrichene Zeit sowie die Wiedergabeposition an. Tippen Sie auf das Symbol *Wiedergeben/Anhalten*, um die Wiedergabe des Videos zu unterbrechen oder fortzusetzen.

Fotos und Videos verwalten

Die Marke der aktuellen Wiedergabeposition in der Zeitleiste lässt sich mit dem Finger über die Zeitleiste verschieben, um im Film vor- oder zurückzugehen. Tippen Sie auf das Symbol *Bearbeiten*, gelangen Sie in eine Seite zum Beschneiden des Filmclips.

▶ Schieben Sie die Schnittmarken am Anfang und Ende des Clips mit dem Finger nach links oder rechts, um die Sequenz am Anfang oder Ende zu kürzen.

▶ Tippen Sie anschließend auf den in der rechten oberen Ecke sichtbaren Befehl *SPEICHERN*.

▶ Im Fußbereich finden Sie zwei Befehle, um das Video einer Bildstabilisierung zu unterziehen oder jeweils um 90 Grad zu drehen.

Über das *Schließen*-Symbol in der linken oberen Ecke verlassen Sie den Videobearbeitungsmodus.

Fotos und Videos verwalten

Fotoalbum anlegen

Fotos lassen sich in Fotoalben (kurz Alben) einsortieren. Gehen Sie folgendermaßen vor:

1 Tippen Sie in der Fußzeile der App auf das Symbol *Assistenten* (**1**) und wählen Sie in der Folgeseite das Symbol *Alben* (**2**).

2 Drücken Sie den Finger auf Fotos (**3**), welche zum Album hinzuzufügen sind, bis diese mit einem Häkchen markiert sind.

3 Tippen Sie in der rechten oberen Ecke auf den angezeigten Befehl *ERSTELLEN*.

4 Warten Sie, bis das Album erstellt wurde, tippen Sie im angezeigten Formular den Albennamen (**4**) ein und bestätigen Sie dies über das Symbol in der linken oberen Ecke (**5**).

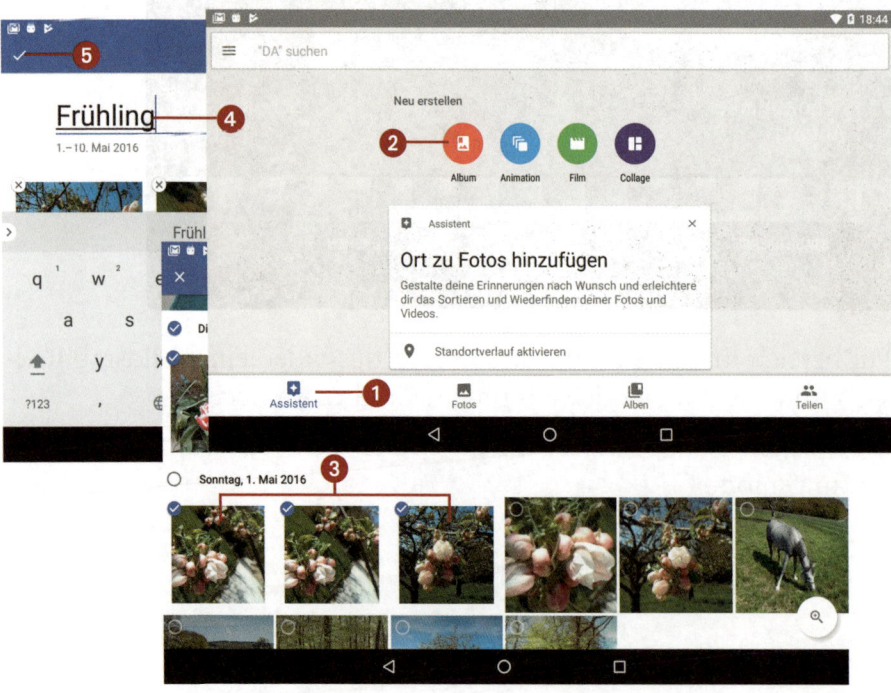

Fotos und Videos verwalten

> **HINWEIS:** Auf ähnliche Weise lassen sich Animationen, Collagen oder Filme aus Einzelfotos anlegen.

Das Album wird mit den ausgewählten Fotos angelegt und lässt sich später über das Symbol *Alben* am unteren App-Rand abrufen.

Fotos teilen und versenden

Die Fotos-App ermöglicht das Teilen eines Fotos oder Videos mit anderen Apps oder Personen. So lässt sich beispielsweise ein Foto per E-Mail versenden:

▶ Tippen Sie in der Vollbildansicht eines Fotos oder Videos auf das Symbol *Teilen* (❶), um die Liste der Apps (❷) einzublenden.

▶ Bei Bedarf blättern Sie mit dem Finger durch die Liste der Fotos in einem Album, bevor Sie die Vollbildansicht aufrufen.

▶ Tippen Sie dann die App an, um das Foto oder das Video mit dieser App zu teilen.

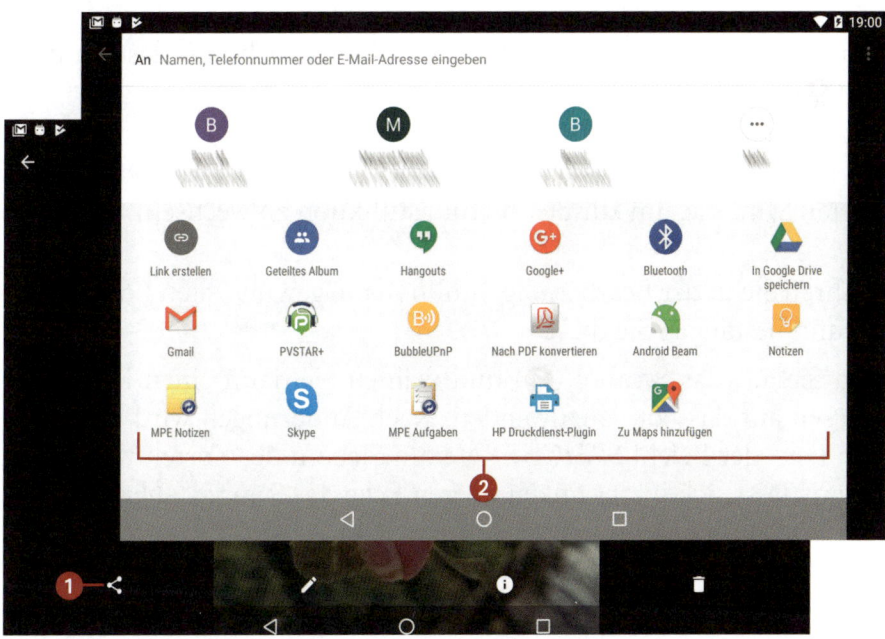

Fotobearbeitung

Haben Sie die Gmail-App gewählt, öffnet sich dessen Seite und legt eine neue Mail an. Tragen Sie den Empfänger, einen Betreff und den Text der Nachricht ein. Das Foto oder Video ist bereits eingefügt. Anschließend können Sie die Mail versenden. Details zu Gmail finden Sie in Kapitel 4.

Fotobearbeitung

Mittels der Fotos-App lassen sich Fotos nicht nur löschen, sondern auch bearbeiten (drehen, zuschneiden, aufhellen etc.). In den folgenden Abschnitten lernen Sie die wichtigsten Funktionen kennen.

Bearbeitungsfunktionen aufrufen

Zum Bearbeiten von Fotos navigieren Sie in der Fotos-App zur Einzelbilddarstellung, indem Sie die Miniaturansicht eines Fotos antippen (siehe die vorherigen Abschnitte). Anschließend führen Sie die folgenden Schritte aus:

1 Tippen Sie in der unteren Ecke der Vollbildansicht auf das Symbol *Bearbeiten* (**1**).

2 In der Bearbeitungsansicht wählen Sie eines der am unteren Rand eingeblendeten Symbole, um zur Bearbeitungsfunktion zu wechseln.

3 Führen Sie in der Bearbeitungsfunktion die gewünschten Korrekturschritte aus und bestätigen Sie diese.

Tippen Sie auf das Symbol (**2**) und wählen Sie dann einen Filter (**3**) aus, um diesen auf das Foto anzuwenden. Nach Änderungen wird in der rechten oberen Ecke der Befehl *SPEICHERN* zum Sichern der Korrekturen angezeigt. Alternativ lässt sich in der linken oberen Ecke das Symbol *Abbrechen* wählen, um die Korrekturen zu verwerfen.

Fotobearbeitung

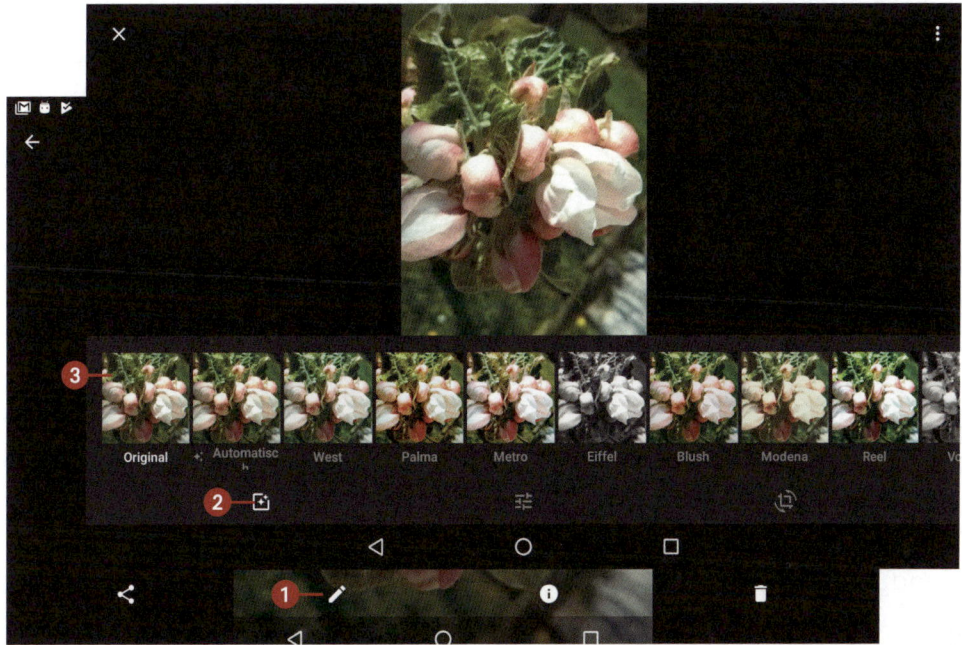

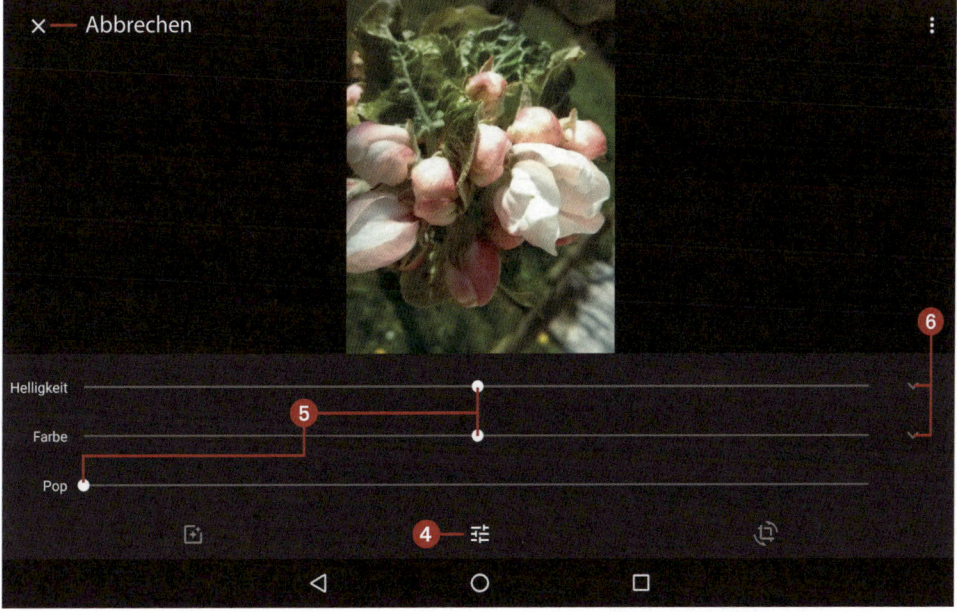

Fotobearbeitung

Über das Symbol (**4**) blenden Sie Schieberegler (**5**) ein, über die sich die Helligkeit, die Farbe oder die Brillanz (Pop) einstellen lässt. Die Symbole (**6**) ermöglichen weitere Regler zur Feinabstimmung anzuzeigen.

Fotos drehen und beschneiden

Die Fotos-App besitzt eine Funktion, mit der Sie ein Foto drehen und bei Bedarf auch beschneiden können:

1 Rufen Sie den Bearbeitungsmodus (siehe den vorherigen Abschnitt) auf und tippen Sie am unteren Rand auf das Symbol (**1**) zum Drehen und Beschneiden.

2 Wenden Sie anschließend in der App die Bearbeitungsoptionen zum Drehen und Beschneiden an.

Die App bietet Ihnen über Bedienelemente am Foto sowie am unteren Rand verschiedene Bearbeitungsfunktionen an:

▶ Zum **Zuschneiden des Fotos** verschieben Sie die an den Ecken sichtbaren weißen Ziehmarken (**2**) mit dem Finger. Dadurch wird der durch den Rahmen festgelegte Bildausschnitt vergrößert oder verkleinert.

▶ Alternativ tippen Sie auf das Symbol (**3**), um das hier als Bildmontage sichtbare Menü anzuzeigen. Dann lassen sich Standardformate zum Beschnitt auswählen.

▶ Als Porträtaufnahme (also hochkant) angefertigte Fotos kippen Sie durch Anwahl der Symbole (**4**) um 90 Grad mit dem Uhrzeigersinn. Eine weitere Anwahl dreht erneut um 90 Grad.

▶ Bei schief fotografierten Motiven (z. B. schräger Horizont) lässt sich das Symbol (**5**) wählen. Dann lässt sich der Drehwinkel direkt mit dem Finger über die angezeigte Skala der Fotoanzeige verändern und so das Motiv »gerade rücken«.

Fotobearbeitung

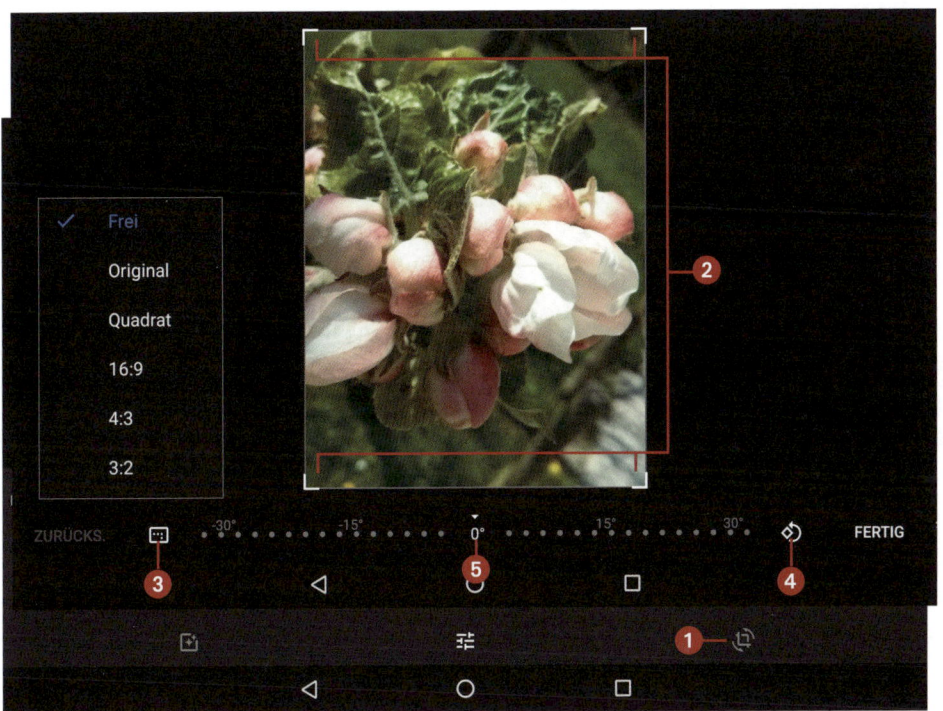

Legen Sie auf diese Weise den gewünschten Ausschnitt oder die Drehung fest. Wählen Sie nach der Bearbeitung unten rechts den Befehl FERTIG zum Speichern oder unten links den Befehl ZURÜCKS. zum Verwerfen.

In diesem Kapitel haben Sie gelernt, wie Sie Fotos und Videos auf dem Android-Gerät anfertigen und auf einen Desktopcomputer übertragen. Zudem kennen Sie die Anzeigefunktionen für Fotos und Videos und wissen, wie Sie Fotos korrigieren. Im nächsten Kapitel lernen Sie die Apps zur Musik- und Videowiedergabe kennen.

7

Musik und Videos

Das lernen Sie in diesem Kapitel:
- Musikwiedergabe
- Videos ansehen

Musikwiedergabe

Ein Smartphone oder Tablet-PC mit Android lässt sich auch zum Musik hören oder zur Wiedergabe von Videos verwenden. Die erforderlichen Apps sind bereits an Bord oder lassen sich kostenlos aus dem App-Store beziehen. Nachfolgend zeige ich Ihnen, wie die Musik- oder Videowiedergabe konkret funktioniert und vermittle noch einiges Wissenswertes.

Musikwiedergabe

Zur Wiedergabe von Musik (Audiodateien) gibt es in Android die App (Play) Musik. In diesem Abschnitt erfahren Sie, wie sich Musikstücke auf das Android-Gerät übertragen und dann in der Apps wiedergeben lassen. Weiterhin lernen Sie Apps kennen, mit denen Sie kostenfrei Webradio hören können.

Die Play-Musik-App im Schnellüberblick

Die Musik-App gehört zu einer Gruppe von Apps, die Medieninhalte aus dem Google Play Store wiedergeben sollen und hört deshalb auf den Namen »Play Musik«. Nachfolgend werde ich der Einfachheit halber schlicht von der Musik-App sprechen.

Das Symbol der App finden Sie standardmäßig unter *Alle Apps*. Sobald Sie das Symbol antippen, startet die App mit der nachfolgend gezeigten Darstellung.

> **HINWEIS:** Beachten Sie aber, dass die Darstellung, je nach Android-Version und Gerät, leicht abweichen kann. Hier wird die Play-Musik-App aus Android 6 gezeigt.
>
> Die App bietet beim ersten Start den Abschluss eines kostenpflichtigen Abonnements beim Google Play Store an. Dies lässt sich über entsprechende Optionen in den angezeigten Pop-up-Fenstern aber zurückweisen.

▶ Am unteren Rand erscheint eine Kontrollleiste (❶). Es wird der zuletzt gespielte Titel (❷) aufgeführt. Weiterhin finden Sie dort die Symbole zur Wiedergabesteuerung (❸).

Musikwiedergabe

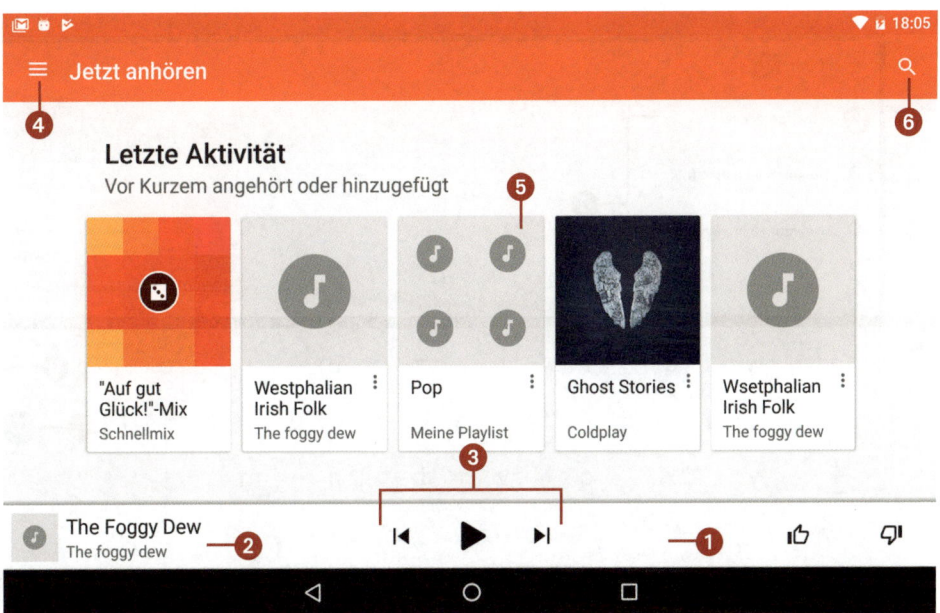

▶ Über das Burger-Menü (**4**) lässt sich auf verschiedene Befehle wie *Jetzt anhören*, *Musikbibliothek* etc. und die Einstellungen zugreifen. Je nach Auswahl werden im App-Fenster die vorhandenen Alben und Musiksammlungen (**5**) angezeigt.

Mit dem Lupensymbol (**6**) lässt sich in der Musiksammlung **nach Titeln** auf dem Gerät **suchen**.

▶ Tippen Sie zur Musiksuche auf das Lupensymbol (**6**) und geben Sie im Suchfeld (**7**) den gesuchten Begriff ein. Die App zeigt dann bereits erste Treffer an (**8**).

▶ Bei Bedarf können Sie die Bildschirmtastatur durch die *Zurück*-Taste (**9**) des Android-Navigationsbereichs ausblenden. Tippen Sie auf das Suchfeld (**7**), um die Bildschirmtastatur erneut anzuzeigen.

Das Zeichen *x* (**10**) rechts neben der Suchleiste ermöglicht Ihnen, den Suchbegriff zu löschen.

Musikwiedergabe

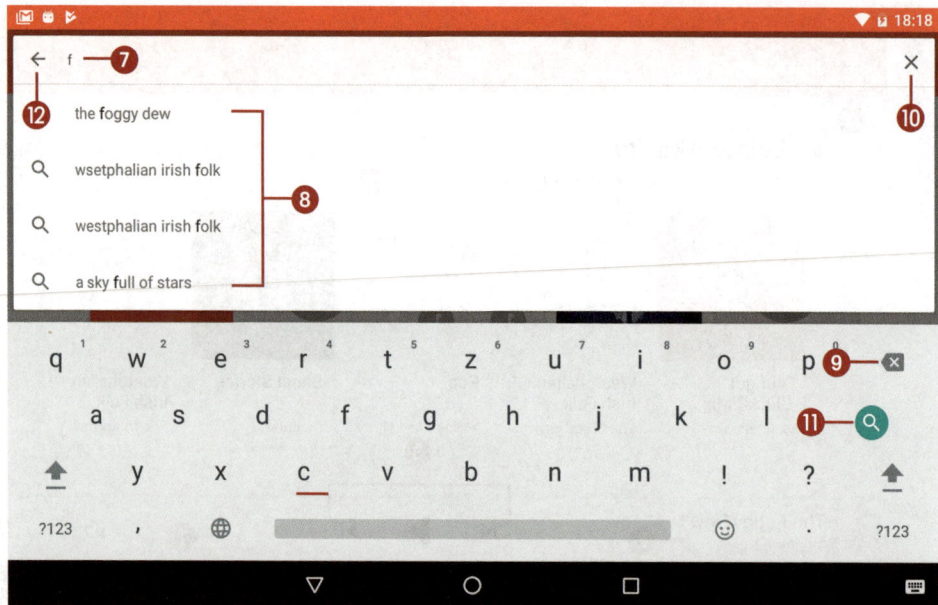

▶ Tippen Sie auf die *Suchen*-Taste (**11**) der Bildschirmtastatur, verschwindet die Tastatur, und die Liste der Suchergebnisse wird angezeigt. Anschließend tippen Sie einfach auf einen Titeleintrag, um diesen in die Wiedergabeleiste zu holen und abzuspielen.

Den **Suchmodus beenden** Sie über die *Zurück*-Schaltfläche (**12**). Sie gelangen anschließend zur Hauptseite der App zurück.

Zugriff auf die App-Funktionen

In der hier gezeigten App-Version ist das Abrufen der verschiedenen Funktionen sehr einfach: Tippen Sie auf das Burger-Menü in der linken oberen Ecke der App, erhalten Sie **Zugriff auf** die **Einstellungen** und **Funktionen**.

▶ *Jetzt anhören:* Öffnet die Seite mit den zuletzt abgespielten Musiktiteln. Eine ähnliche Auswahl bietet der Befehl *Letzte*.

▶ *Top Charts:* Weiterhin können Sie auf *Top Charts* oder *Neuerscheinungen* im Google Play Stores zugreifen.

Musikwiedergabe

▶ *Musikbibliothek:* Zeigt die auf dem Gerät angelegten sogenannten Playlisten mit Musiktiteln (z. B. gekauft oder lokal gespeichert) an.

▶ *Einkaufen:* Dieser Befehl bringt Sie zum Google Play Store, wo Sie Musiktitel und -alben kaufen können (siehe die folgenden Abschnitte).

Über weitere Befehle können Sie die Anzeige der Musiktitel auf heruntergeladene Stücke begrenzen oder die Einstellungen aufrufen. Bei Bedarf blättern Sie durch Wischen mit dem Finger in der Liste der Befehle.

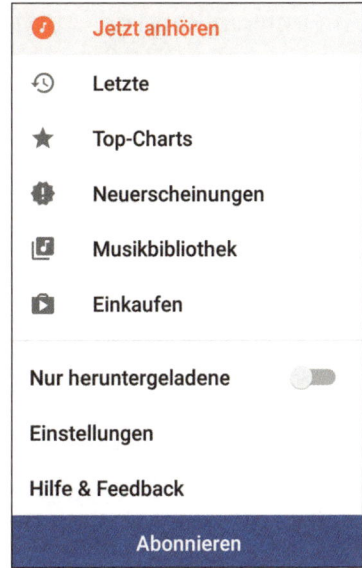

HINWEIS: Das Burger-Menü enthält auch einen Befehl *Hilfe & Feedback*, über den Sie Anleitungen zum Umgang mit der Play-Musik-App erhalten.

Musik wiedergeben

Die Musikwiedergabe ist mit wenigen Sätzen beschrieben:

▶ Sie wählen über das Burger-Menü oder die Suche eine Darstellung der lokal auf dem Gerät gespeicherten Musiktitel und tippen diese an.

▶ Oder Sie rufen den Google Play Store auf, suchen einen Titel und lassen diesen probeweise anspielen.

▶ Durch Antippen eines angezeigten Musiktitels lässt sich dieser wiedergeben.

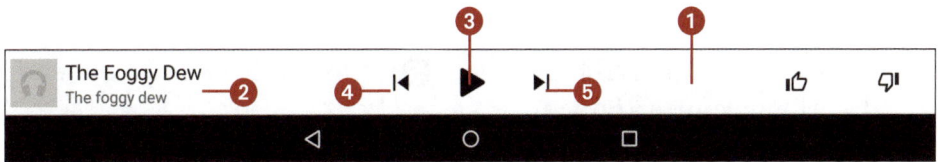

Musikwiedergabe

Am unteren Rand der App findet sich eine Kontrollleiste (❶) zur Wiedergabesteuerung. Es wird der zuletzt gespielte Titel (❷) aufgeführt.

▶ Durch Antippen des Symbols (❸) kann die Musikwiedergabe gestartet oder angehalten werden.

▶ Das Symbol (❹) ermöglicht Ihnen, zum vorherigen Titel der Musiksammlung zu springen. Über das Symbol (❺) gelangen Sie zum nächsten Musikstück innerhalb der Sammlung.

Die Lautstärke der Musikwiedergabe regeln Sie über die Lautstärkewippe des Android-Geräts. Diese befindet sich meist an der Gehäuseseite (siehe Kapitel 1).

HINWEIS: Rechts zeigt die Kontrollleiste noch zwei Symbole, über die Sie Musik mit einem Like (Daumen nach oben) oder Dislike (Daumen nach unten) bewerten können. Diese Funktion wird hier aber nicht besprochen.

Musik im Google Play Store kaufen

Musik bzw. Medieninhalte können Sie unter Android aus dem Google Play Store beziehen.

1 Um Musik zu beziehen, öffnen Sie das Burger-Menü (❶) und tippen auf *Einkaufen* (siehe vorhergehende Seiten).

2 Tippen Sie in der Play-Store-Seite *Musik* auf eine Kategorie (❷) und navigieren Sie über Alben (❸) oder über die Suche (❹) zu den interessierenden Musikstücken.

Bei Bedarf können Sie mit dem Finger nach oben oder unten wischen und so durch das Angebot blättern. Für jedes Album wird der Preis angezeigt (notfalls etwas mit dem Finger nach unten blättern).

▶ Tippen Sie auf die drei Pünktchen (❺), öffnet sich ein Menü, über das Sie das Album kaufen können.

▶ Tippen Sie auf das Albencover, um die Details des Albums mit den Titeln abzurufen.

Musikwiedergabe

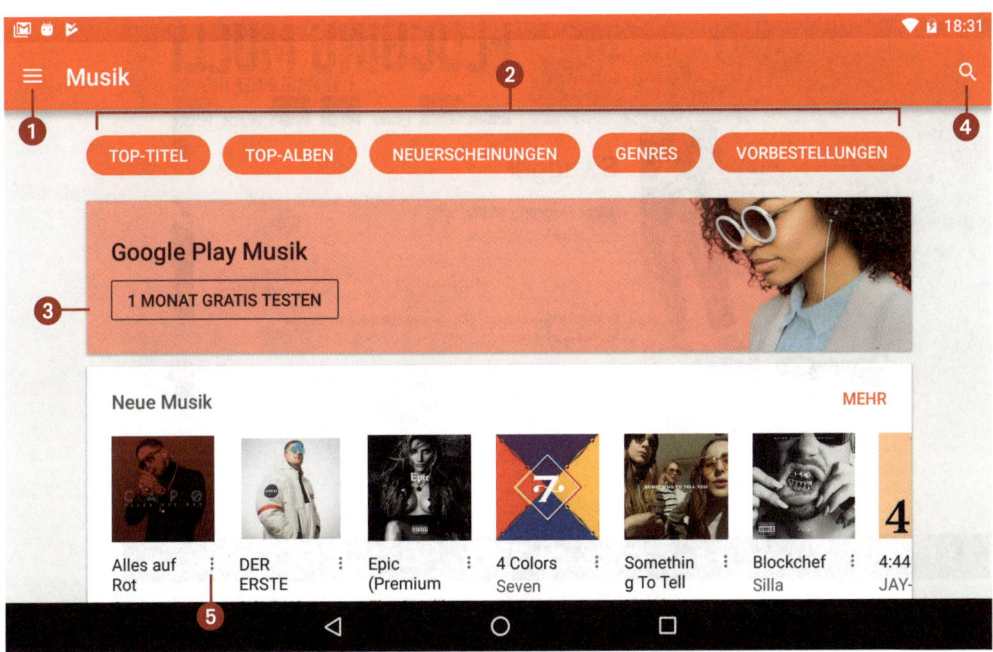

Anschließend wird die Detailseite des Albums mit den benötigten Informationen wie der Preis angezeigt. Wischen Sie mit dem Finger nach oben, um in der Detailseite zu blättern und weitere Informationen anzuzeigen.

▶ Sie sehen ggf. eine Reihe von Sternchen, um das Album zu bewerten. Tippen Sie zur Bewertung auf ein Sternchen.

▶ Je nach Album wird in der Detailseite auch eine Liste der Musiktitel angezeigt.

▶ Tippen Sie einen Musiktitel an, um diesen ausschnittweise zur Probe zu hören. Die Lautstärke regulieren Sie über die Lautstärketasten des Android-Geräts (siehe Kapitel 1). Tippen Sie erneut auf den Musiktitel, beendet dies die Wiedergabe.

▶ Über die Schaltfläche *ABONNIEREN* (❻) schließen Sie ein Musikabonnement bei Google ab.

▶ Tippen Sie im eingeblendeten Fenster mit dem Album oder dem Musiktitel auf die Preisangabe (❼), um den Kauf einzuleiten.

Musikwiedergabe

▶ Anschließend werden Sie durch die Schritte zum Abschließen des Kaufs geleitet.

HINWEIS: Der Erwerb von **Musik** im Google Play Store **ist an** dasjenige **Google-Konto** gebunden, das beim Einrichten des Geräts festgelegt wurde. Über diese Konto-ID können Sie später auch von anderen Geräten aus auf die gekauften Medieninhalte zugreifen.

Musik können Sie nur **kaufen**, wenn eine **Zahlungsmethode** (Kreditkarte, PayPal oder Guthabenkarten) im Google Play Store eingetragen ist (siehe auch Kapitel 2).

Musik auf das Android-Gerät kopieren

Speziell beim Einstieg in Android wird man möglicherweise ungern Musik im Google Play Store beziehen wollen. Es besteht aber die Möglichkeit, eigene Musik von einem Computer auf das Android-Gerät zu kopieren und abzuspielen:

Musikwiedergabe

1 Verbinden Sie das Android-Gerät per USB-Kabel mit einem Windows-Rechner oder einem Mac.

Warten Sie, bis das Fenster *Automatische Wiedergabe* (Windows 7) oder die Palette (ab Windows 8.1) angezeigt wird (siehe auch in Kapitel 6 den Abschnitt »Dateiaustausch mit dem PC, so geht's«).

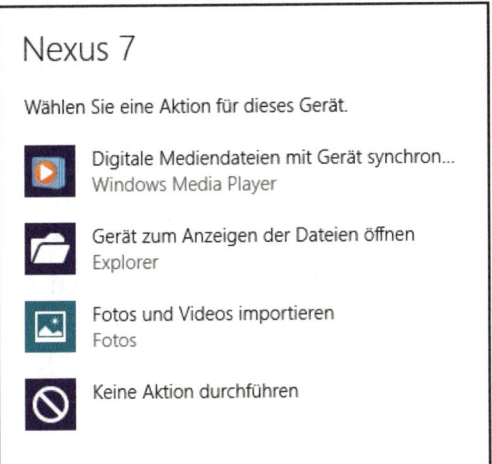
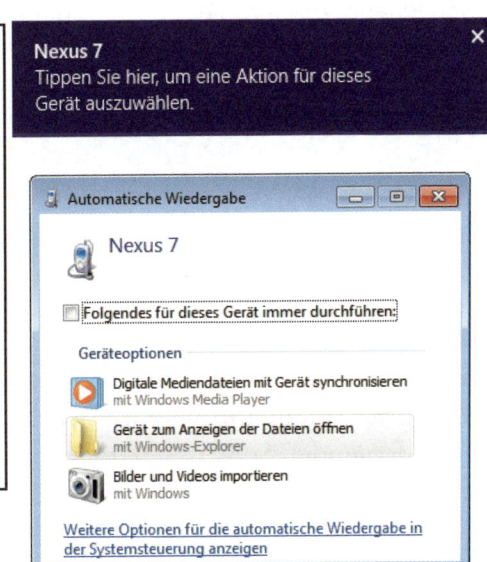

2 Wählen Sie den Befehl *Gerät zum Anzeigen der Dateien öffnen*.

3 Kopieren Sie anschließend im Ordnerfenster die gewünschten Musikdateien vom Rechner in den Musik-Ordner des Android-Geräts.

Musikdateien werden unter Android in den Ordner *Music* kopiert. Die Audiodateien sollten dabei im MP3-Format vorliegen, um in der Android-App abgespielt zu werden.

> **HINWEIS:** Bei unbekannten Audioformaten erscheint unter Android ggf. eine Warnung, dass die Musikstücke nicht wiedergegeben werden können. Musikstücke im MP3-Format erhalten Sie beim Kauf im Internet oder beim Kopieren von Audio-CDs im Windows Media Player.

Musikwiedergabe

> **HINWEIS:** Musik vom Android-Gerät löschen
>
> Möchten Sie gespeicherte **Musikstücke** (oder andere Dateien wie z. B. Videos) wieder **vom Android-Gerät entfernen**? Gehen Sie wie beim Hinzufügen von Musikstücken vor und wählen Sie im Ordnerfenster unter Windows einfach die gewünschten Audiodateien im Ordner *Music* des Android-Geräts aus. Anschließend können Sie die Audiodateien auf den Rechner zurückverschieben oder löschen. Alternativ können Sie unter Android einen Datei-Manager als App verwenden. Navigieren Sie zum Ordner *Music* und löschen Sie dann die gewünschten Musikstücke.

Mixes und Wiedergabelisten verwenden

Über Wiedergabelisten können Sie eine Liste der Lieblingstitel zusammenstellen und diese Titel dann in der gewählten Reihenfolge auf dem Android-Gerät per Musik-App abspielen. Ein Musikmix ermöglicht eine zufällige Zusammenstellung von Medieninhalten. Wiedergabelisten, Playlists und Mixes erstellen Sie mit folgenden Schritten in der App Musik:

1 Rufen Sie in der Musik-App den gewünschten Titel durch Antippen in der Wiedergabe auf.

2 Tippen Sie in der Wiedergabe auf die drei Pünktchen (❶), um das zugehörige Menü (❷) zu öffnen.

3 Wählen Sie den gewünschten Befehl aus und befolgen Sie die angezeigten Anweisungen.

Musikwiedergabe

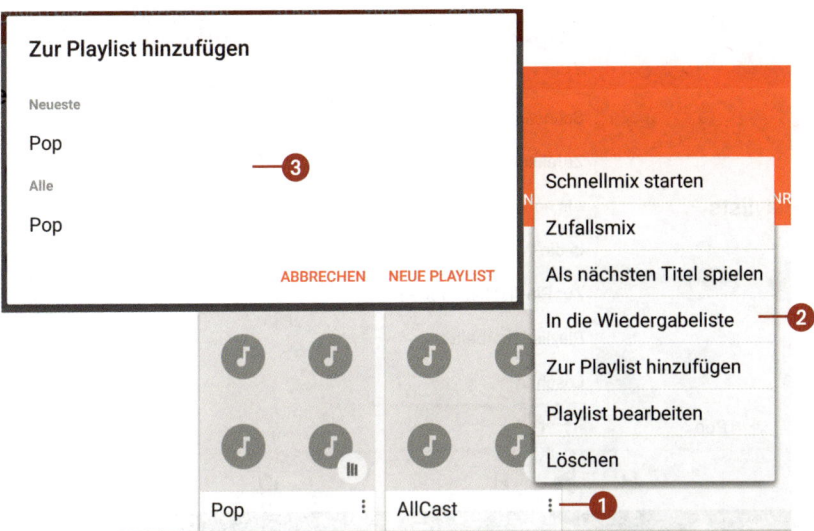

Mit *Zu Playlist hinzufügen* öffnen Sie z. B. ein Pop-up-Fenster (❸), in dem Sie den Eintrag *Neue Playlist* wählen. Dann erscheint ein zweites Pop-up-Fenster, in dem Sie den Namen der Playlist, die öffentliche Sichtbarkeit etc. festlegen. Der Titel wird dann zur Playlist hinzugefügt.

> **HINWEIS:** Über das *Zurück*-Symbol der Android-Navigationsleiste gelangen Sie z. B. zu den jeweils vorhergehenden Seiten der App. Persönlich finde ich die Verwendung von Begrifflichkeiten wie Mix, Wiedergabeliste und Playlist etwas verwirrend. Verwenden Sie ggf. Playlisten, um gezielt mehrere abzuspielende Titel festzulegen. Die Playlist wird gespeichert und lässt sich später jederzeit wieder aufrufen.

Um auf Playlists zuzugreifen, öffnen Sie das Burger-Menü der Hauptseite und wählen den Eintrag *Musikbibliothek*. Anschließend wählen Sie in der angezeigten App-Seite *PLAYLISTS* (❹).

Musikwiedergabe

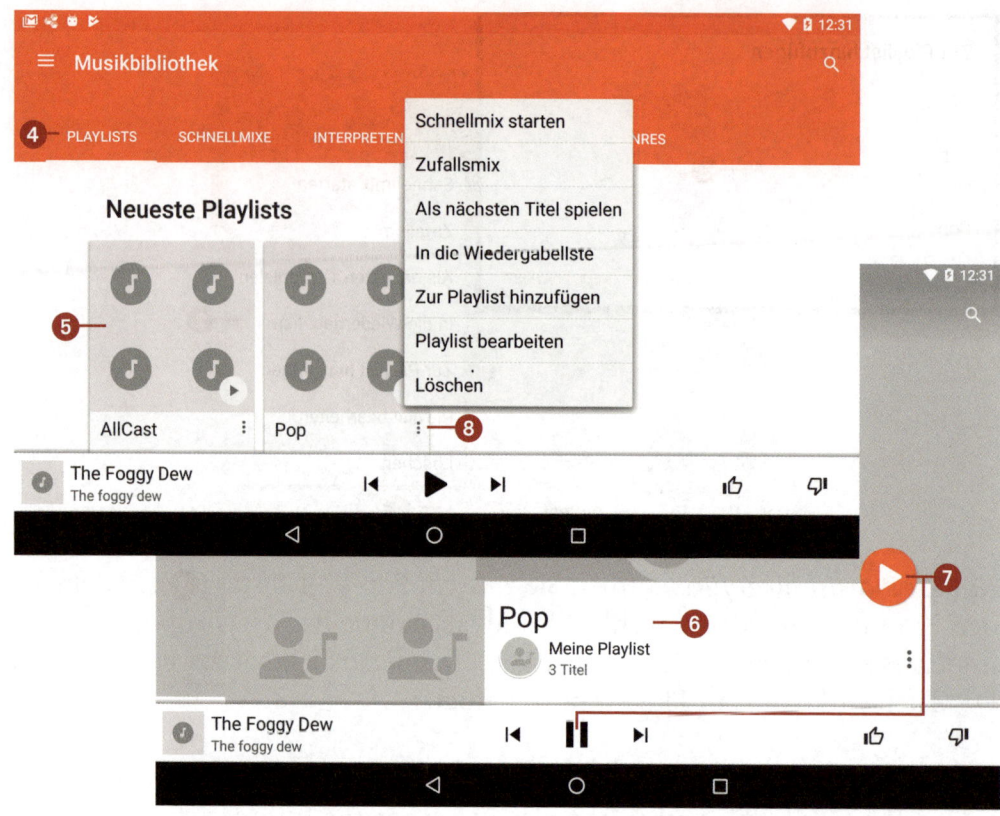

Blättern Sie bei Bedarf durch Wischen mit dem Finger in der Playlists-Seite (❺), um auf die neuesten Playlists, automatische Playlisten etc. zugreifen und diese durch Antippen öffnen zu können. In der Playlist-Seite (hier »Pop«) (❻) werden die eingetragenen Titel aufgelistet (notfalls durch Wischen mit dem Finger nach unten blättern). Dort lassen sich die eingetragenen Titel durch Antippen einzeln abspielen. Tippen Sie auf das Wiedergabesymbol (❼), werden alle Titel der Playlist wiedergegeben.

> **HINWEIS:** Tippen Sie bei angezeigter Playlist auf die drei Pünktchen (❽), öffnet sich ein Menü. Dort finden Sie auch einen Befehl zum **Bearbeiten der Playlist**.

Zugriff auf die App-Einstellungen

Um Einstellungen der Musik-App einzusehen oder anzupassen, tippen Sie in der linken oberen Ecke auf das Burger-Menü und wählen dann den Befehl *Einstellungen*. Anschließend können Sie auf der Seite *Einstellungen* die angezeigten Optionen einsehen und ggf. durch Antippen anpassen.

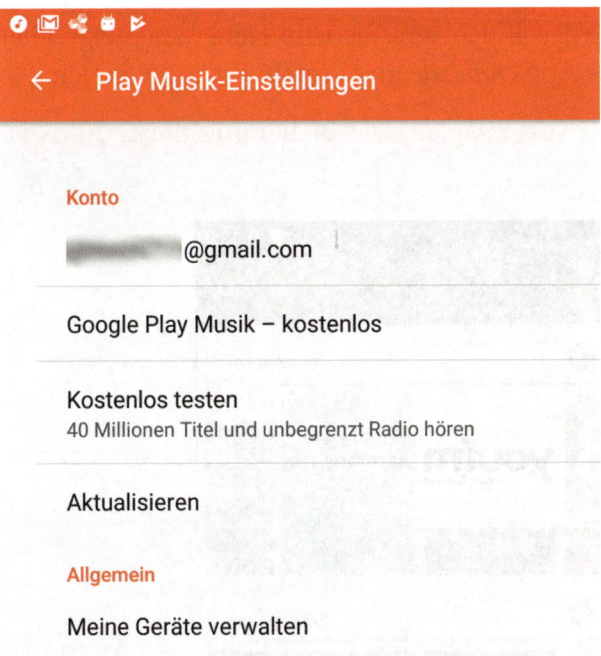

Ich will Webradio hören

Die meisten modernen Android-Geräte haben keinen UKW-Empfänger mehr eingebaut. Falls Ihr Gerät doch einen FM-Empfänger besitzt, finden Sie eine entsprechende Radio-App vorinstalliert.

> **HINWEIS:** Einige Bedienhinweise zur FM-Radio-App finden Sie in meinem Blog unter *http://www.borncity.com/blog/?p=107994*.

Musikwiedergabe

Sie können sich aber Apps zum Anhören von **Webradio** per Internet installieren. Diese übertragen wie normale Radiosender Musik, aber per Internet. So lassen sich in aller Welt heimische Radiosender empfangen oder zu Hause Radiosender aus aller Welt hören.

Um eine Radiostation aus dem Internet zu empfangen, empfehle ich die Installation einer passenden App aus dem App Store. Geben Sie den Begriff »Radio« im Suchfeld des App-Stores ein, werden Ihnen verschiedene Treffer angezeigt. Hier empfehle ich, einen Blick auf die Apps *radio.de* und *TuneIn Radio* zu werfen.

Nachfolgend sehen Sie die App von *radio.de*. Die Bedienung dieser Apps ist weitgehend intuitiv.

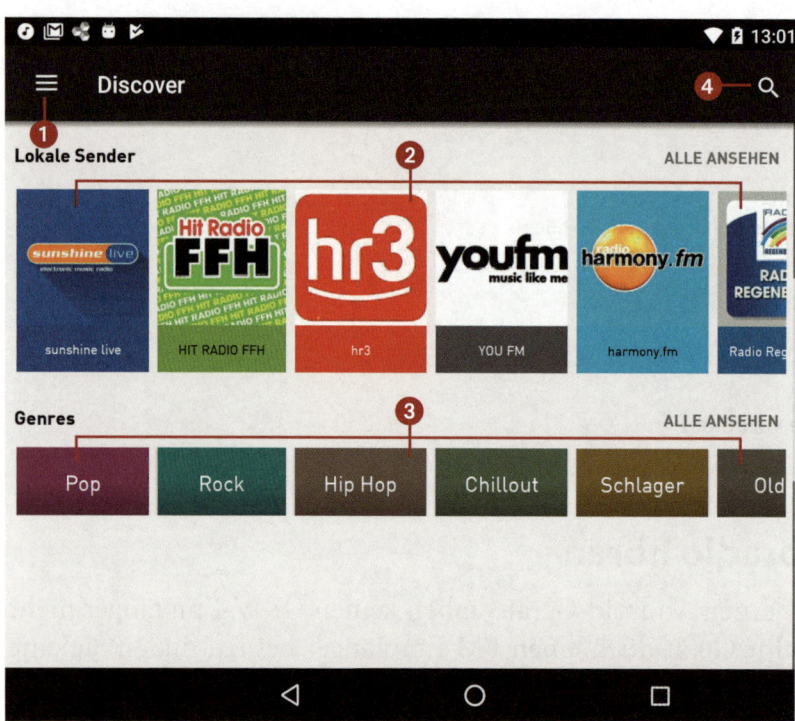

▶ Über das Burger-Menü (**1**) greifen Sie auf die verschiedenen Optionen der App (z. B. lokale Sender) zu.

▶ Anschließen tippen Sie auf den gewünschten Radiosender in der Senderliste (**2**) oder auf der Seite *Lokale Sender*.

▶ Über *Genres* (**3**) erhalten Sie in der Übersicht Zugriff auf Senderlisten zu bestimmten Musikrichtungen. Alternativ lässt sich nach Sendern suchen (**4**).

Die App blendet am rechten Rand Werbung ein. Beim Aufruf eines Senders erscheinen zudem Pop-up-Fenster, in denen gefragt wird, ob die Akku-Optimierung oder die Standortabfrage aktiviert werden darf. Das Angebot der Radiosender wird teilweise durch Werbung finanziert.

> **HINWEIS:** Der Dienst **Spotify**, für den es eine kostenlose App gibt, ermöglicht Ihnen, Musik von großen Plattenlabels zu hören. Neben einem Gratisangebot gibt es die Möglichkeit zu einem Musik-Abonnement. Kritisiert wird aber, dass die Musiker bei diesem Abo-Modell weitgehend leer ausgehen.

> **HINWEIS:** Unter dem Kunstwort **Podcast** (setzt sich zusammen aus dem Namen des Apple-Musikplayers iPod und Broadcasting) wird das Anbieten von abonnierbaren Mediendateien wie Audio oder Video per Internet verstanden. Blogs, TV-Sender und Radiostationen bieten Informationen in Form abonnierbarer Podcasts an. Suchen Sie sich eine **Podcast-App** wie **Podcast Addict**, um auf die Angebote zugreifen zu können. Die App bietet Ihnen dann Funktionen, um Podcasts zu suchen und zu abonnieren.

Videowiedergabe

Ein Android-Smartphone oder Tablet-PC lässt sich zur Wiedergabe von Videos und TV-Sendungen verwenden. In diesem Abschnitt stelle ich Ihnen die entsprechenden Apps und deren Funktionen vor.

Videowiedergabe

Videos mit Play Filme ansehen

Die in Android enthaltene Play-Filme-App ermöglicht Ihnen, Videos über den Google Play Store zu erwerben und anzuzeigen.

Rufen Sie die App über das *Play Filme*-Symbol des Startbildschirms bzw. die Seite *Alle Apps* auf. Die App ermöglicht den Zugriff auf »Alle Filme und Serien« im Google Play Store sowie auf lokale Videodateien. Vieles funktioniert ähnlich wie bei der weiter oben beschriebenen Musik-App:

▶ Beim Start erscheint eine Seite, über die Sie auf die Filme und Serien in Google Play Store zugreifen können (❶). Sie sehen die Filme samt Cover, Titel und Preis.

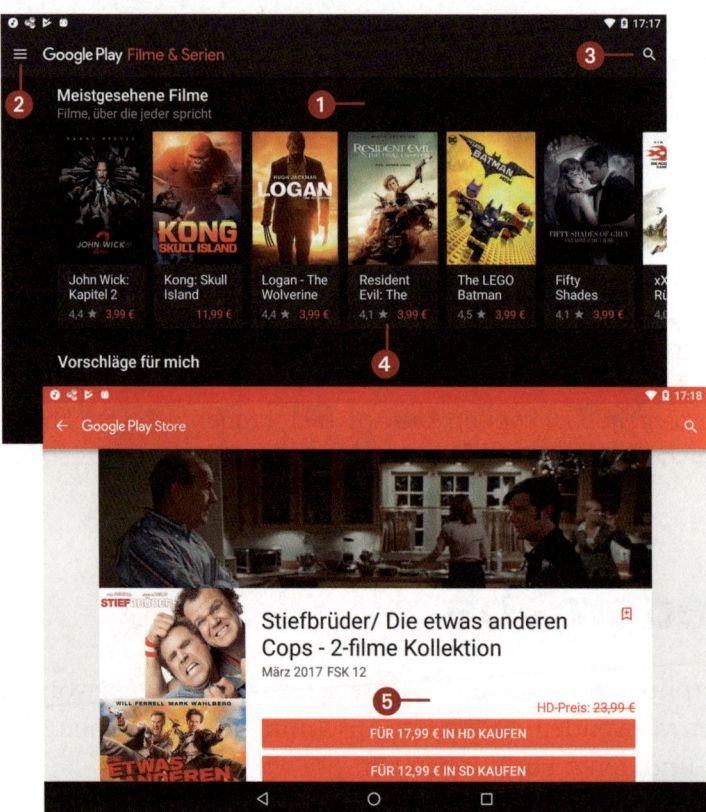

Videowiedergabe

- Über das Burger-Menü (**2**) in der linken oberen Ecke öffnen Sie ein Menü, über dessen Befehle Sie auf Einträge wie *Meine Filme und Serien*, *Einkaufen*, *Einstellungen* oder die Hilfe zugreifen.
- Das *Suchen*-Symbol (**3**) im Kopfbereich der App ermöglicht Ihnen, gezielt nach Filmen zu suchen.
- Tippen Sie auf ein Filmangebot (**4**), um Details (**5**) einzusehen und den Film auf Wunsch zu erwerben. Dies funktioniert wie der Kauf von Apps oder Musik und wird daher hier nicht weiter erläutert.

Gekaufte Filme lassen sich direkt ansehen oder auf das Android-Gerät herunterladen und später auch ohne Internetverbindung ansehen. Dabei wird der Download in verschiedenen Qualitäten angeboten.

> **ACHTUNG:** Beachten Sie aber, dass das Herunterladen von Filmen ein sehr großes Datenvolumen umfasst und unter Umständen viel Speicher auf dem Gerät belegt.

Zur Wiedergabe eines Films können Sie über *Meine Filme und Serien* des Burger-Menüs oder über den Play Store auf einen gekauften Film zugreifen und dessen Kachel zur Wiedergabe antippen. Dann erscheint das Wiedergabefenster des Films.

- Im Wiedergabefenster gibt es eine Schaltfläche, über die sich der Film anhalten und erneut wiedergeben lässt.
- Im Fußbereich sehen Sie die Zeitleiste, in der die Spiellänge des Films sowie die aktuelle Zeitposition der Wiedergabe angezeigt werden.
- Bei einem Download sehen Sie zudem am Zeitstrahl, wie viele Daten bereits aus dem Internet heruntergeladen und zur Wiedergabe zwischengespeichert wurden.

Videowiedergabe

In der rechten oberen Ecke gibt es drei Pünktchen, über die Sie ein Menü öffnen, um auf Einstellungen zuzugreifen oder um den Bildschirm anzuheften.

> **ACHTUNG:** Bei einem angehefteten Bildschirm kann nicht mehr zu anderen Apps umgeschaltet werden. Zum Aufheben der Fixierung sind im Android-Navigationsbereich die beiden Symbole *Zurück* und *Übersicht* gleichzeitig zu drücken.

Gespeicherte Videos wiedergeben

Alternativ haben Sie die Möglichkeit, Videodateien von einem Desktopcomputer auf das Android-Gerät zu übertragen und dann wiederzugeben. Um Videos von einem PC oder einem Mac auf das Android-Gerät zu übertragen, gehen Sie folgendermaßen vor:

1 Verbinden Sie das Android-Gerät per USB-Kabel mit einem Windows-Rechner oder einem Mac.

Videowiedergabe

2 Öffnen Sie ein Ordnerfenster (bzw. den Finder auf dem Mac) und kopieren Sie die gewünschten Videodateien in den Ordner *Movies* des Android-Geräts.

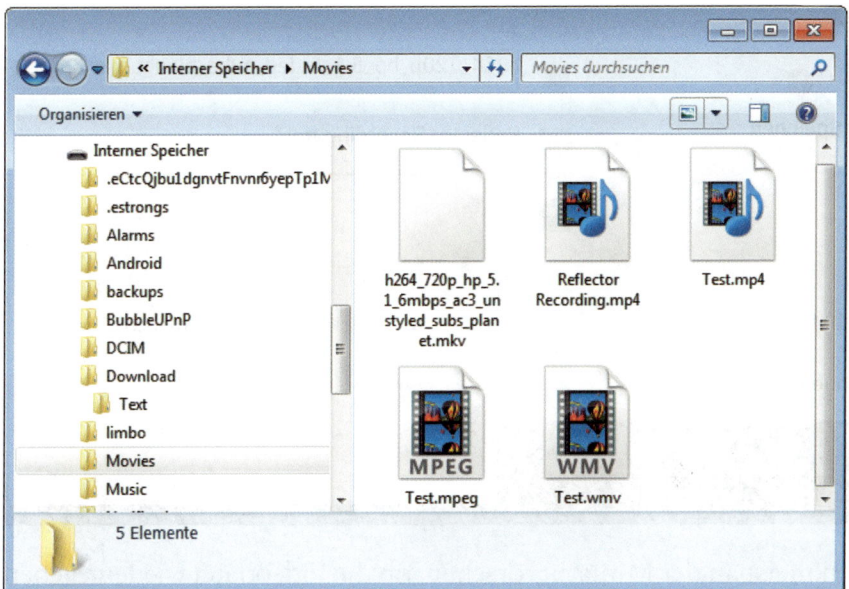

Dies funktioniert genauso wie der in Kapitel 6 beschriebene Dateiaustausch bei Fotos.

HINWEIS: Die Videos müssen in einem Format vorliegen, das von den auf dem Android-Gerät installierten Medien-Player-Apps wiedergegeben werden kann. Meist können .mp4-Videodateien abgespielt werden.

Zur Wiedergabe der Videos auf dem Android-Gerät starten Sie eine Datei-Manager-App, navigieren zum Ordner *Movies* (oder *Filme*) (❶) und tippen auf die gewünschte Videodatei (❷).

Videowiedergabe

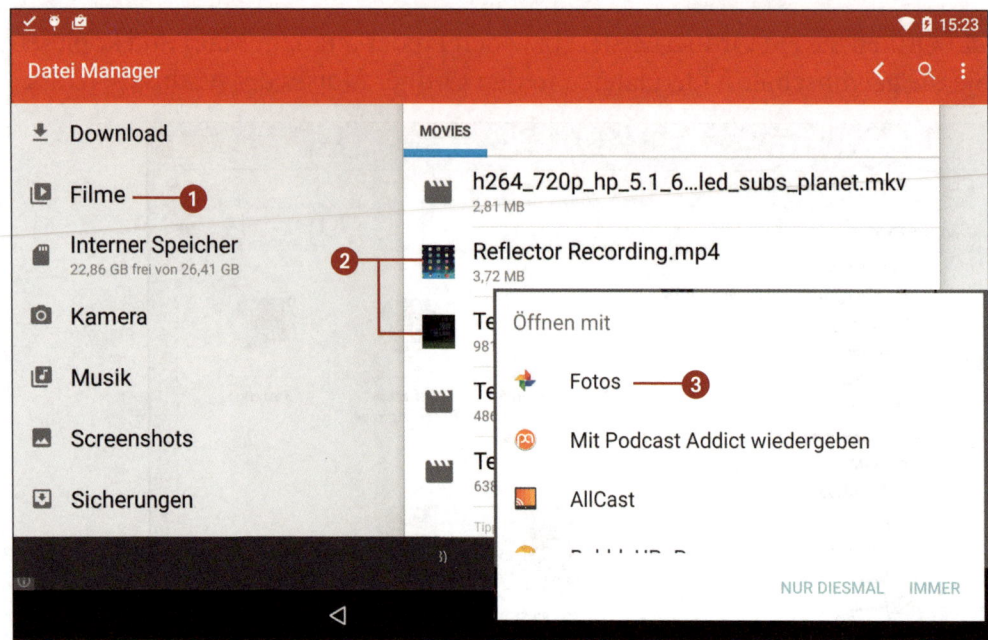

Sie erkennen meist an der Miniaturvorschau, ob die Videodatei wiedergegeben werden kann. Beim Antippen öffnet sich das Pop-up-Fenster *Öffnen mit*, in dem Sie eine App (3) zur Wiedergabe wählen. Die in Kapitel 6 vorgestellte Fotos-App kann beispielsweise Videos wiedergeben (siehe dort den Abschnitt »Fotos-App: Fotos und Videos ansehen«).

YouTube-Videos abrufen

Auf der von Google betriebenen Webseite YouTube können Sie verschiedene Videos, auch Musikvideos, kostenlos aus dem Internet abrufen. Ich nutze das eigentlich ganz gerne, um nach älteren Musikvideos oder zu speziellen Musikthemen zu recherchieren. Für Android gibt es eine YouTube-App von Google. Die App lässt sich entweder aus dem Favoritenbereich des Startbildschirms oder über *Alle Apps* starten.

Videowiedergabe

Die Handhabung der YouTube-App ist recht einfach und mit wenigen Sätzen beschrieben.

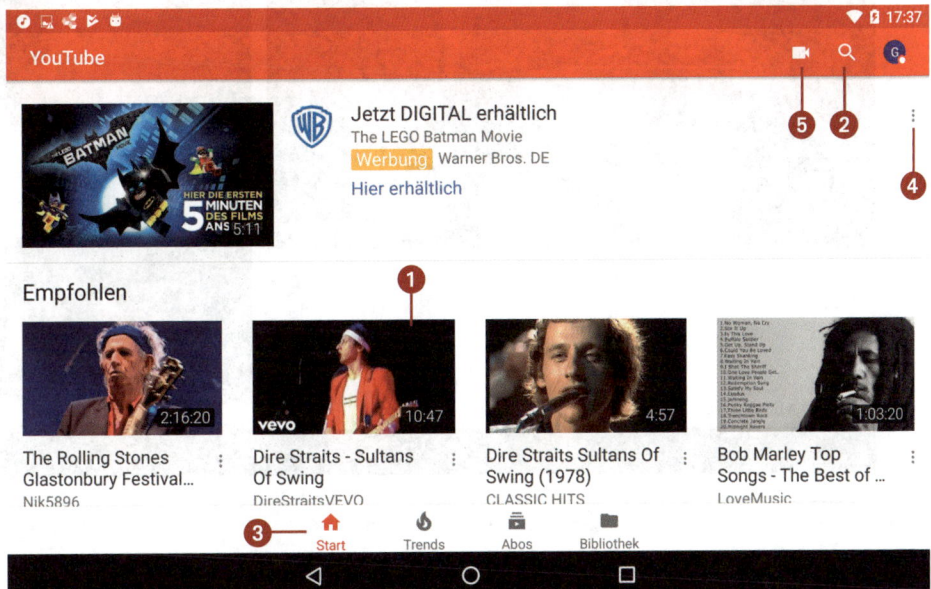

▶ Nach dem Start der App können Sie direkt auf **empfohlene YouTube-Videos** (❶) zugreifen (einfach die Kacheln antippen), um die **Wiedergabe eines Videos** zu starten.

▶ Zum **Suchen nach Videos** tippen Sie auf in der rechten oberen Ecke der App das *Suchen*-Symbol (❷). Dann tippen Sie über die Bildschirmtastatur einen Suchbegriff im Textfeld ein. In einem Fenster lassen sich Vorschläge auswählen. Die Suche wird über die Suchentaste *Suchen* der eingeblendeten Bildschirmtastatur gestartet.

▶ Über die Symbole (❸) der Leiste greifen Sie auf Kategorien wie *Start*, *Trends*, *Abos* oder die *Bibliothek* zu.

▶ Die drei Pünktchen (❹) öffnen ein Menü, über dessen Befehle Sie z. B. **Videos** mit anderen Apps **teilen** oder **zu Playlists hinzufügen** können.

▶ Das Symbol der Videokamera (❺) ermöglicht das Bild der Rückseitenkamera sowie gespeicherte Filme anzuzeigen.

Videowiedergabe

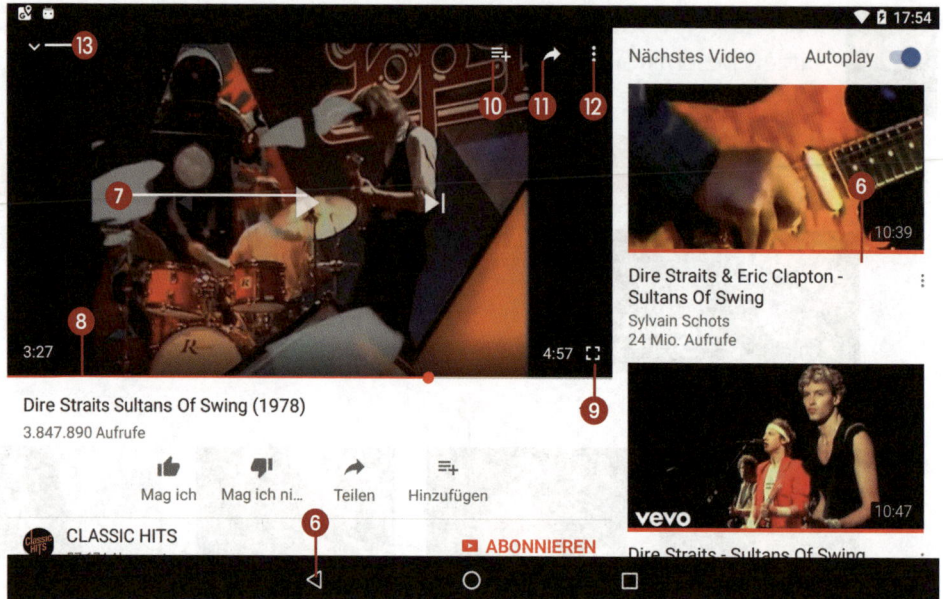

Über das Symbol *Zurück* (6) der Android-Navigationsleiste können Sie jederzeit zur vorhergehenden Seite der App zurückgehen.

▶ Nach Anwahl des Videos (1) öffnet sich der Player und beginnt mit der Wiedergabe der aus dem Internet geladenen Videodaten. Am rechten Rand werden weitere passende Videos oder ggf. auch eine Playlist angezeigt. Durch Antippen lassen sich diese wiedergeben.

▶ Tippen Sie auf den Videobereich (7), um die **Wiedergabe anzuhalten** und wieder **fortzusetzen**. Ist der Wiedergabebereich angewählt, blendet die App einige Steuerelemente in der Anzeige ein.

▶ Am unteren Rand erscheint die **Suchleiste** (8), auf der sich der Schieber beim Abspielen der Medientitel nach rechts bewegt. Sie sehen also, welcher Teil des aktuellen Titels bereits abgespielt wurde bzw. noch wiederzugeben ist. Durch Ziehen des Schiebers mit dem Finger lässt sich eine bestimmte Stelle im aktuellen Titel suchen.

▶ Rechts im Videobereich finden Sie das Symbol (9), um das **Video** auf **Vollbildansicht** umzustellen. Anschließend findet sich in der rechten

Videowiedergabe

unteren Ecke ein Symbol, um die Ansicht auf den vorherigen Modus zurückzustellen.

▶ Am oberen Rand finden Sie noch ein Symbol (❿), um das **Video** zu einer eigenen **Wiedergabeliste** (Playlist) hinzuzufügen bzw. später anzusehen, was aber eine Anmeldung bei Google erfordert.

▶ Ein weiteres Symbol (⓫) ermöglicht Ihnen, das **Video** mit anderen Apps zu **teilen**.

▶ Die drei Pünktchen (⓬) blenden Symbole ein, über die Sie die Wiedergabequalität anpassen oder ein Video wegen Copyright-Verstößen melden können.

▶ Tippen Sie in der linken oberen Ecke des Videos auf das Symbol (⓭), wird die Wiedergabe verkleinert auf der Startseite als sogenannte Bild-im-Bild-Anzeige wiedergegeben. Tippen Sie erneut auf diese verkleinerte Bild-im-Bild-Anzeige, gelangen Sie zur vorherigen Ganzseitenansicht zurück.

Das ist alles nicht wirklich kompliziert. Sie benötigen lediglich eine funktionierende Internetverbindung, um YouTube-Videos anzusehen.

> **ACHTUNG:** Bei manchen Videos wird zur Finanzierung ein Werbeclip als Vorspann oder eine Werbeanzeige am unteren Videorand eingeblendet.

> **TIPP:** Um eine **bessere Klangqualität** zu erhalten, können Sie einen Kopfhörer an der Audiobuchse des Geräts anschließen. Oder Sie **verwenden** (Bluetooth-)**Lautsprecher**, um die Musik vom Android-Gerät drahtlos zu übertragen.
>
> Bei der YouTube-App wird die Wiedergabe unterbrochen, sobald Sie zu einer anderen App wechseln. Es ist also nicht möglich, YouTube-**Musikvideos im Hintergrund** zu **hören** und im Vordergrund zu surfen oder ein E-Book zu lesen.

Videowiedergabe

Apps für ARD- und ZDF-Mediathek

Haben Sie eine TV-Sendung bei ARD oder ZDF verpasst oder wollen Sie schnell mal außer der Reihe die Nachrichten ansehen? Sowohl ARD als auch ZDF bieten Apps für Android kostenlos im Play Store an, um sich das Programmangebot auch per Internet anzeigen zu lassen.

▶ Rufen Sie den App-Store auf dem Android-Gerät auf und lassen Sie nach ARD oder ZDF suchen. Dann werden Ihnen die Apps ARD-Mediathek, Das Erste oder die ZDF-Mediathek als Apps zum Download angeboten.

▶ Aber Sie sind nicht auf die oben genannten Sender begrenzt. Auch die Dritten Programme, 3Sat und weitere Sender lassen sich über Android-Apps ansehen. Leser aus Österreich suchen nach ORF, meine Leser aus der Schweiz können nach SRF suchen und die betreffende App installieren lassen.

Starten Sie eine solche App über deren Symbol auf dem Startbildschirm, erhalten Sie Zugriff auf das Programm des betreffenden Senders und können dort Sendungen oder Zusatzinformationen abrufen.

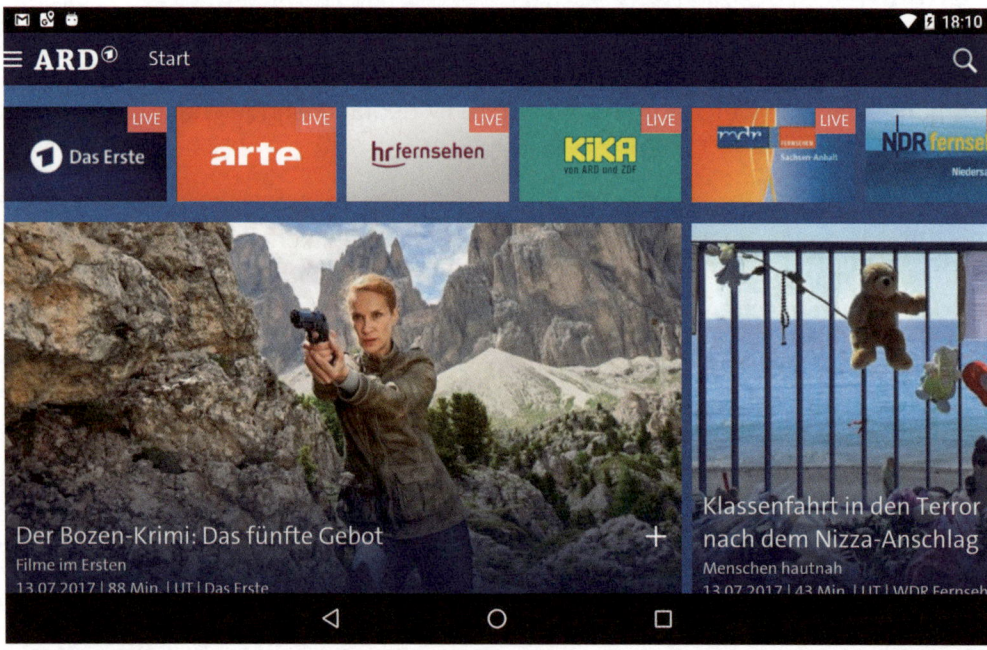

Sie sind also nicht mehr unbedingt darauf angewiesen, eine TV-Sendung zum Ausstrahlungszeitpunkt abzurufen. Und wenn Sie sich über das TV-Programm informieren möchten, gibt es Apps, die Ihnen dieses aufs Android-Gerät bringen (einfach im App-Store nach »TV-Programm« suchen lassen).

> **HINWEIS: Chromecast, Miracast und DLNA**
>
> Falls Ihnen der Bildschirm des Android-Gerät zu klein ist oder mehrere Personen eine Sendung schauen möchten, können Sie den **Bildschirminhalt** auch **auf das TV-Gerät übertragen**. Von Google gibt es den sogenannten **Chromecast-Empfänger**, und einige **SmartTV**-Geräte unterstützen den **DLNA**-Übertragungsstandard. Weiterhin lassen sich Geräte mit einem sogenannten **Miracast-Empfänger** in Form eines HDMI-Sticks nachrüsten. Diese Empfänger lassen sich am HDMI-Eingang des TV-Geräts anschließen, um die Inhalte vom Android-Gerät drahtlos zu empfangen und am Bildschirm wiederzugeben. Die Behandlung dieser Funktionen sprengt aber den Ansatz dieses Buchs. Interessierte Leser möchte ich auf meinen Blogbeitrag *www.borncity.com/blog/?p=144134* verweisen, wo ich entsprechende Lösungen beschreibe.

In diesem Kapitel haben Sie die Möglichkeiten zur Wiedergabe von Musik und Videos mittels entsprechender Android-Apps kennengelernt. Weiterhin habe ich Ihnen kurz einige Apps zum Zugriff auf YouTube, Webradio oder die Mediatheken verschiedener TV-Sender vorgestellt. Im nächsten Kapitel geht es um die Kommunikation mittels Android-Geräten, also telefonieren, Kontakte und mehr.

8

Kommunikation

Das lernen Sie in diesem Kapitel:
- ▶ Telefonieren
- ▶ Telefonieren mit Skype
- ▶ Textnachrichten
- ▶ Soziale Netzwerke

Telefonieren

Ein Smartphone lässt sich nicht nur zum Telefonieren verwenden. Sie können auch SMS verschicken, skypen oder Nachrichten mit WhatsApp austauschen. Weiterhin lassen sich soziale Netzwerke wie Facebook nutzen sowie Kontakte auf dem Android-Gerät verwalten. In diesem Kapitel stelle ich Ihnen diese Funktionen vor.

Telefonieren

Mit einem Android-Smartphone können Sie telefonieren. Wie das geht, wird in diesem Abschnitt kurz erläutert.

Telefonieren, so geht's

Zum Telefonieren werden Android-Smartphones mit einer Telefonie-App ausgeliefert. Sobald eine passende SIM-Karte eines Mobilfunkanbieters eingelegt wurde und ein Vertrag besteht bzw. Guthaben auf einer Prepaid-SIM-Karte vorhanden ist, lassen sich Telefonanrufe tätigen.

1 Um ein Telefonat zu führen, starten Sie die App über das Symbol in der Favoritenleiste des Startbildschirms.

2 Anschließend wählen Sie die gespeicherte Telefonnummer in Ihrem Telefonbuch aus oder tippen diese ein (siehe die folgenden Hinweise).

3 Danach reicht es, auf das Telefonsymbol 📞 (siehe ❿ in der Abbildung auf Seite 240) zu tippen um den Anruf zu tätigen.

Hier noch eine kurze Übersicht über die wichtigsten Elemente und Symbole der Telefonie-App (es wird die App aus Android 5 verwendet).

Telefonieren

- Sie können über die angezeigten, zuletzt geführten Anrufe (**1**) ein Telefonat mit diesem Teilnehmer führen, indem Sie auf den gewünschten Eintrag tippen.

- Alternativ verwenden Sie das Suchfeld (**2**), um in den auf dem Gerät gespeicherten Kontakten und Orten nach der Telefonnummer des Teilnehmers zu suchen. Über das Mikrofonsymbol (**3**) lässt sich die Spracheingabe zur Suche aktivieren.

- Verwenden Sie die Einträge (**4**) um zwischen den Kategorien *SCHNELLAUSWAHL*, *NEUESTE* und *KONTAKTE* umzuschalten.

- Sobald ein Kontakt (**5**) angezeigt wird, lässt sich dessen Telefonnummer durch Antippen anrufen.

- Sie haben zudem jederzeit die Möglichkeit, über das Tastensymbol (**6**) das Ziffernfeld (**8**) einzublenden.

> **HINWEIS:** Über die drei Pünktchen (**7**) in der rechten oberen Ecke der App blenden Sie ein Menü (**11**) ein (siehe hierzu die folgende Abbildung). Über dessen Befehle greifen Sie auf Einstellungen und die Anrufliste zu, legen einen neuen Kontakt an oder rufen die Importieren-/Exportieren-Funktion auf.

Telefonieren

▶ Haben Sie die Ziffernwahl aufgerufen, lässt sich jede beliebige Telefonnummer über die Tasten im Ziffernfeld (**8**) eintippen.

▶ Tippen Sie auf die *Rück*-Taste (**9**), um die zuletzt eingegebene **Ziffer** zu **löschen**.

▶ Sobald Sie das Symbol (**10**) mit dem grünen Kreis und dem Telefonhörer antippen, wird die Nummer gewählt.

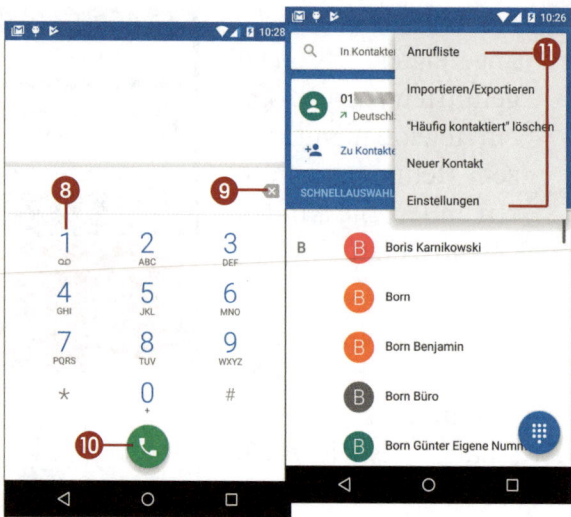

> **TIPP:** Bei Android-Smartphones gibt es eine Reihe von Tastencodes, über die Sie spezielle Funktionen abrufen können. Mit der Tastenkombination *100# (oder *101#) rufen Sie beispielsweise bei vielen Anbietern den aktuellen Guthabenstand eines Prepaid-Kontos ab. Verwenden Sie eine Suchmaschine und geben Sie Begriffe wie USSD-Codes, Handy-Codes, Handy-Tastencodes ein, um Seiten, auf denen diese Codes aufgeführt sind, zu finden.

Beim Angerufenen blendet Android eine Infoleiste auf dem Display ein. Über diese Infoleiste kann der Anruf angenommen oder abgelehnt werden.

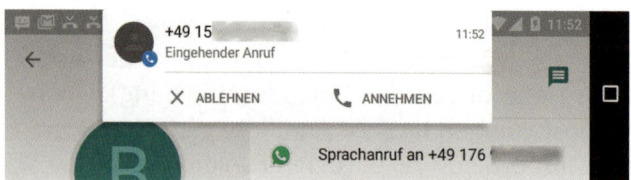

Nimmt der angerufene Teilnehmer den Anruf entgegen, können Sie das Telefonat führen. Ein Gespräch beenden Sie, indem Sie in der App auf das Symbol mit dem nun roten Kreis und dem Telefonhörer tippen.

Telefonnummer als Kontakt speichern

Android besitzt eine Kontakte-App, die sich über ein eigenes Symbol in der App-Seite aufrufen lässt. Aus der Telefon-App lässt sich aber direkt auf die Kontakte zugreifen. Haben Sie gerade jemanden angerufen und möchten Sie diese Telefonnummer als Kontakt speichern? Oder wollen Sie einfach einen neuen Kontakt anlegen? Dann gehen Sie folgendermaßen vor:

1 Tippen Sie in der App auf den bei der letzten Telefonnummer angezeigten Hyperlink *Zu Kontakten hinzufügen* (**1**).

Wird der Hyperlink *Zu Kontakten hinzufügen* nicht angezeigt bzw. möchten Sie einfach nur den Kontakt anlegen, tippen Sie in der rechten oberen Ecke der App auf die drei Pünktchen (**2**) und wählen im Menü den Befehl *Neuer Kontakt*.

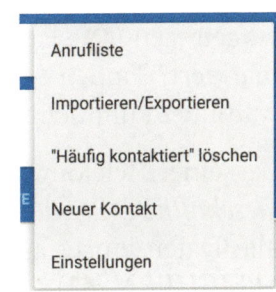

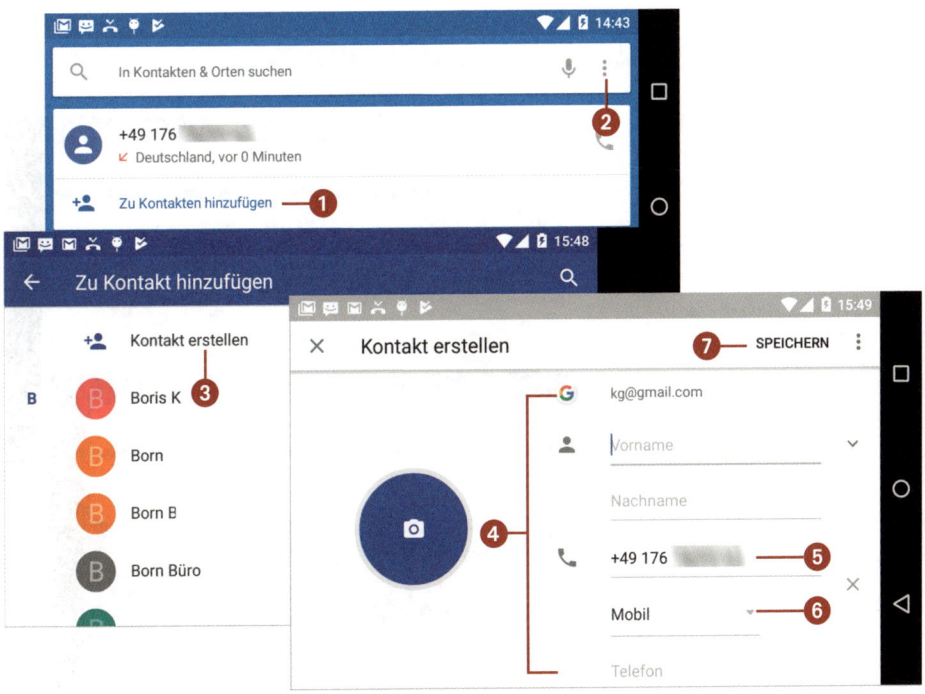

Telefonieren

2 Wird die Kontaktliste angezeigt, wählen Sie den Befehl *Kontakt erstellen* (**3**).

Sie gelangen zur Kontakteseite der App, in deren Felder (**4**) Sie die Kontaktdetails eintragen.

Wurde der Hyperlink *Zu Kontakten hinzufügen* (**1**) verwendet, ist die betreffende Telefonnummer bereits eingetragen (**5**). Ist ein Eintrag mit einem Dreieck (**6**) markiert? Tippen Sie auf dieses Feld, erscheint ein Auswahlmenü mit den verfügbaren Optionen.

Bei einer Telefonnummer lässt sich zwischen *Mobil*, *Geschäftlich*, *Privat* oder *Hauptnummer* wählen. Sobald alle Daten eingetragen sind, tippen Sie auf den Befehl SPEICHERN (**7**).

Kontakte einsehen, ändern und löschen

Das Abrufen der Daten eines Kontakts birgt in der Telefon-App von Android eine kleine Falle. In der Kategorie *SCHNELLAUSWAHL* tauchen die Kacheln von Kontakten in der App auf.

Tippt man einfach auf die Kachel eines angezeigten Kontakts (**1**), wählt die App sofort die Telefonnummer. Dieser Ansatz ist also nicht zielführend. Um die Daten eines Kontakts einzusehen, haben Sie folgende Möglichkeiten:

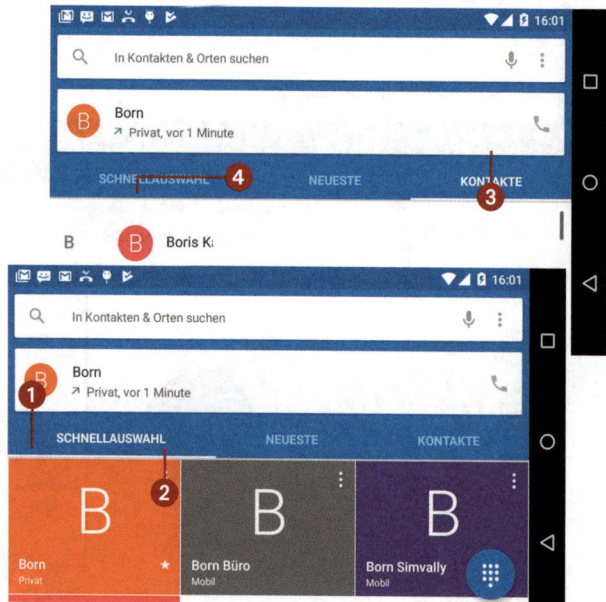

Telefonieren

▶ Tippen Sie in der Kategorie *SCHNELLAUSWAHL* der Telefon-App auf die in der Kachel des Kontakts angezeigten drei senkrechten Pünktchen (**2**).

▶ Alternativ können Sie in der App zur Rubrik *KONTAKTE* (**3**) wechseln und dann den Eintrag des gewünschten Kontakts (**4**) antippen.

In beiden Fällen blendet die Android-App die Daten (**5**) des Kontakts ein. Tippen Sie auf einen solchen Eintrag, wird die betreffende Funktion aufgerufen.

▶ Beim Eintrag mit der Telefonnummer wählt die App den Teilnehmer an.

▶ Ist die (im nachfolgenden Abschnitt vorgestellte) Skype-App installiert und ein Skype-Name in den Kontaktdaten vorhanden, können

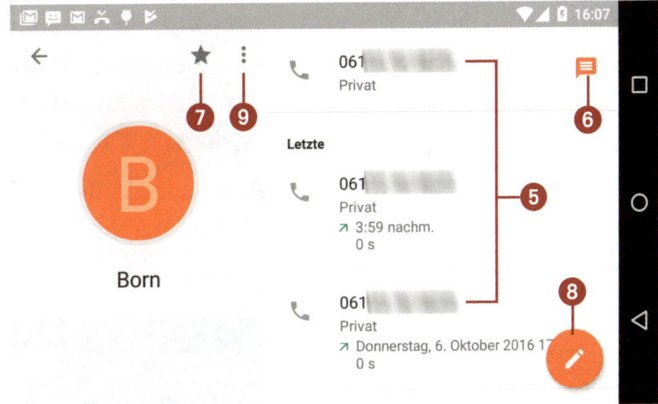

Sie mit dem Teilnehmer chatten (Textnachrichten austauschen) oder ein Skype-Telefonat führen.

▶ Ist dem Kontakt eine E-Mail-Adresse zugewiesen, können Sie diese anwählen, um eine Nachricht per Mail-App zu verfassen.

▶ Das am rechten Rand einer Telefonnummer eingeblendete Symbol (**6**) ermöglicht Ihnen, die App zum Versenden von SMS-Nachrichten aufzurufen und eine SMS-Nachricht an diese Telefonnummer zu versenden.

▶ Tippen Sie auf das Sternchen (**7**), wird der Kontakt in die Favoritenliste aufgenommen und unter der Kategorie *SCHNELLAUSWAHL* aufgeführt. Ein erneutes Antippen hebt die Markierung als Favorit auf, belässt den Eintrag aber in der Kategorie *SCHNELLAUSWAHL*.

▶ Das Symbol eines Stifts (**8**) öffnet beim Antippen die App-Seite mit den Kontaktdaten, und Sie können diese ändern. Tippen Sie auf den zu ändernden Wert, können Sie eingegebene Zeichen über die Rück-Taste

Telefonieren

der Bildschirmtastatur löschen und anschließend neue Daten eingeben. Sobald Sie über das in der linken oberen Ecke der App angezeigte *Zurück*-Symbol die App-Seite verlassen, werden die Änderungen gespeichert.

▶ Tippen Sie auf die drei Pünktchen (❾), öffnet die App ein Menü. Über den Befehl *Löschen* lässt sich der Kontakt aus der Kontaktcliste entfernen. Mit *Teilen* blendet Android eine Auswahlliste mit Apps ein. Wählen Sie eine App in der Liste aus, übergibt die Kontakte-App die Kontaktdaten an die betreffende andere App. Über *Verknüpfung erstellen* wird ein Symbol zum Direktzugriff auf diesen Kontakt auf dem Android-Startbildschirm abgelegt.

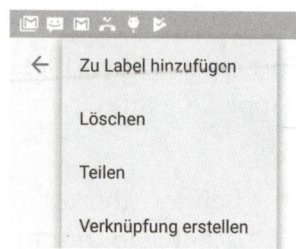

Haben Sie über das Symbol (❼) einen Kontakt in die Liste SCHNELLAUS-WAHL übernommen? Soll ein Eintrag aus der Kategorie SCHNELLAUSWAHL entfernt werden?

1 Drücken Sie den Finger einige Sekunden auf die zu löschende Kachel.

2 Ziehen Sie die Kachel über den eingeblendeten *Entfernen*-Eintrag.

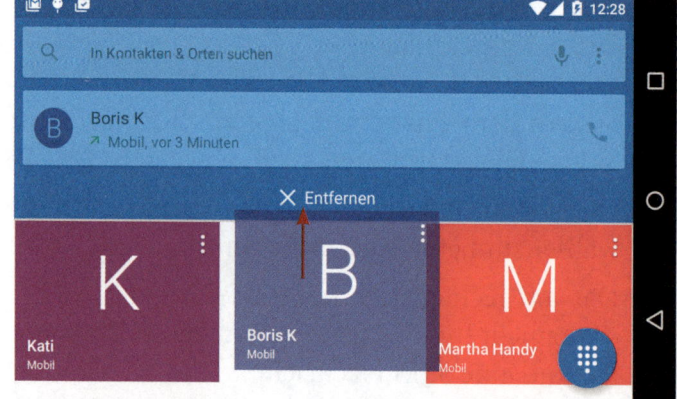

Sobald Sie den Finger abheben, wird die Kachel mit dem Eintrag entfernt, der Kontakt bleibt aber weiterhin erhalten, wird also nicht aus Ihrer Kontakteliste gelöscht.

Telefonieren

Was ist mit der Kontakte-App?

In Android steht Ihnen für den Aufruf der Kontakte-App ein entsprechendes Symbol zur Verfügung.

 Rufen Sie die betreffende App über das Symbol auf, erscheint diese App-Darstellung, die Ihnen vermutlich bereits von den Ausführungen der vorherigen Seiten bekannt vorkommt. Wenn Sie mit der Telefon-App arbeiten, steckt die Kontakte-App von Android hinter den angebotenen Funktionen zur Verwaltung der Kontakte.

▶ Dort werden die Kontakte (**1**) als Liste aufgeführt. Tippen Sie auf einen Kontakt, werden dessen Details angezeigt – alles wie bei der Telefon-App beschrieben.

▶ Das Symbol in der rechten unteren Ecke (**2**) öffnet die App-Seite, um einen neuen Kontakt einzutragen.

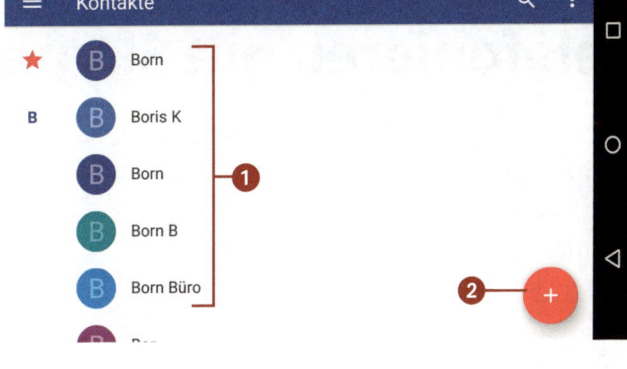

▶ Weiterhin können Sie in der Kopfzeile über das Lupensymbol nach Kontakten suchen.

Die drei Pünktchen öffnen das Menü mit Befehlen zum Auswählen der Kontakte. Das Burger-Menü oben links ermöglicht den Zugriff auf Einstellungen, Kontakte, Vorschläge und Labels (selbst angelegte Gruppen wie Familie). Gegenüber der Beschreibung der Kontaktverwaltung in der Telefon-App ändert sich praktisch nichts. Damit kennen Sie auch die wichtigsten Funktionen der Kontakte-App. Beachten Sie aber, dass sich die Bedienung in Abhängigkeit der bei Ihnen installierten Android-Version ändern kann.

> **HINWEIS: Kontakte synchronisieren**
>
> Sobald Sie in der Kontakte-App ein Konto (Google, Skype, Exchange) hinzufügen, werden die Kontakte übernommen und mit dem Konto synchronisiert. Zum Auslesen der Kontakte von einem PC und zum Synchronisieren gibt es beispielsweise die Anwendung MyPhoneExplorer. Dieses Programm lässt sich unter *www.fjsoft.at/de/* herunterladen und unter Windows ausführen. Ist das Smartphone per USB-Kabel mit dem PC verbunden, kann MyPhoneExplorer auf die Kontakte zugreifen und diese mit bestimmten Konten synchronisieren. Details dazu finden Sie in der Programmbeschreibung.

Telefonieren mit Skype

Auch wenn Ihr Android-Tablet-PC vielleicht keine Mobilfunkunterstützung besitzt, gibt es die Möglichkeit, Telefonate über das Internet (WLAN) mittels der Skype-App bzw. dem entsprechenden Dienst zu führen. In diesem Abschnitt möchte ich Skype vorstellen.

Skype, was steckt dahinter?

Skype ist ein sogenannter Internetdienst, der eine Möglichkeit zum Telefonieren über das Internet bietet. Zwischenzeitlich wird dieser Dienst vom Windows-Anbieter Microsoft betrieben und stellt einige äußerst nützliche Möglichkeiten bereit:

- Alles, was Sie unter Android benötigen, ist die kostenlose Skype-App für Android und ein kostenloses Skype-Benutzerkonto. Eine WLAN-Verbindung, ein Mikrofon und ggf. eine Kamera sind bei Android-Geräten in der Regel vorhanden.

- Sobald Sie beim Anbieter Skype angemeldet sind, können Sie mit der App über das Internet telefonieren (Sprach- und Videotelefonie). Zudem lassen sich Textnachrichten (Chat) und Dateien austauschen.

Telefonieren mit Skype

▶ Telefonate zu anderen Skype-Teilnehmern sind (abgesehen von den eventuell für die Internetverbindung anfallenden Gebühren) kostenlos. Anrufe ins Festnetz oder auf Handys kosten Gebühren, sind aber bei internationalen Gesprächen sehr günstig.

Das Geniale: Skype ist nicht auf Android beschränkt. Damit steht Ihnen zur Kommunikation ein komfortables Medium zur Verfügung, welches Mobiltelefonate weit in den Schatten stellt.

> **HINWEIS:** Informationen zu Skype gibt es auf der Internetseite *www.skype.com/de/*. Skype-Apps sind für Android, iOS, Windows und andere Betriebssysteme verfügbar. Die Skype-App für Android gibt es gratis im Google Play Store, wenn Sie nach »Skype« suchen. Zwischenzeitlich lässt sich Skype in Deutschland sogar im Browser über die Webseite *web.skype.com* verwenden.

Skype aufrufen, anmelden und nutzen

Ist die Skype-App unter Android installiert, lässt sich diese über das hier gezeigte Symbol aufrufen.

Skype meldet sich beim ersten Aufruf und fordert Sie zur Eingabe der Skype-Anmeldedaten (Benutzername und Kennwort) auf.

Sie können dabei einen Skype-Namen oder ein Microsoft-Konto (wird z. B. bei Windows 8.1/Windows 10 automatisch eingerichtet) zur Anmeldung verwenden.

> **HINWEIS:** Besitzen Sie noch kein Skype- oder Microsoft-Konto, registrieren Sie sich über *Konto erstellen* bei Skype. Sie bekommen das Konto kostenlos zugeteilt.

Telefonieren mit Skype

Ist eine Internetverbindung vorhanden und sind Sie an Skype angemeldet, sollte die hier gezeigte Darstellung erscheinen.

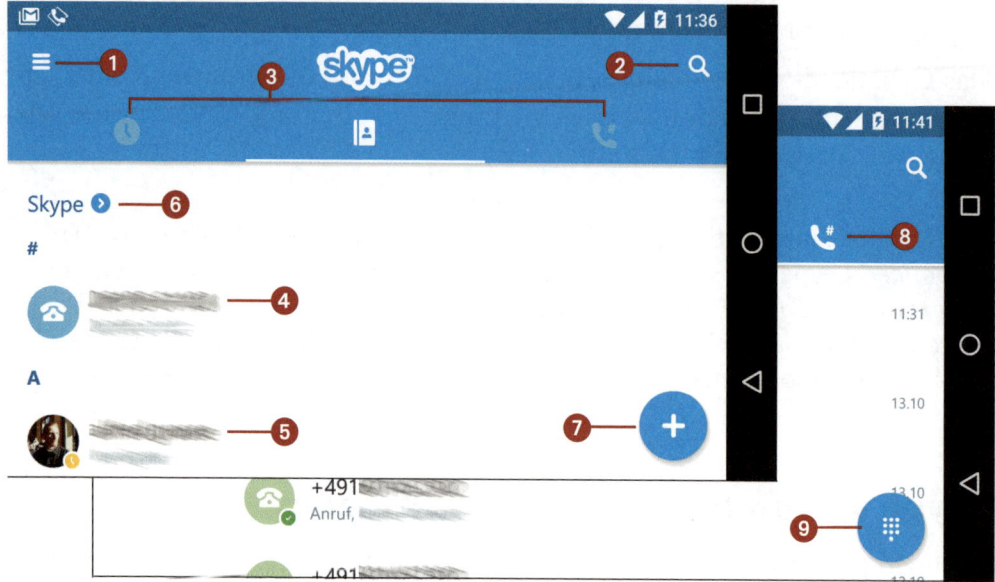

▶ In der linken oberen Ecke ermöglicht das Burger-Menü (1) den Zugriff auf auf Ihr Skype-Profil mit dem Status, dem Skype-Guthaben etc. sowie auf die Einstellungen. Dort lässt sich auch die Abmeldung vom Konto vornehmen.

▶ Das Suchfeld (2) in der rechten oberen Ecke dient zur Suche nach Kontakten in der Anruferliste. Verwenden Sie die Symbole (3) zur Auswahl der gewünschten Kategorie (letzte Anrufe, Kontakte, Telefonnummer wählen).

▶ Gespeicherte Telefonnummern (4) und Skype-Kontakte (5) lassen sich über das mittlere Symbol (3) einsehen. Über das Symbol *Skype* (6) öffnen Sie ein Menü zur Auswahl der Quelle für Kontakte (Android-Kontakte, Skype-Adressen etc.). Das Symbol (7) öffnet eine Auswahl, um Freunde einzuladen, nach Kontakten zu suchen etc.

Telefonieren mit Skype

▶ Über das Symbol (**8**) gehen Sie zur Liste der letzten Anrufe, und über das Symbol (**9**) blenden Sie die Wähltastatur zur Anwahl einer beliebigen Telefonnummer im Fest- oder Mobilfunknetz ein. Solche Anrufe sind dann aber nicht mehr kostenlos, sondern werden über Ihr Skype-Guthaben abgerechnet.

Um einen Skype-Kontakt zu finden, wählen Sie im Menü des Symbols (**7**) den Befehl *Kontakte suchen*. Es öffnet sich ein Suchfenster, in dem Sie den Namen des gewünschten Teilnehmers eingeben.

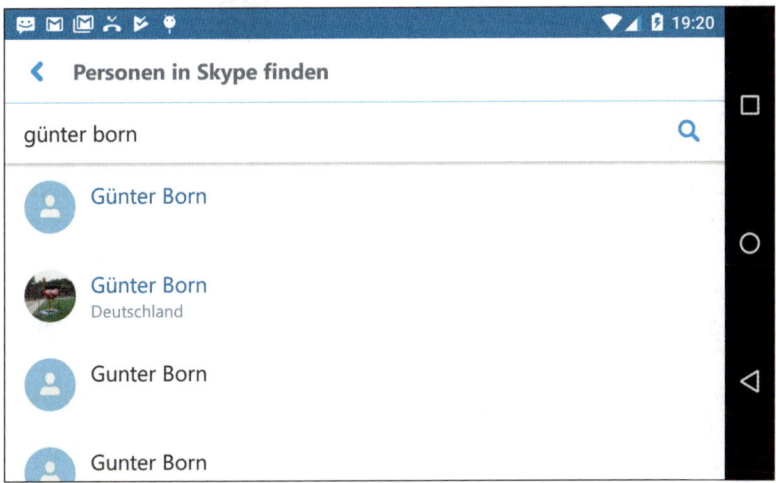

Sobald Sie auf das Lupensymbol im Suchfeld oder die *Suchen*-Taste der Bildschirmtastatur tippen, wird der Skype-Teilnehmer im Skype-Adressenbestand gesucht. Durch Anwahl eines Treffers erscheint die Seite, um den Teilnehmer anzurufen oder ihn zu den Kontakten hinzuzufügen.

Telefonieren mit Skype

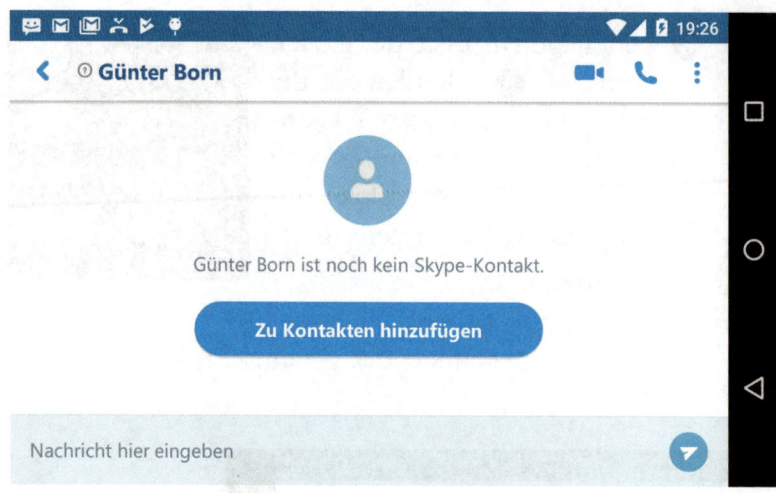

HINWEIS: Das Kamerasymbol in der Kopfzeile ermöglicht Ihnen Videoanrufe über die im Android-Gerät eingebaute Kamera, während der Telefonhörer normale Sprachanrufe einleitet. Ein Problem bei der Suche nach Kontakten ist aber, dass häufig sehr viele Treffer existieren und man nicht weiß, wer der richtige Teilnehmer ist. Tippen Sie in der rechten oberen Ecke auf die drei Pünktchen, lässt sich der Befehl *Profil anzeigen* abrufen. Skype zeigt dann die vom Teilnehmer freigegebenen Daten. Darunter ist auch der Skype-Name des Teilnehmers. Hat ein Partner Ihnen diesen Namen genannt, können Sie den Kontakt auf diese Weise sicher identifizieren und über *Zu Kontakten hinzufügen* in die App aufnehmen.

Telefonieren mit Skype

Um einen Teilnehmer über Skype direkt (und gratis) anzurufen, muss dieser als Kontakt im Skype-Konto bekannt sein. Zudem ist es erforderlich, dass der Skype-Teilnehmer ebenfalls online ist (ein grüner Punkt vor dem Namen zeigt dies an) und Sie als Kontakt akzeptiert hat. Bei Anrufen einer Festnetz- oder Mobilfunknummer ist dies natürlich nicht erforderlich.

Telefonieren mit Skype

▸ Zum Anrufen reicht es, den Kontakt in der Skype-Kontaktliste der App (❶) anzuwählen – ein grüner Punkt (❷) zeigt, dass der Kontakt gerade in Skype online ist. Dann erscheint die hier gezeigte Skype-Seite (❸) im Vordergrund, und Sie sehen eine Liste bisher stattgefundener und verpasster Anrufe.

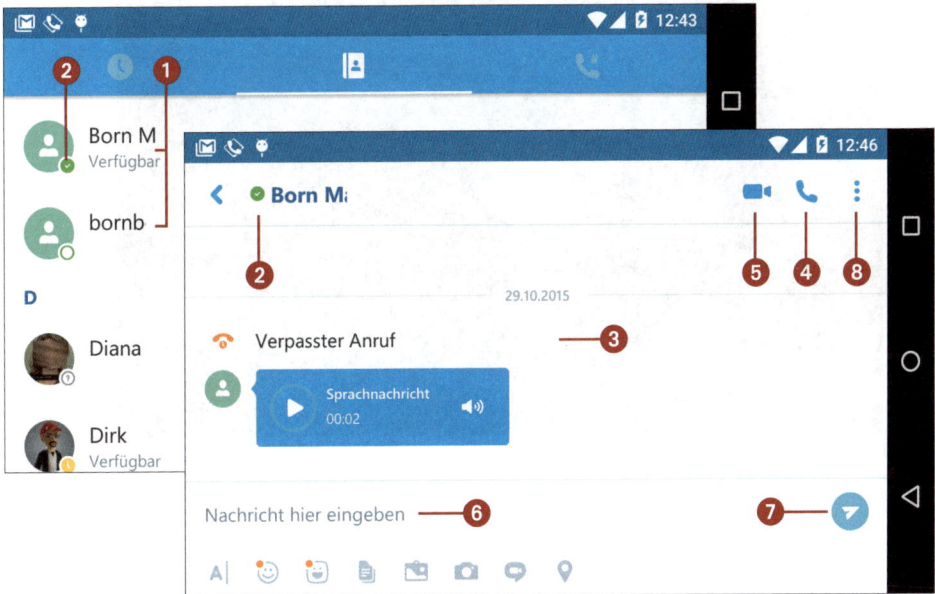

▸ Über die Symbole in der Kopfzeile (❹), (❺) leiten Sie dann Sprach- oder Videoanrufe ein. In der Fußzeile finden Sie ein Textfeld *Nachricht hier eingeben* (❻) und eine Schaltfläche (❼), um Chat-Nachrichten zu versenden.

▸ Tippen Sie in der Kopfzeile auf die drei Pünktchen (❽), öffnet sich ein Menü, über dessen Befehle Sie Teilnehmer hinzufügen, Kontakte aus der Favoritenliste entfernen, die Kontaktdaten bearbeiten, den Kontakt für Anrufe blockieren oder dessen Profildaten ansehen und Anrufe planen können.

Haben Sie das Symbol für einen Sprach- oder Videoanruf gewählt, versucht Skype eine Verbindung mit dem Kontakt aufzunehmen.

▸ Bei beiden Teilnehmern erscheint dann die hier gezeigte Darstellung. Über die runden Symbole in der Fußzeile der App lassen sich die Kamera und

Telefonieren mit Skype

das Mikrofon ausschalten, und über den roten Telefonhörer legen Sie auf. Die hier gezeigte Darstellung entspricht dem Aussehen bei einem Sprachanruf. Bei einem Videoanruf fehlen einige Symbole, und Sie sehen das eigene Videobild.

▶ Beim Angerufenen gibt Skype dann einen Klingelton aus und zeigt den eingehenden Anruf an. Der Teilnehmer kann über die Symbole in der Fußzeile den **Anruf ablehnen** (rote Telefontaste). Reagiert der Angerufene nicht innerhalb einer gewissen Zeit, beendet Skype die Verbindung automatisch.

Wird ein Gespräch angenommen, kann das Skype-Telefonat wie bei einem normalen Telefongespräch geführt werden. Bei Videotelefonaten wird das Bild der Kamera mit übertragen. Über die eingeblendeten Schaltflächen lassen sich auf Wunsch die Kameras und das Mikrofon ab- oder zuschalten. Um das **Gespräch** zu **beenden**, tippen Sie auf das rote Symbol mit dem Telefonhörer.

Bei Skype sind also sowohl normale Sprach- als auch Videoanrufe möglich. Zudem können Sie Texte als Chat-Nachrichten austauschen. Weitere Informationen, speziell über die Kosten, entnehmen Sie bitte der Skype-Internetseite.

Textnachrichten

Anstatt ein Telefonat zu führen, können Sie auch über Textnachrichten kommunizieren. SMS ist der am häufigsten gebräuchliche Ansatz zum Versenden solcher Textnachrichten über den Mobilfunkanbieter. Aber neben dem im vorherigen Abschnitt erwähnten Chat per Skype lassen sich auch Textnachrichten über den Dienstanbieter WhatsApp oder über SMS-Apps austauschen. In diesem Abschnitt lernen Sie Funktionen zum Versand von Textnachrichten kennen.

SMS-Nachrichten empfangen/versenden

SMS-Nachrichten werden auf Mobilfunkgeräten verschickt. Die Abrechnung der Kosten für die SMS-Nachrichten erfolgt dann über den Mobilfunkanbieter.

> **HINWEIS:** Je nach Android-Version ist eine Hangouts- oder eine separate SMS-App zum Versenden von Kurznachrichten vorhanden. Sie sollten sich die nachfolgend beschriebene App Android Messages aus dem Google Play Store installieren (sofern diese nicht vorhanden ist).

1 Starten Sie die App über das in der Favoritenleiste des Startbildschirms oder über das in der App-Seite angezeigte Symbol.

Dann erscheinen die ggf. bereits eingetroffenen SMS-Nachrichten in der App.

2 Zum Beantworten einer SMS tippen Sie einfach auf die betreffende Nachricht (❶).

3 Dann tippen Sie in der Fußzeile (❷) den Text der SMS ein und schicken die Nachricht über das Symbol (❸) ab.

Textnachrichten

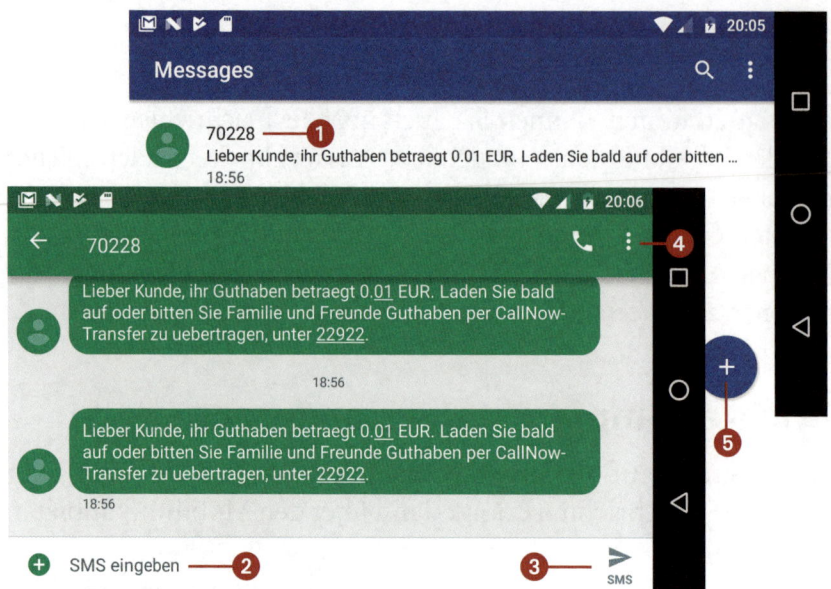

Mehr gibt es zum Beantworten von SMS nicht zu wissen. Zum Löschen einer eingetroffenen SMS tippen Sie diese an. Dann öffnen Sie das Menü über die drei Pünktchen (**4**) und wählen den Befehl *Löschen*. Oder Sie drücken ein paar Sekunden auf den Nachrichtentext. Dann erscheint eine Leiste, in der Sie ein Papierkorbsymbol zum Löschen der Nachricht finden. Das Löschen muss in einem Pop-up-Fenster bestätigt werden.

4 Zum Erstellen einer neuen SMS tippen Sie auf das Symbol (**5**) und geben in der Folgeseite die Telefonnummer ein (**6**).

Bei Bedarf übernehmen Sie diese Telefonnummer aus den gespeicherten Kontakten (**7**).

5 Dann tippen Sie den Text der SMS ein (**8**) und schicken diese über das Symbol (**9**) ab.

Die Nachricht sollte anschließend beim Empfänger auf dem Smartphone angezeigt werden.

Textnachrichten

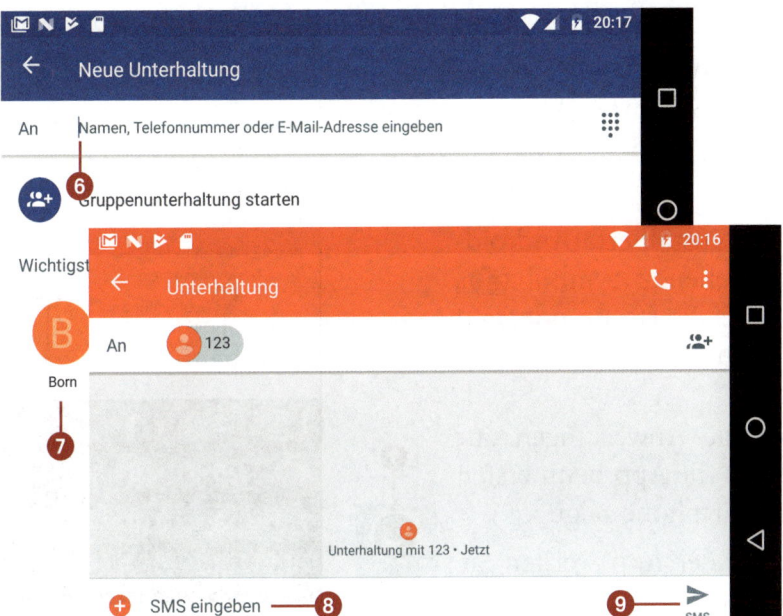

HINWEIS: Eintreffende SMS-Nachrichten werden auf dem Sperrbildschirm des Geräts und in der Statusleiste am oberen Bildschirmrand signalisiert. Wischen Sie auf der Startseite von oben nach unten, um den Inhalt der Statusleiste und damit die SMS einzusehen.

WhatsApp für Nachrichten, was ist das?

Als Alternative zur SMS lassen sich Textnachrichten und ggf. Dateien mit Fotos, Videos etc. auch über den populären Dienst **WhatsApp** verschicken. Der Anbieter wurde durch Facebook übernommen und ist dabei, der SMS den Rang abzulaufen. Speziell Jugendliche verwenden meist WhatsApp anstelle von SMS zur Kommunikation. Das Ganze funktioniert über Mobilfunk oder über WLAN, und der Versand der Nachrichten ist kostenlos.

Textnachrichten

Um WhatsApp zu verwenden, laden Sie sich die kostenlose WhatsApp-App aus dem Google Play Store auf Ihr Android-Gerät herunter.

1 Starten Sie die installierte Android-App über das betreffende Symbol (❶), welches sich auf der Startseite oder auf den App-Seiten befindet.

2 Befolgen Sie die Anweisungen zur Inbetriebnahme, die die App beim ersten Aufruf auf dem Smartphone zeigt.

Beim ersten Aufruf der App werden Sie zur Registrierung aufgefordert. Dazu ist lediglich die Angabe der Telefonnummer Ihres Android-Smartphones notwendig, da diese zur Kommunikation verwendet wird.

3 Tragen Sie die Telefonnummer über die eingeblendete Bildschirmtastatur im angezeigten Formular (❷) ein und tippen Sie auf OK (❸).

Die App veranlasst dann, dass der WhatsApp-Anbieter eine SMS zur Verifizierung an das Gerät sendet. Befolgen Sie die Anweisungen, die auf dem Smartphone angezeigt werden. Sobald das Telefon verifiziert wurde, können Sie Textnachrichten, Bilder, Videos etc. über WhatsApp verschicken.

> **HINWEIS:** **Wichtig zu wissen**
>
> Die WhatsApp-App für Android ist gratis. WhatsApp wird von Datenschützern wegen seiner Datenschutzeinstellungen kritisiert, was aber der Beliebtheit keinen Abbruch tut. Auf der Webseite *www.whatsapp.com/faq/* finden Sie eine ausführliche Liste mit Fragen und den dazugehörigen Antworten rund um WhatsApp.

Textnachrichten

Nachrichten mit WhatsApp austauschen

Der Austausch von Nachrichten mittels WhatsApp ist ziemlich einfach. Sie benötigen lediglich eine Internetverbindung und die App.

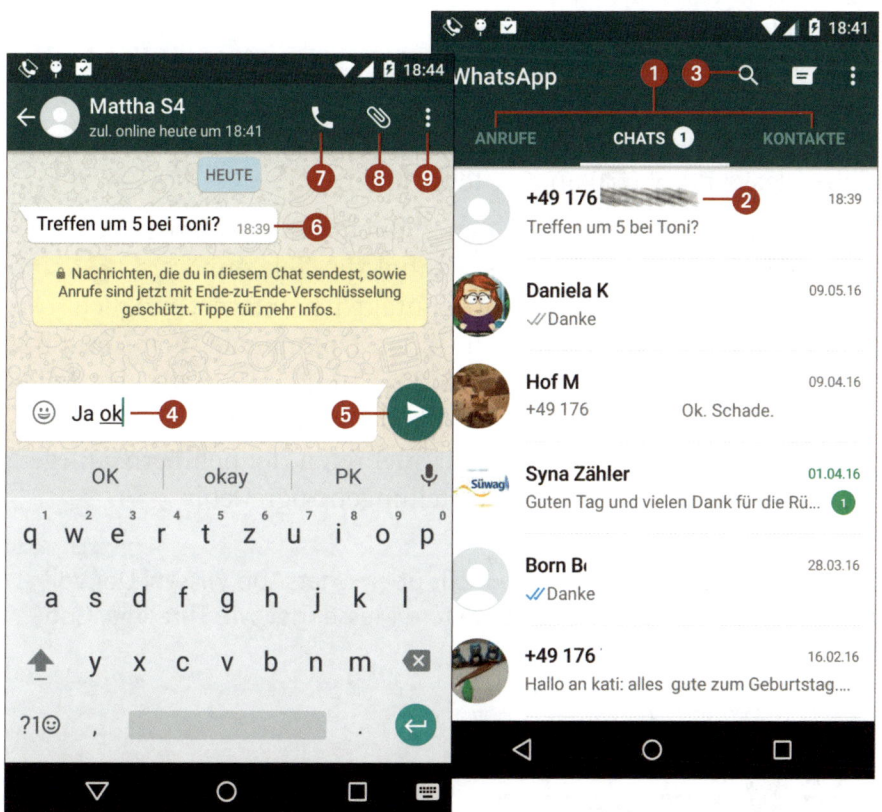

1 Starten Sie die WhatsApp-App über das entsprechende Symbol und wählen Sie im App-Fenster eine der angezeigten Kategorien (❶) *ANRUFE*, *CHATS* oder *KONTAKTE*.

2 Tippen Sie auf einen der Einträge (❷), um den Teilnehmer per WhatsApp über das Internet anzurufen.

Soziale Netzwerke

> **HINWEIS:** Ist der Teilnehmer weder in der Kontaktliste noch in der Chat- oder Anruferliste enthalten, lässt sich über das Lupensymbol (❸) nach dem WhatsApp-Teilnehmer suchen. Tragen Sie im Suchfeld die Telefonnummer des Teilnehmers ein. Ist dieser bei WhatsApp angemeldet, wird er aufgelistet und lässt sich anwählen.

3 Tippen Sie den Text der Nachricht im Feld (❹) ein und schicken Sie die Nachricht über das Symbol (❺) an den Teilnehmer.

Die WhatsApp-Nachrichten zwischen den Teilnehmern werden im Chatbereich der App (❻) angezeigt. Über das Symbol des Telefonhörers (❼) sind auch Telefonanrufe zu einem WhatsApp-Kontakt per Internet möglich. Das Symbol der Büroklammer (❽) ermöglicht Ihnen Dokumente (Fotos etc.) mit dem WhatsApp-Teilnehmer auszutauschen. Das funktioniert wie das Teilen oder Versenden von Fotos. Über die drei Pünktchen (❾) öffnen Sie ein Menü. Dort können Sie WhatsApp-Gruppen mit mehreren Teilnehmern anlegen, Nachrichten rundsenden oder auf die Einstellungen zugreifen.

> **HINWEIS:** Mehr muss man im Prinzip nicht über WhatsApp wissen. Der Vollständigkeit halber sei erwähnt, dass es weitere Messenger wie Threema, Googles Hangouts, Viber etc. gibt.

Soziale Netzwerke

In diesem Abschnitt finden Sie einige Informationen rund um soziale Netzwerk wie Facebook & Co.

Facebook im Überblick

Facebook ist als soziales Netzwerk sehr beliebt. Falls Sie ein Facebook-Konto besitzen, können Sie auch von Android aus auf dieses soziale Netzwerk zugreifen. Für Facebook steht zwar eine kostenlose Android-App im Google Play

Soziale Netzwerke

Store zur Verfügung. Aber nicht für alles und jedes muss unbedingt eine App herhalten, zumal man aus jedem Browser auf sein Facebook-Konto zugreifen kann.

> **HINWEIS:** Die Facebook-App fordert sehr viele Berechtigungen (u. a. den Zugriff auf die gespeicherten Telefonkontakte) an. Persönlich verzichte ich daher auf die Verwendung dieser App und verwende Google Chrome, um auf meine Facebook-Seite zuzugreifen. Ein Facebook-Konto können Sie gratis über die Webseite *www.facebook.com* im Browser anlegen.

Rufen Sie die Webseite *www.facebook.com* im Browser auf und melden Sie sich am Facebook-Benutzerkonto an. Anschließend erscheint die Facebook-Seite, die auf einem Smartphone oder Tablet-PC in der Mobile-Darstellung angezeigt wird.

▶ Ist in der Kopfzeile die Kategorie *Startseite* (❶) gewählt, sehen Sie die Facebook-Zeitleiste (Timeline) mit den Facebook-Statusnachrichten (den sogenannten Posts) Ihrer Facebook-Freunde (❷). Über die Befehle *Gefällt mir* und *Kommentieren* können Sie eine Rückmeldung zu diesen Nachrichten geben. Diese wird an die Nachricht angefügt und angezeigt.

Soziale Netzwerke

▶ Im Feld »Was machst du gerade?« (❸) können Sie Texte oder Webseitenadressen eintippen. Über die Symbole oberhalb des Textfelds lassen sich Fotos, Ortsangaben oder mehr zur Statusnachricht hinzufügen. Die Schaltfläche *Posten* veröffentlich das Ganze in Facebook unter Ihrem Konto. Diese Nachrichten sind durch Facebook-Mitglieder einsehbar.

▶ Wählen Sie in der Kopfzeile die Kategorie *Freundschaftsanfragen* (❹) aus, erhalten Sie eine Liste mit Facebook-Nutzern, die Ihnen solche Anfragen geschickt haben oder die Sie selbst möglicherweise kennen könnten. Bestätigen Sie ggf. solche Freundschaftsanfragen oder versenden Sie selbst solche Anfragen an Facebook-Mitglieder, indem Sie den betreffenden Eintrag anwählen.

▶ Die Kategorie *Nachrichten* (❺) in der Kopfzeile blendet eine Liste der Direktnachrichten ein, die Ihnen Facebook-Freunde geschickt haben. Diese Nachrichten kann sonst niemand sehen. Über ein im Nachrichtenkopf sichtbares Symbol können Sie Nachrichten an Ihre Facebook-Freunde schreiben.

▶ Über die Kategorie *Benachrichtigungen* (❻) erhalten Sie eine Liste mit Infos über die Reaktionen (Kommentare oder Gefällt-mir-Markierungen) Ihre Facebook-Freunde auf eigene Statusnachrichten.

Über das Lupensymbol können Sie nach bestimmten Begriffen oder Facebook-Freunden suchen, und über das Symbol des Burger-Menüs werden Befehle aufgelistet, um auf Facebook-Funktionen zurückzugreifen oder sich abzumelden. Mehr braucht man über die Facebook-Funktionen eigentlich nicht zu wissen, um Nachrichten anderer einzusehen, zu kommentieren oder eigene Statusnachrichten zu veröffentlichen.

> **HINWEIS:** Auch Google betreibt ein soziales Netzwerk unter dem Namen Google+. Wer Android verwendet und ein Google-Konto angelegt hat, verfügt automatisch über ein Benutzerkonto bei Google+. In Android ist zudem eine eigene App zum Zugriff auf das betreffende Google+ enthalten. Allerdings nimmt die Popularität dieses Netzwerks spürbar ab, sodass dieses hier nicht weiter behandelt wird.

Soziale Netzwerke

Feierabend.de und Seniorentreff.de

Neben Facebook gibt es spezielle Webseiten für die Zielgruppe ab 50 Jahren. Hier möchte ich die Angebote Feierabend.de (*www.feierabend.de*) und SeniorenTreff (*www.seniorentreff.de*) herausheben. Beide Angebote sind kostenlos und werden im Browser abgerufen. Sie benötigen lediglich ein Benutzerkonto, das bei den Anbietern nach einer Registrierung vergeben wird.

Bei Feierabend.de handelt es sich um ein kommerzielles Angebot, das sich aber kostenlos nutzen lässt (lediglich einzelne Zusatzfunktionen können kostenpflichtig zugebucht werden). Der Anbieter stellt über eine eigene Redaktion Inhalte auf der Webseite zusammen und verschickt einen wöchentlichen Newsletter. Angemeldete Mitglieder können auf Chats, Foren etc. zugreifen und eine eigene Webseite erstellen. Bei Feierabend.de gibt es Regionalgruppen zur Kontaktpflege, die durch Feierabend-Scouts betreut werden. Hier ist die Startseite von *Feierabend.de* mit der Anmeldung zu sehen.

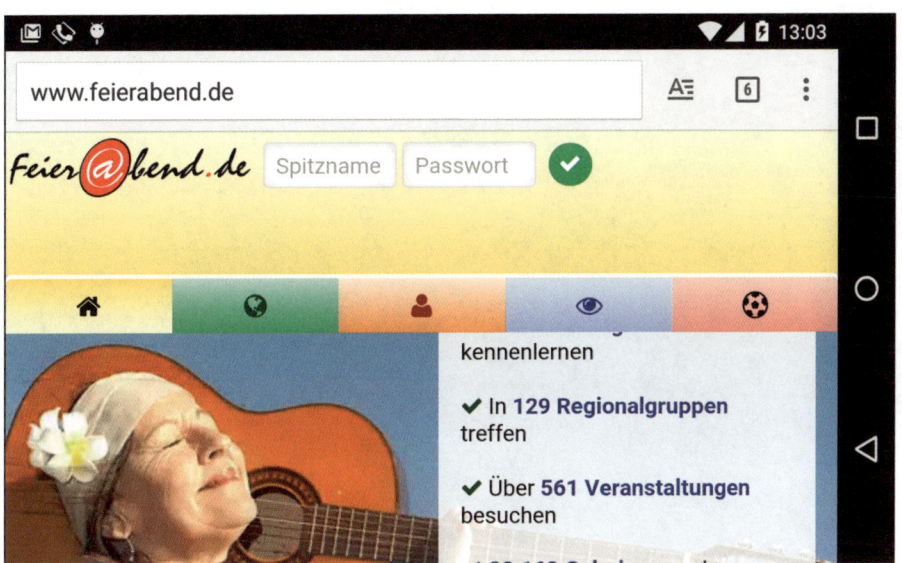

Über die Symbole am oberen Seitenrand lässt sich zwischen der Startseite und verschiedenen Themenseiten umschalten. Das komplette Angebot kann erst nach einer Benutzeranmeldung abgerufen werden. Details dazu entnehmen Sie bitte bei Interesse der Feierabend.de-Webseite.

Soziale Netzwerke

Beim SeniorenTreff handelt es sich um ein von Privatpersonen betriebenes Portal mit Forum, Chats etc. für aktive Senioren. Das Angebot lässt sich unter *www.seniorentreff.de* im Browser aufrufen. Über Navigationselemente am Seitenanfang können Sie zwischen verschiedenen Angeboten umschalten. Um das Angebot des Seniorentreffs aktiv zu nutzen (z. B. Nachrichten in Foren einstellen), ist eine Anmeldung über ein Benutzerkonto erforderlich. Dieses Konto lässt sich kostenlos einrichten.

In diesem Kapitel haben Sie die Funktionen zum Telefonieren unter Android sowie den Umgang mit Skype kennengelernt. Sie können Textnachrichten per SMS oder über WhatsApp austauschen und haben einen Überblick über soziale Netzwerke wie Facebook erhalten. Im nächsten Kapitel stelle ich Ihnen ausgesuchte Funktionen wie Kartendienste, E-Book-Reader und mehr vor, die Sie über Android-Apps nutzen können.

9

Nützliche Apps

Das lernen Sie in diesem Kapitel:
- ▶ Android als E-Book-Reader
- ▶ Kartendienst Google Maps
- ▶ Gesundheit und Fitness
- ▶ Spielen mit Android
- ▶ Einkaufen

Android als E-Book-Reader

Das Geniale an Android ist der Umstand, dass sich dessen Funktionen über Apps beliebig erweitern lassen. Navigieren mit der Karten-App Google Maps oder die Verwendung eines Tablet-PCs als E-Book-Reader ist kein Problem. Fitness-Apps ermöglichen Ihnen, die täglichen Bewegungen aufzuzeichnen. Und mit Spiele-Apps lässt sich schon mal Langeweile vertreiben. In diesem Kapitel stelle ich Ihnen einige nützliche oder einfach nur nette Apps vor.

Android als E-Book-Reader

Ein Tablet-PC (und ggf. auch ein Smartphone mit größerem Display) ist wegen seines Touchbildschirms prima als E-Book-Lesegerät (E-Book-Reader) geeignet. Mit Googles Play Bücher bringt Android gleich die richtige App mit, um Bücher im Google Play Store zu kaufen. Wer lieber bei Amazon shoppt, findet in der Kindle-App das richtige Werkzeug, um E-Books zu verwalten und zu lesen. Dieser Abschnitt gibt Ihnen einen Überblick über Play Bücher (Google Books) und die Kindle-App.

Die Play-Bücher-App vorgestellt

In Android ist die Play-Bücher-App bereits enthalten. Diese ermöglicht Ihnen, Bücher aus dem Google Play Store herunterzuladen und anschließend auf dem Android-Gerät zu lesen. Die App starten Sie über das hier gezeigte Symbol auf der Seite *Alle Apps*.

- Die App startet mit einer Seite (❶), über die Sie Bücher im Google Play Store kaufen oder auf eigene Bücher zugreifen können. Durch Wischen lässt sich zwischen den Angeboten blättern.

- Tippen Sie im Kopfbereich der App auf das Suchfeld (❷), um nach heruntergeladenen Büchern zu suchen.

- Haben Sie bereits Bücher erworben, tippen Sie auf das Symbol *Bibliothek* der Symbolleiste (❸). Dann werden die vorhandenen Titel aufgelistet.

- Über das Burger-Menü (❹) greifen Sie auf die Einstellungen oder über *Bücher kaufen* auf den Play Store zu.

Android als E-Book-Reader

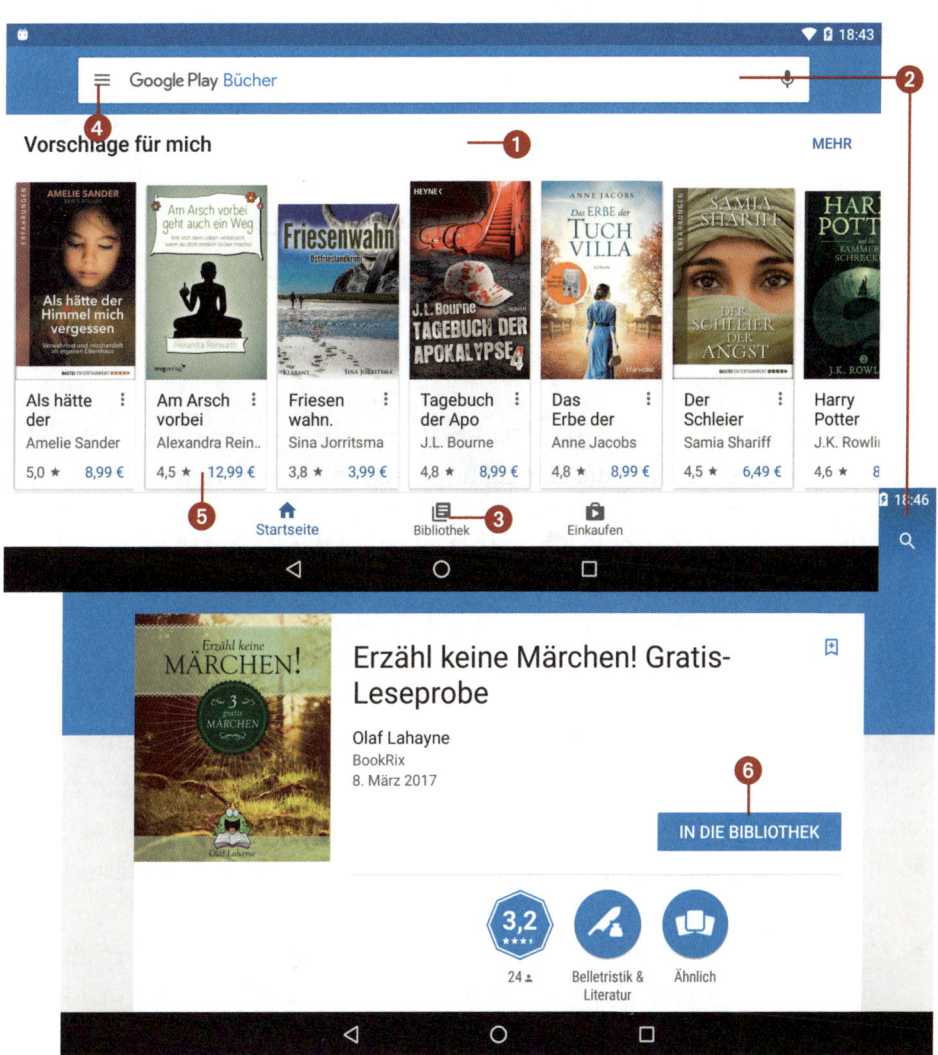

▶ Tippen Sie im Play Store auf ein Buch-Cover (**5**), gelangen Sie zur Detailseite, auf der Sie das Buch kaufen können (**6**).

Sie werden beim Kauf über verschiedene Pop-up-Fenster durch den Vorgang geleitet. Auch bei kostenlosen Büchern muss (einmalig) eine Zahlungsmethode angegeben sein – was mich an der App stört. Um mit Buchkäufen risikolos zu experimentieren, können Sie aber bei vielen E-Books eine Leseprobe gratis über die neben dem Preis angezeigten Schaltfläche VORSCHAU anfordern.

Ein Buch in der Play-Bücher-App lesen

Wählen Sie das Symbol *Bibliothek* (❶) an, um zur Bibliothek und der hier sichtbaren Darstellung *Jetzt lesen* zu gelangen. Tippen Sie auf ein Buchcover (❷), wird das Buch in der App zum Lesen geöffnet.

> **HINWEIS:** Bei Bedarf blättern Sie durch Wischen mit dem Finger durch Ihre Bibliothek oder schalten die Darstellung zwischen den Kategorien *REGALE* und *BÜCHER* (❸) um. Die Sortierung der Buchtitel passen Sie über das Symbol (❹) an, über das Lupensymbole (❺) suchen Sie gezielt nach Buchtiteln.

Bei Bedarf blättern Sie durch Wischen mit dem Finger durch Ihre Bibliothek oder schalten die Darstellung zwischen den Kategorien *REGALE* und *BÜCHER* (❸) um. Die Sortierung der Buchtitel passen Sie über das Symbol (❹) an, über das Lupensymbol (❺) suchen Sie gezielt nach Buchtiteln.

Sobald ein E-Book in der Leseanzeige (❻) geöffnet ist, sollten Sie zum Lesen folgende Bedienhinweise kennen:

- ▶ Durch Wischen mit den Fingern nach links oder rechts blättern Sie zwischen den Buchseiten.
- ▶ Tippen Sie auf das Display, um die hier sichtbare Seitenübersicht (❻) des E-Books abzurufen. Ein erneutes Antippen des Displays bringt Sie zur vorherigen Leseansicht zurück.
- ▶ Mit der Leiste am unteren Rand (❼) navigieren Sie zwischen den Seiten. Einfach den Punkt per Finger nach links oder rechts verschieben.
- ▶ Im Kopfbereich findet sich ein Lupensymbol (❽) zum Suchen nach bestimmte Begriffen im Buch.
- ▶ Weitere Symbole ermöglichen Ihnen, das Inhaltsverzeichnis (❾) sowie die Optionen (Schriftdarstellung etc.) für den Lesemodus (❿) in einem Pop-up-Fenster abzurufen.

Android als E-Book-Reader

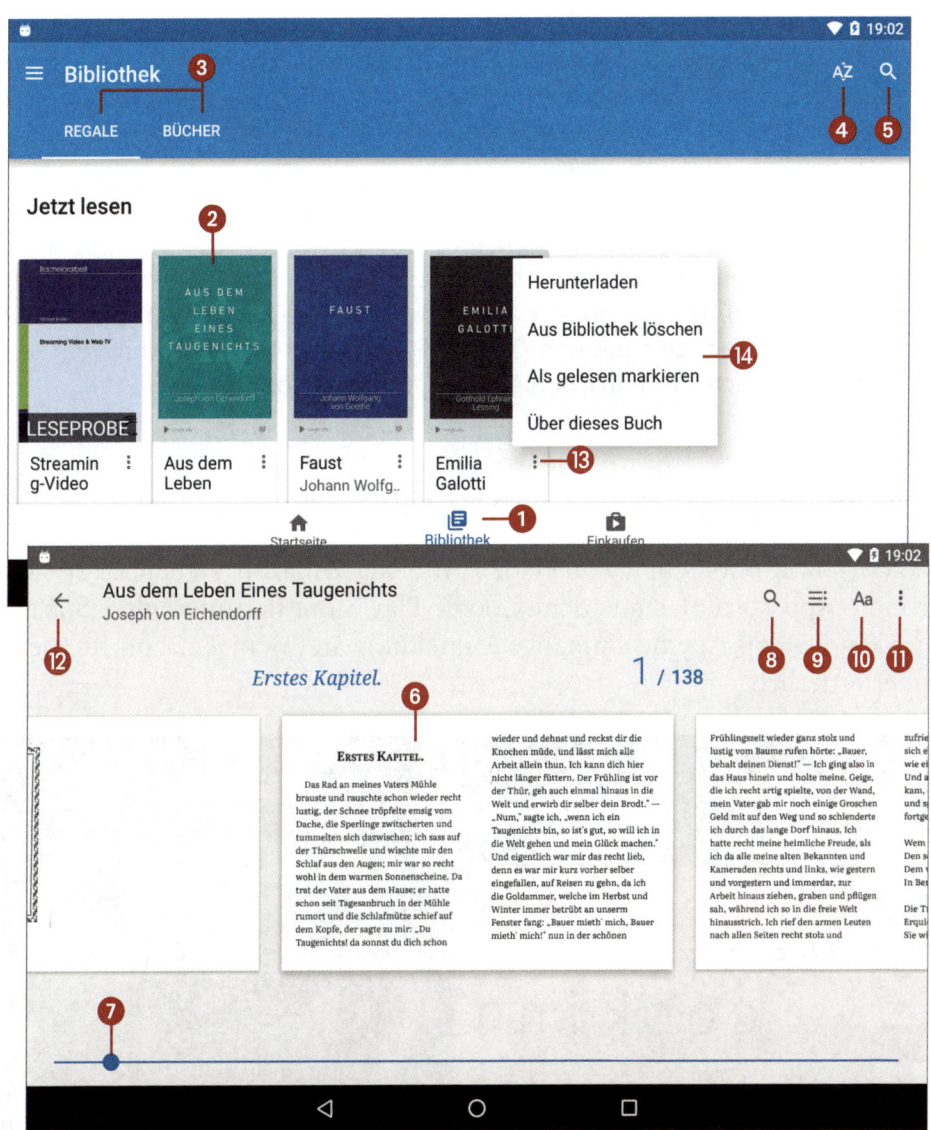

▶ Die drei Pünktchen (11) oben rechts in der App öffnen ein Menü zum Zugriff auf die Einstellungen, zum Teilen, zum Hinzufügen von Lesezeichen, zum Starten des Vorlesen und zum Aufrufen der Hilfe.

Über die *Zurück*-Schaltfläche (12) in der linken oberen Ecke gelangen Sie ebenfalls zur Leseansicht zurück.

Android als E-Book-Reader

> **TIPP:** In der mir vorliegenden Fassung der App sind die Android-Navigationsschaltflächen im Lesemodus einer Buchseite nicht mehr sichtbar. Tippen Sie dann auf das Display, um die Seitenübersicht einzublenden. Dort sind auch die Schaltflächen wieder sichtbar.

> **HINWEIS:** Vergleichen Sie hierzu die letzte Abbildung: Tippen Sie auf die drei Pünktchen (13), öffnet sich ein Menü. Darin finden Sie Befehle (14), um ein Buch aus der Bibliothek zu entfernen. Das Buch wird in diesem Fall sowohl vom Gerät entfernt als auch aus dem Google-Konto als Kauf gelöscht.

Kindle-App als E-Book-Reader

Sofern Sie E-Books lieber über den Anbieter Amazon kaufen, lässt sich die Kindle-App kostenlos aus dem Google Play Store herunterladen. Starten Sie die Kindle-App, ist eine einmalige Anmeldung an Ihrem Amazon-Kundenkonto erforderlich.

Anschließend ermöglicht es die Kindle-App, auf die bei Amazon gekauften E-Books zuzugreifen und diese (ähnlich wie bei der Play-Bücher-App) zu lesen. Auch bei Amazon können Sie E-Books erwerben. Die Handhabung der Kindle-App ähnelt der von Googles Play-Bücher-App.

> **HINWEIS:** Ich ziehe die Amazon-Kindle-App der Google-App vor, da ich die E-Books auch auf meinen Apple-iPads sowie auf meinen Windows-Rechnern lesen kann.

Kartendienst Google Maps

Ein Android-Smartphone (oder ein Tablet-PC mit GPS-Empfänger) lässt sich auch als Navigationsgerät nutzen. Der Kartendienst Google Maps ist bereits in Android über eine App integriert. Hier eine kurze Übersicht über die Funktionen der App.

Google Maps kurz vorgestellt

Die App Google Maps ist unter Android automatisch installiert. Sie können diese über das hier gezeigte Symbol der Seite *Alle Apps* aufrufen.

> **HINWEIS:** Google Maps fragt beim ersten Start ggf. nach, ob Sie den Zugriff auf Ihren aktuellen Standort zulassen. Zudem müssen Sie die Nutzungsbedingungen in einem Formular akzeptieren. Google Maps braucht zur GPS-Navigation ein Android-Gerät mit Mobilfunkunterstützung. Auf einem Tablet-PC ohne GPS funktionieren aber zumindest die Kartenfunktion sowie die Routenplanung.

Die App zeigt nach dem Aufruf eine Karte, die sich durch Spreizen oder Kneifen mit zwei Fingern in der Größe anpassen und mit dem Finger verschieben lässt.

Kartendienst Google Maps

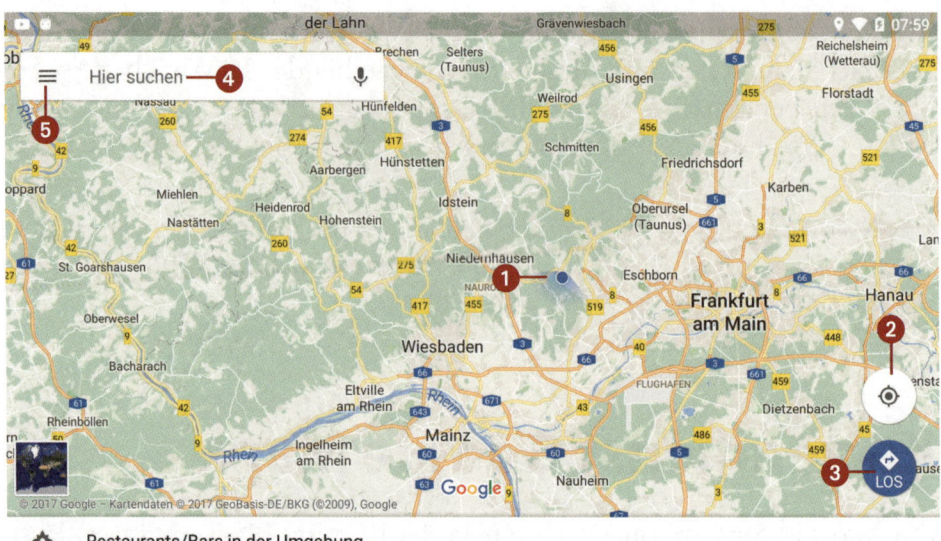

▸ Das Zeichen (❶) in der Karte zeigt den per GPS (oder Mobilfunkverbindung) ermittelten aktuellen Standort an.

▸ Tippen Sie auf das Symbol (❷), bestimmt Google Maps den aktuellen Standort und vergrößert die Kartendarstellung.

▸ Tippen Sie auf das Symbol (❸), erscheint die App-Seite zur Routenplanung.

▸ Im Suchfeld (❹) können Sie über die Bildschirmtastatur einen Ort eintippen (oder über das Mikrofonsymbol einsprechen). Daraufhin wird über die *Suchen*-Funktion der angegebene Ort gesucht und in der Karte angezeigt.

Über das Burger-Menü (❺) greifen Sie auf diverse Funktionen (*Meine Orte*, *Entdecken* etc.) zu oder blenden Infos wie die aktuelle Verkehrslage, öffentliche Verkehrsmittel ein und greifen auf die App-Einstellungen zu.

> **HINWEIS:** Der in Android-Geräten eingebaute GPS-Empfänger kann das GPS-Satellitensignal in der Regel nur im Freien empfangen.

Routenplanung mit Google Maps

Tippen Sie im App-Fenster auf das Symbol zur Routenplanung, wird ein Eingabeformular für den Start- und Zielpunkt sowie für Routenoptionen eingeblendet.

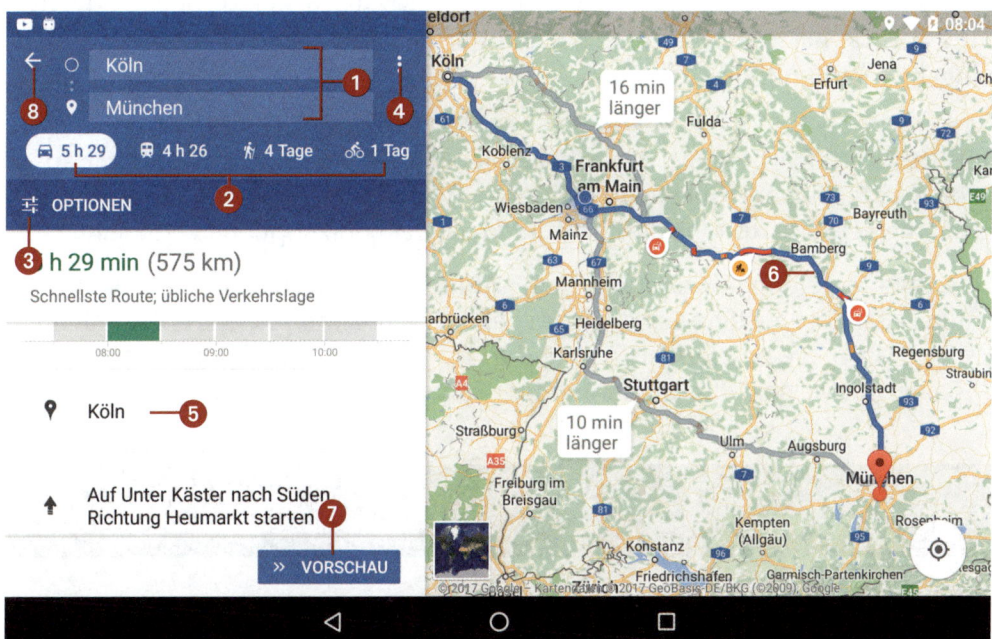

▶ Tragen Sie per Bildschirmtastatur den Start- und Zielort (1) in die Felder ein, wird die Route geplant. Der Startpunkt kann der aktuelle per GPS ermittelte Standort sein.

▶ Auf Wunsch können Sie die Fortbewegungsart (2) sowie die Routenoptionen (3) anpassen. Über die drei Pünktchen (4) öffnen Sie ein Menü, über dessen Befehle Sie den Rückweg planen, Zwischenstopps hinzufügen oder weitere Optionen wählen können.

▶ Die Routenvorschläge werden sofort im unteren Bereich der App (5) – und abhängig vom Gerät in einer Karte (6) – eingeblendet. Durch Antippen einer Route in der Karte lässt sich ein anderer Routenvorschlag wählen.

Kartendienst Google Maps

Für jeden Routenvorschlag werden die Entfernung sowie die voraussichtliche Reisezeit angegeben.

▶ Tippen Sie auf die angezeigte Schaltfläche *Vorschau* (**7**), wird eine Navigationsvorschau der Straßenführung in der Karte eingeblendet.

Über die *Zurück*-Schaltfläche (**8**) gelangen Sie zur vorherigen Kartendarstellung zurück. Bei Bedarf können Sie den Karten- und Navi-Ausschnitt mit dem Finger zoomen oder verschieben.

> **HINWEIS:** Beachten Sie, dass die Darstellung der App etwas vom Gerät abhängt. Auf meinem Tablet wird die hier sichtbare Darstellung gezeigt, während auf meinem Smartphone die Karte unterhalb der Bedienoptionen erscheint.
>
> Google Maps ermöglicht auch einen **Offlinekartenmodus**, bei dem die Kartenausschnitte auf dem Gerät gespeichert werden. Öffnen Sie das Burger-Menü und wählen Sie den Befehl *Tipps und Tricks*. Auf der angezeigten Seite ist beschrieben, wie der Offlinekartenmodus für einen Ort aktiviert wird.

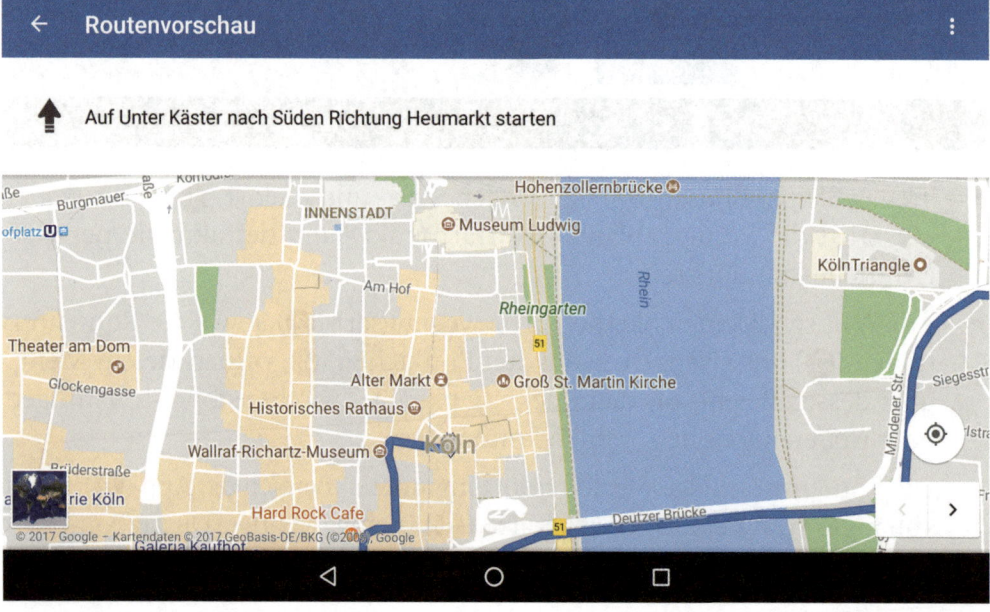

Gesundheit und Fitness

Neben dem Kartendienst Google Maps können Sie weitere Apps wie beispielsweise Städtekarten, Apps von öffentlichen Verkehrsunternehmen zur Abfrage von Fahrplänen, den DB-Navigator für Zugverbindungen und mehr einsetzen. Die meist kostenlosen Apps finden Sie im Google Play Store.

Gesundheit und Fitness

Mit geeigneten Apps lässt sich Ihr Android-Gerät auch zur Gesundheits- und Fitness-Überwachung verwenden. In diesem Abschnitt stelle ich Ihnen einige Apps aus diesem Themenbereich vor.

Google Fit, erfasse die Bewegungen

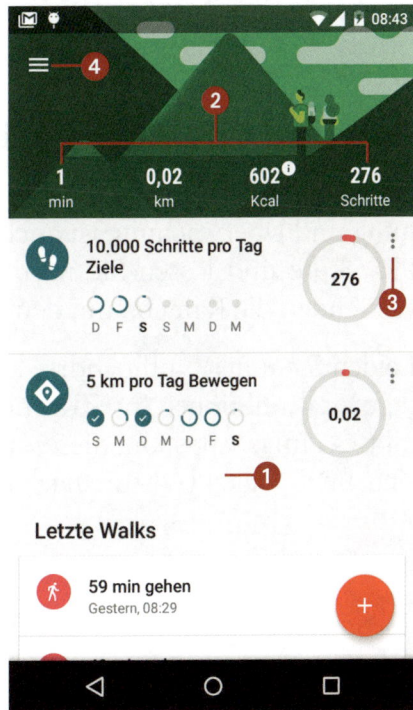

Momentan boomen ja Fitness-Tracker in Form von Armbändern, die die täglichen Bewegungen des Trägers aufzeichnen. Aber das ist eigentlich nicht erforderlich, grundsätzlich reicht der Bewegungssensor eines Android-Smartphones dafür ebenfalls aus.

Neben Ihrem Android-Smartphone benötigen Sie lediglich noch die kostenlose App Google Fit aus dem Google Play Store – fertig ist das Aufzeichnungsgerät. Sobald die App einmalig gestartet ist und die Positionserfassung zugelassen wurde, zeichnet diese alle Ihre Schritte oder ggf. sonstigen Aktivitäten wie Radfahren auf.

▶ Nach dem Start zeigt die App die bereits aufgezeichneten Aktivitäten in verschiedenen Darstellungen (❶) an. In den angezeigten Kreisen sehen Sie, wie nahe Sie dem vorgegebenen

Gesundheit und Fitness

Ziel (z. B. 10.000 Schritte pro Tag, 5 km Bewegung pro Tag) bereits sind. Und in einer numerischen Darstellung (**2**) zeigt die App die Details der Tagesaktivitäten an.

▶ Durch Wischen mit dem Finger lässt sich die Anzeige verschieben. Über die drei Pünktchen (**3**) öffnet sich ein Menü, über dessen Befehle man auf die Einstellungen zugreifen kann. Weiterhin ermöglicht das Burger-Menü (**4**) den Zugriff auf die Einstellungen oder die Umschaltung der Darstellung.

Die App listet im unteren Bereich die Historie der Aktivitäten auf. Dort erhält man auch Zugriff auf die Grafikdarstellung der Aktivitäten. Mehr muss man über die App eigentlich nicht wissen. Beachten Sie aber, dass Google die Darstellung der App immer mal wieder ändert.

> **HINWEIS:** Neben Google Fit gibt es weitere Apps zum Erfassen der Schritte. Schauen Sie sich im Google Play Store die Apps Accupedo und Schrittzähler an.

Puls und Vitaldaten erfassen

Treiben Sie Sport oder wollen Sie die Pulsfrequenz überwachen? Die Aufzeichnung und Überwachung ist auch mit Apps möglich. Gehen Sie in den Google Play Store und lassen Sie nach »Pulsmessung kostenlos« suchen. Die Apps verwenden die Kamera, um den Puls an einem Finger zu ermitteln.

Leiden Sie unter Bluthochdruck, Diabetes oder möchten bzw. müssen Sie andere Vitalfunktionen Ihres Körpers erfassen und dokumentieren? Für Android gibt es einige Apps, die diese Aufgaben unterstützen. Auch hier empfiehlt es sich, im Google Play Store nach den betreffenden Begriffen suchen zu lassen.

> **HINWEIS:** Achten Sie bei der Auswahl der Apps darauf, dass keine Registrierung mit einem Benutzerkonto erforderlich wird. Ich persönlich möchte meine Vitaldaten nicht unbedingt irgendwo ins Internet hochladen. Zur manuellen Erfassung und Langzeitdokumentation der Bluthochdruck-, Blutzucker- oder anderer Werte können Sie auch ein Tabellenkalkulationsprogramm (z. B. Microsoft Excel) als Android-App installieren.

Arzneimittel und Apotheken

Im Hinblick auf die Beschaffung notwendiger Arzneien lässt sich ebenfalls auf einige Apps im Google Play Store zurückgreifen. Geben Sie Begriffe wie Hausapotheke, Medikamente oder Apothekennotdienst oder Apothekenverzeichnis in der Suchfunktion des Play Store ein, werden Ihnen die betreffenden Apps (die meist kostenlos sind) angeboten. Manche Apps können auch die Lage der Apotheke in einer Karte samt Route anzeigen. Die Preise von Arzneimitteln lassen sich mit verschiedenen Apps wie Arzneimittel von Medipreis etc. ermitteln.

Spielen mit Android

Mit geeigneten Spielen lässt sich ein Smartphone oder ein Tablet-PC zur Unterhaltung und zum Zeitvertreib verwenden. Android enthält keine Spiele, aber Sie können einige kostenlose oder kostenpflichtige Apps aus dem Google Play Store beziehen. Sie finden diese, indem Sie nach dem Begriff (z. B. »Mahjong«) suchen und dann eine App zum Installieren auswählen:

▶ **Kartenspiele:** Kartenspiele sind eigentlich der Klassiker zum Zeitvertreib. Wer alleine ist, kann mit entsprechenden Android-Apps diverse Kartenspiele beziehen. Das Kartenspiel Solitär (ist eine Patience) lässt sich als App beispielsweise von mehreren Anbietern kostenlos aus dem Google Play Store herunterladen (suchen Sie nach dem Begriff »Solitär«). Hearts, Freecell etc. sind Varianten dieses Kartenspiels. Aber auch andere Kartenspiele wie Skat etc. werden als Apps im Play Store angeboten.

- **Brettspiele:** Für Android gibt es ebenfalls eine Reihe Brettspiele, angefangen von Dame oder Schach bis hin zu Mensch ärgere dich nicht. Mahjong ist ein altes chinesisches Brettspiel, welches auch als App für Android verfügbar ist.
- **Memory, Puzzle, Kreuzworträtsel, Sudoku:** Falls Sie gerne Ihr Gedächtnis trainieren, könnten Memory-Spiele, Puzzles, Kreuzworträtsel oder Sudoku das Richtige sein. Diese Spiele gibt es ebenfalls als Apps gratis im Play Store.

Sobald die App installiert ist, können Sie das Spiel über das entsprechende Symbol über die Seite *Alle Apps* aufrufen.

Einkaufen

Es gibt einige Apps, die sich dem Thema Einkaufen widmen. Dabei sind nicht nur Kauf-Apps gemeint, sondern auch Apps, die den Zugriff auf Preisangebote oder Prospekte ermöglichen:

- **Hotelangebote:** Die Hotelsuche und die Auswahl von Reiseanbietern hat sich längst ins Internet verlagert. Für die Buchung von Hotelzimmern stellen Anbieter wie Booking.com, Hotel.de, Hotels.com, Hotel Suche HRS, Trivago etc. passende Apps bereit. Lassen Sie einfach nach »Hotel« im Play Store suchen.
- **Reiseangebote:** Die Reiseauswahl und -buchung lassen sich über Apps (suchen Sie nach »Reise«) erledigen. Und über das Reiseziel kann man sich ebenfalls häufig per App informieren. Reiseführer sind ebenso als App erhältlich wie Sprachführer und Wörterbücher oder Übersetzungs-Apps.
- **Einkaufshilfen:** Neben reinen Kauf-Apps gibt es auch spezialisierte Apps, die Sie beim Auffinden von Angeboten oder Preisvergleichen unterstützen. Geben Sie »Einkauf« als Suchbegriff ein, um auf Apps wie kaufDa, Prospekte etc. zuzugreifen. Auch die gängigen Discounter bieten eigene Einkaufs-Apps an.

Einkaufen

Ob Sie solche Apps verwenden oder doch eher auf die Webseiten der Anbieter ausweichen, bleibt Ihnen überlassen. Ich verwende bevorzugt die Webseiten der Anbieter, da ich dann einerseits flexibler bin und zudem die Apps nicht den Speicher des Geräts belegen.

> **ACHTUNG:** Es gibt Untersuchungen, dass man in Apps oft einen höheren Preis als beim Vergleich im Web angezeigt bekommt. Von daher bin ich bei Apps zur Kaufunterstützung etwas zurückhaltend.

In diesem Kapitel wurden Lese-Apps und die Karten-App Google Maps detaillierter vorgestellt. Weiterhin haben Sie eine kurze Übersicht über Apps aus zusätzlichen Kategorien erhalten. Über den Google Play Store steht Ihnen die Welt der Apps offen. Suchen Sie Apps für die von Ihnen gewünschten Funktionen, indem Sie im Play Store den betreffenden Suchbegriff eingeben. Im nächsten Kapitel erfahren Sie, wie Sie die Android-Einstellungen anpassen.

10
Einstellungen

Das lernen Sie in diesem Kapitel:
- Einstellungen anpassen
- Updates aufspielen und Gerät zurücksetzen

Einstellungen anpassen

In Kapitel 1 wurde die Einrichtung von Android bei der ersten Inbetriebnahme behandelt. Sie können aber viele Einstellungen auch nachträglich anpassen. Zudem kann es Updates (also Aktualisierungen) für Android geben. In diesem Kapitel gehe ich auf Fragen rund um diese Themen ein.

Einstellungen anpassen

Bei Android erfolgt der Zugriff auf die Einstellungen des Betriebssystems und der Apps über die App *Einstellungen*. In diesem Abschnitt erfahren Sie, wie sich ausgewählte Einstellungen wie das Einrichten einer WLAN- oder Mobilfunkverbindung, die Kopplung eines Bluetooth-Geräts etc. vornehmen lassen.

Zugriff auf die Android-Einstellungen

Um die Android-Einstellungen einzusehen oder anzupassen, wird die App *Einstellungen* benötigt. Das betreffende Symbol finden Sie bei den meisten Geräten in der App-Seite *Alle Apps*.

Nach Anwahl des Symbols *Einstellungen* öffnet die App eine Übersicht der Einstellungskategorien.

> **HINWEIS:** Die genaue Darstellung hängt vom Hersteller des Android-Geräts ab. Die nachfolgende Darstellung zeigt links die Anzeige der App *Einstellungen* auf einem Google-Nexus-7-Tablet mit einem »reinen« Android. Viele Hersteller von Android-Geräten nehmen aber Anpassungen an Android und der App *Einstellungen* vor. Dies ist in der rechten Abbildung am Beispiel des Samsung Galaxy S4 mit Android 5 zu erkennen. Hier im Buch werden die reinen Android-Einstellungen beschrieben. Weicht Ihr Gerät von dieser Darstellung ab, schauen Sie in der App *Einstellungen* nach, wo die betreffende Option zu finden ist.

Einstellungen anpassen

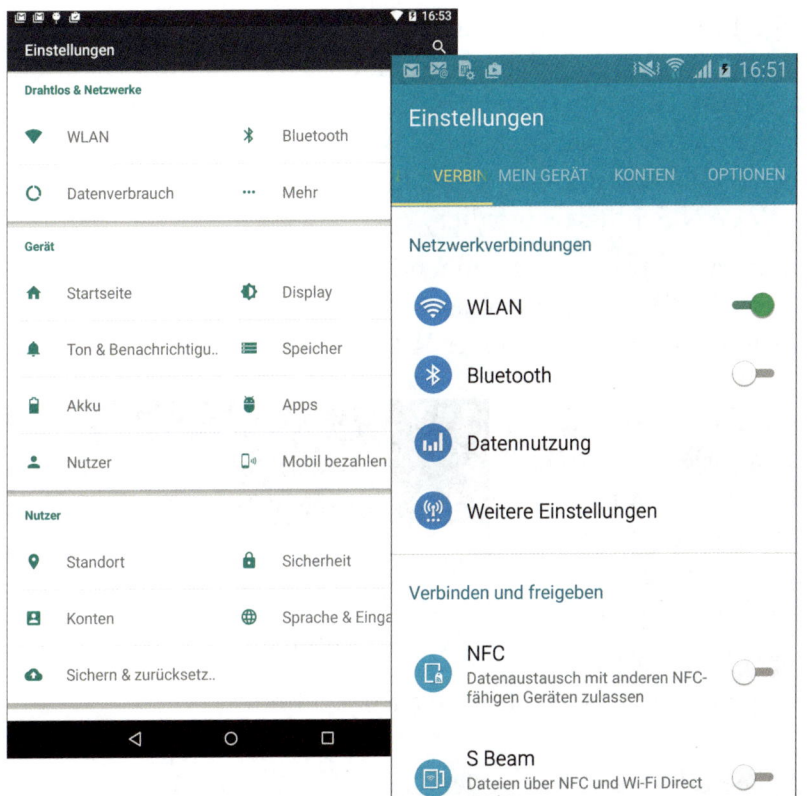

Tippen Sie auf eine Kategorie (z. B. *WLAN*), um die zugehörigen Details einzusehen. Über die *Zurück*-Schaltfläche im Android-Navigationsbereich oder im Kopfbereich einer Unterkategorie navigieren Sie eine Ebene zurück.

WLAN-Verbindung einrichten

Um mit dem Android-Gerät über einen WLAN-Router ins Internet zu gehen, müssen Sie zunächst den WLAN-Empfang einrichten:

1 Starten Sie die App *Einstellungen* und tippen Sie in der angezeigten Kategorie *Einstellungen* auf den Eintrag *WLAN* (siehe vorheriger Abschnitt).

Einstellungen anpassen

- Die App zeigt Ihnen dann die gefundenen WLAN-Verbindungen (**1**) an. Der Text »Verbunden« weist darauf hin, dass das Android-Gerät am betreffenden WLAN-Zugang eingebucht ist. Das stilisierte Schloss neben dem WLAN-Symbol signalisiert, dass der WLAN-Zugang durch eine Verschlüsselung abgesichert ist. Ein Zugang zum Netzwerk ist also nur durch Eingabe des WLAN-Schlüssels möglich.

- Tippen Sie auf den Eintrag einer bestehenden Internetverbindung, um die Details der WLAN-Verbindung einzusehen. In der Detailseite findet sich auch einen Befehl zum Entfernen eines WLAN-Eintrags.

- Stellen Sie sicher, dass der WLAN-Schalter (**2**) auf »An« steht. Nur dann ist der WLAN-Empfang eingeschaltet. Die Umschaltung erfolgt ggf. durch Antippen des Schaltersymbols.

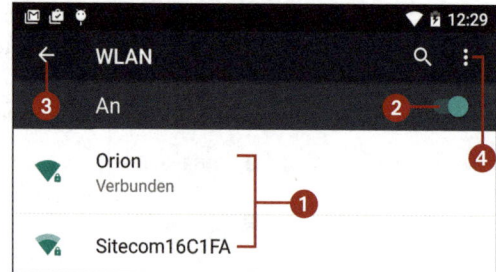

Über den Pfeil (**3**) können Sie jederzeit zur vorherigen Einstellungskategorie zurückkehren.

> **HINWEIS:** Bei Smartphones gibt es in der Kategorie *Mehr* der Einstellungen einen Schalter *Flugmodus*. Dieser ermöglicht Ihnen, alle Funkverbindungen (WLAN, Mobilfunk) des Geräts abzuschalten. Dies ist beispielsweise im Flugzeug gefordert, wenn das Gerät zwar betrieben wird, aber sichergestellt sein muss, dass das WLAN- oder 3G-Sendeteil abgeschaltet ist. Den Flugmodus oder den WLAN-Empfang können Sie auch direkt über Symbole des Statusbereichs ein-/ausschalten (siehe in Kapitel 2 den Abschnitt »Zugriff auf Schnelleinstellungen«).

3 Um eine neue WLAN-Verbindung einzurichten, tippen Sie auf den betreffenden Eintrag des gefundenen Funknetzwerks.

4 Tippen Sie im eingeblendeten Pop-up-Fenster den Netzwerkzugangsschlüssel im Feld *Passwort* ein und bestätigen Sie dies über VERBINDEN.

Einstellungen anpassen

Die *VERBINDEN*-Option wird erst freigegeben, wenn das Feld *Passwort* genügend Zeichen aufweist. Das Passwort wird durch den WLAN-Router festgelegt. Über das Kontrollkästchen *Passwort anzeigen* blenden Sie das Kennwort während der Eingabe im Klartext ein (andernfalls werden zum Schutz gegen Ausspähen Punkte angezeigt). Die Verschlüsselungsmethode kann Android automatisch ermitteln und einstellen. Das Kontrollkästchen *Erweitert* ermöglicht Ihnen, optionale Einstellungen vorzugeben – was aber in der Regel nicht erforderlich ist.

Ist das korrekte Kennwort eingetragen, verbindet sich das Android-Gerät mit dem WLAN-Zugang und merkt sich auch das Kennwort. Immer wenn sich das Android-Gerät zukünftig in der Nähe des WLANs befindet, bucht es sich automatisch ein.

HINWEIS: Möchten Sie eine neue WLAN-Verbindung einrichten, ohne dass das WLAN in der Nähe ist? Tippen Sie auf das Symbol mit den drei Pünktchen (❹) und wählen Sie im angezeigten Menü den Befehl *Netzwerk hinzufügen*.

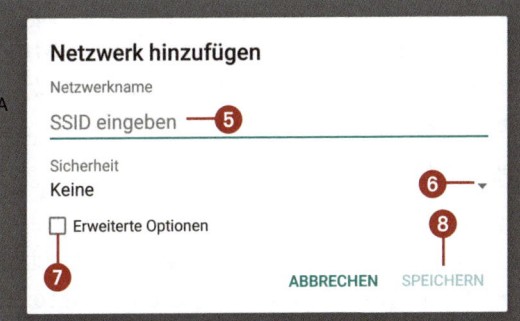

Tippen Sie auf das Feld *SSID eingeben* (❺) und tragen Sie den Netzwerknamen des WLAN-Routers über die Bildschirmtastatur ein. Tippen Sie bei Bedarf auf das Feld *Sicherheit* (❻) und wählen Sie einen der angebotenen Verschlüsselungsstandards aus. Auch hier lassen sich bei Bedarf über *Erweiterte Optionen* (❼) zusätzliche Einstellungen einsehen bzw. anpassen. Bisher war dies in meinem Umfeld aber noch nicht erforderlich. Anschließend tippen Sie auf *SPEICHERN* (❽), um die Eingaben zu sichern.

HINWEIS: Die Kontrollkästchen *Passwort anzeigen* und *Erweiterte Optionen* werden nur angezeigt, wenn genügend Platz vorhanden ist. Gegebenenfalls drehen Sie das Android-Gerät hochkant, falls Sie Zugriff auf diese Optionen benötigen.

ACHTUNG: Bei öffentlichen Funknetzwerken (Hotspot) in Hotels, Bahnhöfen oder Flughäfen ist meist keine abgesicherte WLAN-Verbindung vorhanden. Dann fehlt das stilisierte Schloss, und es wird kein Netzwerkzugangsschlüssel abgefragt. Der Internetzugang wird durch eine Zugangsseite des Hotspotbetreibers gesteuert, auf der ein Zugangscode einzugeben ist. Diesen erhalten Sie vom Hotelpersonal oder per SMS auf Ihr Handy. Bei solchen nicht abgesicherten Verbindungen ist es möglich, dass Dritte Ihre Daten einsehen können. Daher sollten Sie vertrauliche Informationen im Internet nur dann abrufen, wenn diese durch eine *https://*-Verbindung verschlüsselt sind (z. B. im Browser im Adressfeld zu erkennen).

Mobilfunkverbindung einrichten

Ist das Gerät mit einer Mobilfunkunterstützung (3G- oder 4G-Modem) ausgestattet, können Sie unterwegs mobil ins Internet gehen und auch GPS-Signale empfangen. Damit dies funktioniert, muss (je nach Gerätemodell) eine Micro-, SIM- oder Nano-SIM-Karte eingelegt werden (siehe in Kapitel 1 den Abschnitt »Welche Geräteausstattung brauche ich?«). Das Einlegen der SIM-Karte sollte in den Geräteunterlagen beschrieben sein.

▶ Anschließend kontrollieren Sie über die App *Einstellungen* in der Kategorie *Datenverbrauch* (❶), ob die Option *Mobilfunkdaten* (❷) eingeschaltet ist. Nur dann können der Browser, die Mail-App oder andere Programme mobil ins Internet gehen.

▶ Ob eine 3G-/4G-Verbindung aktiv ist, wird in der rechten oberen Ecke (❸) im Statusbereich des Displays angezeigt. Angaben wie E oder H+ signalisieren den Übertragungsmodus für Daten.

Einstellungen anpassen

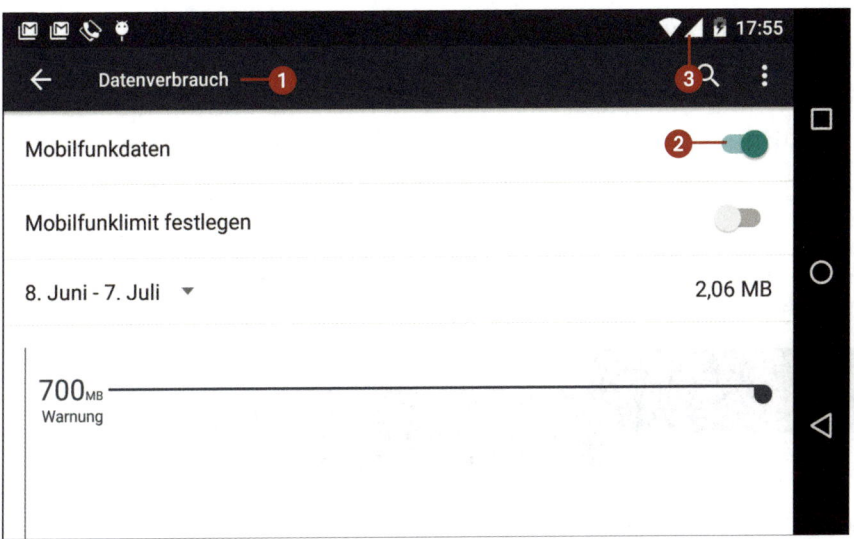

HINWEIS: Beachten Sie, dass die Seite *Datenverbrauch* je nach Gerät und Android-Version geringfügig anders aussehen kann. In Android 7 wird beispielsweise ein Burger-Menü in der linken oberen Ecke angezeigt, über das Sie auf die Befehle der *Einstellungen*-App zugreifen können. Auf einem Motorola-Moto-G4-Smartphone ist die Kategorie *SIM-Karten* anzuwählen, um auf die Option *Mobilfunkdaten* zuzugreifen.

HINWEIS: Achten Sie darauf, dass Ihr Mobilfunkvertrag einen Tarif für den Datentransfer ins Internet aufweist, und schauen Sie nach, wie hoch das Datenübertragungsvolumen angesetzt ist. Über *Mobilfunklimit festlegen* können Sie sich benachrichtigen lassen, wenn dieses Transfervolumen nahezu aufgebraucht ist. Das Überschreiten des Datenübertragungsvolumens kann – je nach Mobilfunkvertrag – ziemlich teuer werden, oder die Anbieter drosseln die Übertragungsgeschwindigkeit bei Überschreiten des Übertragungsvolumens. Persönlich deaktiviere ich daher den Datentransfer über Mobilfunknetz an meinen Android-Geräten, wenn ich im WLAN eingebucht bin.

Standardmäßig werden die Verbindungsdaten des Mobilfunkproviders anhand der SIM-Karte automatisch übernommen. In den Einstellungen lassen sich unter *Mehr* (❹) die Einstellungen kontrollieren.

Einstellungen anpassen

▶ Wählen Sie *Mobilfunknetze* (**5**), um auf der Folgeseite über *Zugangspunkte (APNs)* (**6**) und *Mobilfunkanbieter* (**7**) zu kontrollieren, ob die korrekten Zugangsdaten festgelegt wurden. Die Daten bekommen Sie von Ihrem Mobilfunkanbieter (siehe folgende Abbildung).

▶ Im Ausland oder in Grenznähe sollten Sie den Netzbetreiber manuell wählen. Zudem empfiehlt es sich, im Ausland die Option *Daten-Roaming* (**8**) für den Internetzugang abgeschaltet zu lassen, um nicht in eine Kostenfalle zu laufen.

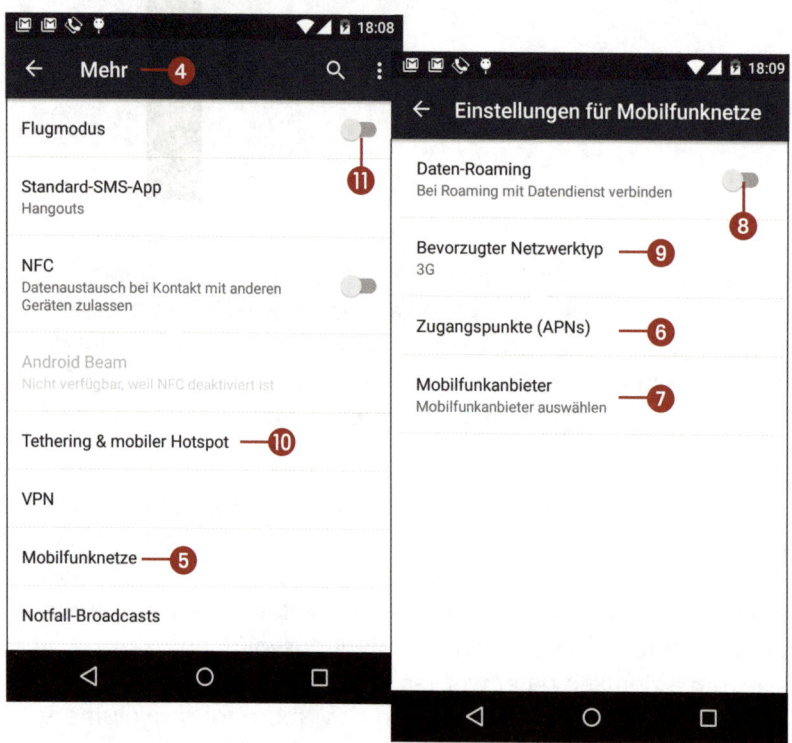

Über die Option *Bevorzugter Netzwerktyp* (**9**) können Sie festlegen, welcher Standard (2G, 3G, 4G) bei der Datenverbindung verwendet werden soll. Unter *Tethering & mobiler Hotspot* (**10**) lässt sich das Gerät bei Bedarf so einrichten, dass es für andere Geräte einen Internetzugang per WLAN, Bluetooth oder USB-Kabel bereitstellt. Über die Option *Flugmodus* (**11**) können Sie die Benutzung der Mobilfunkverbindung ein- oder ausschalten.

Einstellungen anpassen

Bluetooth-Gerätekopplung

Die meisten Android-Geräte unterstützen die Kopplung mit Bluetooth-Geräten. Um ein solches Gerät mit dem Android-Smartphone oder einem Tablet-PC mit Android zu koppeln, führen Sie die folgenden Schritte aus:

1 Wechseln Sie in der App *Einstellungen* zur Kategorie *Bluetooth* (**1**) und stellen Sie sicher, dass Bluetooth (**2**) eingeschaltet ist.

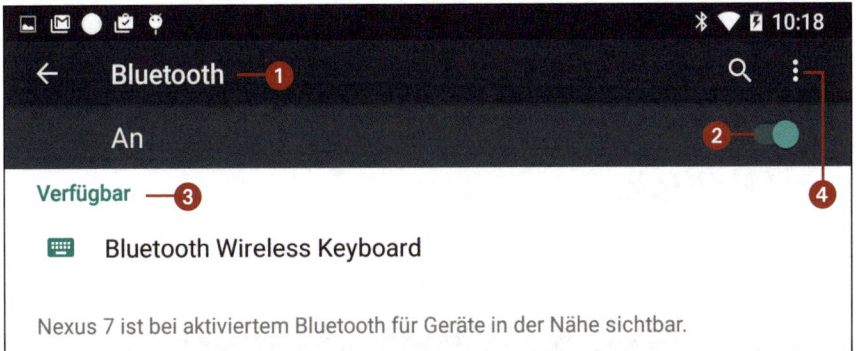

In der Rubrik *Verfügbar* sollten die bereits gekoppelten bzw. bekannten Bluetooth-Geräte (**3**) aufgelistet werden. Bei Bedarf können Sie auf die drei Pünktchen (**4**) tippen und den Menübefehl *Aktualisieren* wählen, um die verfügbare Geräteliste neu anzuzeigen.

2 Schalten Sie das betreffende Bluetooth-Gerät ein und drücken Sie ggf. dessen Bluetooth-Koppeltaste.

3 Sobald das Bluetooth-Gerät in der Liste *Verfügbar* (**3**) auftaucht, tippen Sie dessen Eintrag an.

4 Befolgen Sie die ggf. auf dem Android-Gerät angezeigten Anweisungen (im Beispiel ist eine Tastenkombination auf dem Bluetooth-Gerät einzutippen).

Einstellungen anpassen

Klappt die Kopplung, wird das Gerät unter *Verfügbar* (❸) als »Verbunden« aufgelistet. Zum Trennen reicht es, das Bluetooth-Gerät wieder auszuschalten.

> **TIPP:** Um **Energie** zu **sparen** und möglichst lange mit der Akkuladung auszukommen, sollten Sie am Android-Gerät alle nicht benötigten Funktionen deaktivieren. Sind keine Bluetooth-Geräte in Betrieb, schalten Sie auch die Bluetooth Option in den Einstellungen ab. Wird kein WLAN benötigt, deaktivieren Sie diese Option in den Einstellungen. Ähnliches gilt für die Ortungsdienste, die den GPS-Empfang beeinflussen. Auch eine heruntergeregelte Helligkeit hilft, die **Akkulaufzeit zu verlängern**.

Anzeige und Helligkeit

Um die Anzeigeeinstellungen (Textgröße) oder die Bildschirmhelligkeit anzupassen, wählen Sie in der App *Einstellungen* die Kategorie *Display*.

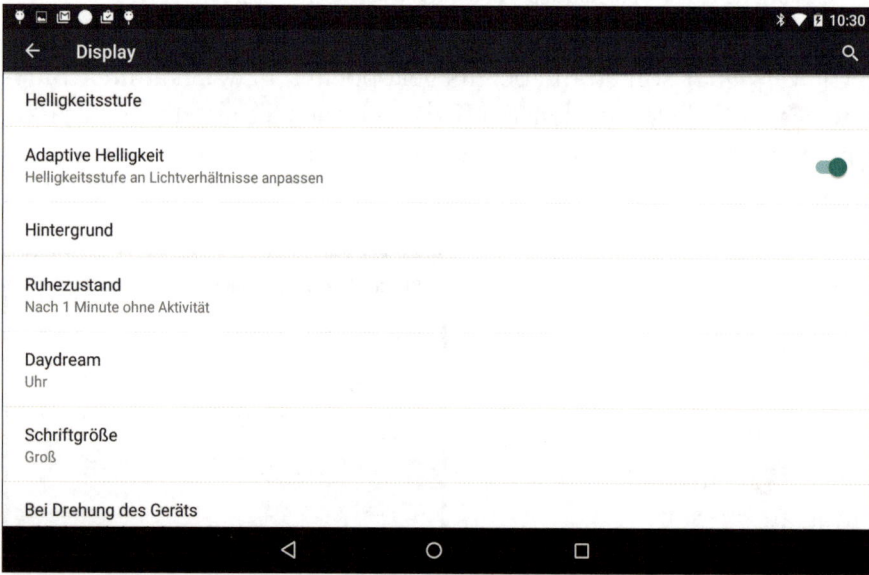

Einstellungen anpassen

Anschließend schalten Sie die automatische Helligkeitssteuerung über *Adaptive Helligkeit* ab und passen die Helligkeit manuell an. Zudem lassen sich die Schriftgröße und die Zeit, bis das Gerät in den Ruhezustand geht, ändern. Auch hier wieder der Hinweis, dass auf Ihrem Gerät weitere Optionen wie z. B. *Farbmodus* etc. vorhanden sein können.

Sicherheitseinstellungen anpassen

Möchten Sie verhindern, das Dritte das Gerät unbefugt verwenden, legen Sie eine Displaysperre fest:

1 Gehen Sie in der App *Einstellungen* zur Kategorie *Sicherheit* und tippen Sie auf *Displaysperre*.

2 Auf der angezeigten Seite wählen Sie zwischen *Wischen*, *Muster*, *PIN* und *Passwort* für die Displaysperre.

Wischen ist der Standard. Wählen Sie beispielsweise *PIN*, können Sie anschließend den Entsperrcode festlegen.

Dieser Code ist später zum Entsperren des Geräts einzutippen, bevor Sie zum Startbildschirm gelangen.

> **HINWEIS:** In der Kategorie *Sicherheit* können Sie Infos zum Geräteeigentümer eintragen, die Daten des Geräts verschlüsseln oder die Installation von Apps aus unbekannter Quelle zulassen.

Einstellungen anpassen

Unterstützung durch Bedienungshilfen

Haben Sie Schwierigkeiten, die Darstellung auf dem Gerät zu lesen, oder möchten Sie sich die Bildschirminhalte vorlesen lassen? Android ermöglicht Ihnen, verschiedene Bedienungshilfen einzuschalten, um die Gerätehandhabung zu erleichtern:

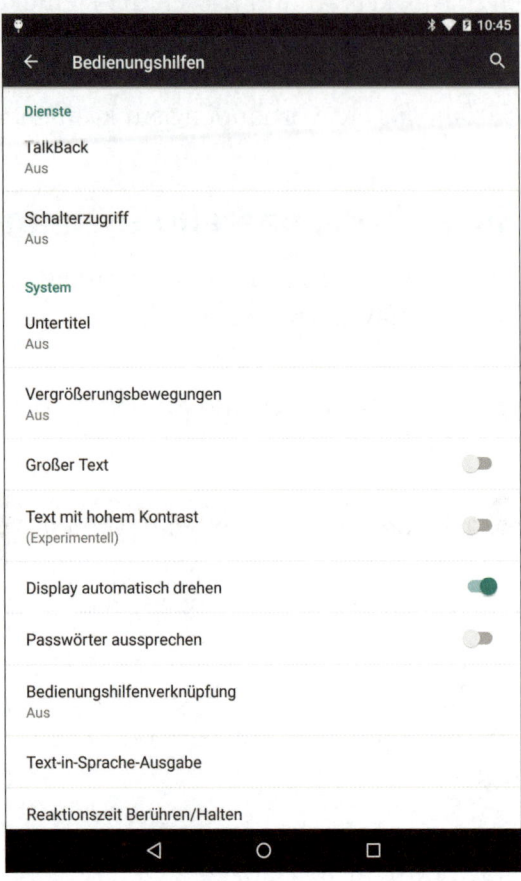

1 Öffnen Sie die App *Einstellungen* und wählen Sie die Kategorie *Bedienungshilfen*.

2 Anschließend passen Sie die einzelnen Einstellungen an.

Die Option *TalkBack* ermöglicht Ihnen, sich die Bildschirminhalte vom Screenreader vorlesen zu lassen. Weiterhin können Sie die Bedienung über Schalter zulassen, großen Text oder hohen Kontrast aktivieren sowie eine Farbumkehr einschalten. Auch Vergrößerungsbewegungen sind einschaltbar. Eine Beschreibung der einzelnen Optionen hat Google auf der Webseite *https://support.google.com/accessibility/android/answer/6006564?hl=de* veröffentlicht.

Einstellungen anpassen

Weitere Einstellungen

Über die App *Einstellungen* erhalten Sie Zugriff auf alle Einstellungen von Android. Hier noch einige Hinweise zu verschiedenen Einstellungen:

- **Ton & Benachrichtigungen:** Ermöglicht Ihnen, die Lautstärken sowie die Klingel- und Hinweistöne für diverse Ereignisse (E-Mail, Nachrichten etc.) anzupassen.
- **Speicher:** Zeigt die Speicherbelegung des Android-Geräts an. Sofern vorhanden, wird hier auch die Verwaltung der SD-Speicherkarte vorgenommen.
- **Akku:** Zeigt den Ladezustand des Akkus sowie Infos zum Akkuverbrauch an.
- **Apps:** Listet die installierten Apps auf und ermöglicht Ihnen, die aus dem Google Play Store installierten Apps nach Anwahl über Schaltflächen zu deinstallieren.
- **Nutzer:** Zeigt die eingerichteten Benutzer auf dem Android-Gerät an und ermöglicht es, Nutzerprofile hinzuzufügen oder zu löschen.
- **Standort:** Ermöglicht Ihnen, die Standorterfassung für Apps per GPS ein-/auszuschalten, und zeigt die letzten Standortanfragen an. Zudem kann der Modus zur Standortbestimmung angepasst werden.
- **Konten:** Verwaltet die eingerichteten Konten (Google, Office, E-Mail).
- **Datum & Uhrzeit:** Ermöglicht Ihnen, die Zeitzone zu wählen, das 24-Stunden-Format einzustellen oder den automatischen Abgleich der Daten aus dem Netz abzuschalten.

Über den Eintrag *Über das Tablet* der App *Einstellungen* können Sie Informationen wie die Android-Version oder den Akku- und Netzwerkstatus (samt Telefonnummer bei Handys) abrufen. Je nach Gerät können weitere Einträge in den Einstellungen vorhanden sein.

Updates aufspielen und Gerät zurücksetzen

Einige Android-Geräte erhalten Updates von Google oder den Herstellern. Bei Problemen oder beim Verkauf lässt sich das Android-Gerät zurücksetzen. In diesem Abschnitt erfahren Sie Wissenswertes zu diesen Themen.

Android-Updates

Google stellt bei Fehlern und Sicherheitslücken Updates zur Verfügung. Weiterhin wird das Betriebssystem weiterentwickelt und mit neuen Funktionen versehen. Je nach Gerätehersteller werden diese Updates über das Internet auf die Geräte verteilt. Man sprich auch vom Over-The-Air-Update (OTA-Update).

Steht ein Update an, signalisiert Android dies über eine Benachrichtigung im Statusbereich. Wischen Sie vom oberen Bildschirmrand nach unten, werden Details zum Update in einem Benachrichtigungsfenster angezeigt. Sie brauchen dann lediglich auf *Installieren* zu tippen und den Anweisungen zu folgen.

> **HINWEIS:** Sie können in der *Einstellungen*-App auch zur Kategorie *Über das Tablet/Telefon* wechseln. Über den Punkt *Systemupdates* lässt sich die Suche nach Updates anstoßen.

Updates aufspielen und Gerät zurücksetzen

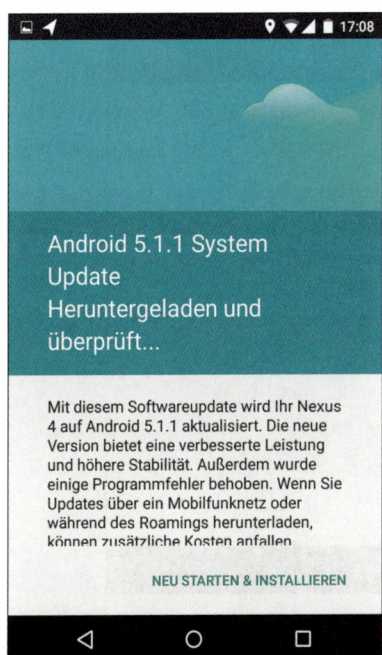

Die hier gezeigte Abbildung zeigt die Update-Seite von zwei unterschiedlichen Geräten. Anschließend lassen Sie auf der Folgeseite das angezeigte Update über *NEU STARTEN & INSTALLIEREN* (oder einem ähnlich lautenden Befehl) installieren.

ACHTUNG: Stellen Sie sicher, dass bei einem anstehenden Update eine WLAN-Verbindung besteht. Aufgrund der Größe von Updates kann bei Mobilfunkverbindungen schnell das vertragliche Datenlimit überschritten werden. Dann fallen möglicherweise hohe Kosten an, oder die Übertragungsgeschwindigkeit wird bis zum Ende des Abrechnungszeitraums reduziert.

Das Android-Gerät zurücksetzen

Gibt es Probleme mit Android oder dem Gerät und etwas klappt nicht mehr so, wie es soll? Vielleicht möchten Sie aber auch das Gerät an eine andere Person weitergeben oder verkaufen und vorher alle vorhandenen Daten löschen? In diesem Fall ist das Zurücksetzen von Android auf den Zustand der Werksauslieferung möglich:

1 Starten Sie die App *Einstellungen* und wählen Sie die Kategorie *Sichern & zurücksetzen*.

2 Tippen Sie auf *Auf Werkszustand zurück* und in der Folgeseite auf *TABLET ZURÜCKSETZEN* oder einen ähnlichen Eintrag.

Vor dem Zurücksetzen können Sie auf der Seite *Sichern & zurücksetzen* sicherstellen, dass die Optionen *Meine Daten sichern* und *Autom. Wiederherstellung* eingeschaltet sind.

Updates aufspielen und Gerät zurücksetzen

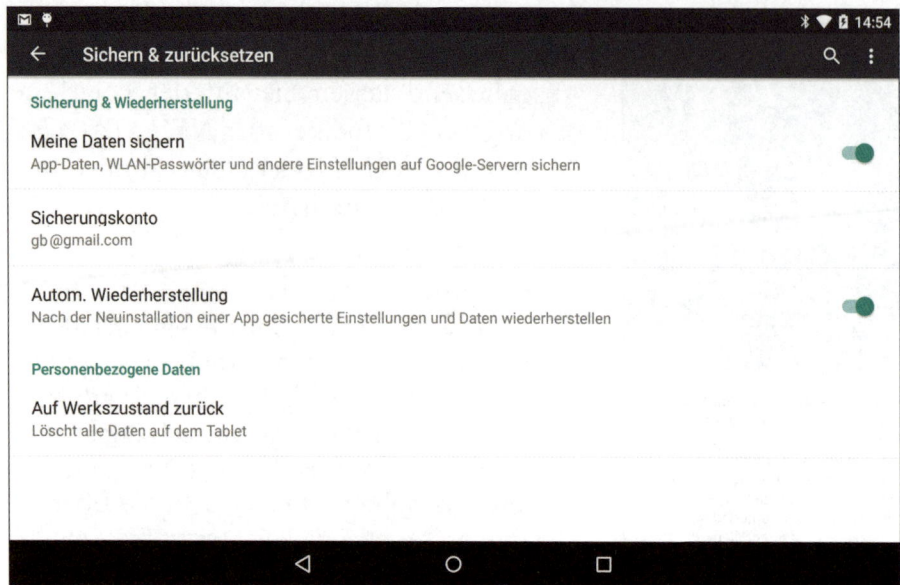

Dann speichert Android Ihre App-Daten, WLAN-Kennwörter und andere Daten unter dem Sicherungskonto auf den Google-Servern. Bei der anschließenden Inbetriebnahme kann Android diese Daten dann automatisch von den Google-Servern herunterladen und übernehmen.

> **ACHTUNG:** Beim Zurücksetzen auf den Werkszustand werden eventuell nicht alle Daten sicher gelöscht und können von Profis ggf. rekonstruiert werden. Hier empfiehlt es sich, sofern verfügbar, den Speicher über *Einstellungen/Sicherheit/Tablet verschlüsseln* erst verschlüsseln zu lassen. Wird dann das Gerät zurückgesetzt, lassen sich die Daten anschließend nicht mehr rekonstruieren.

Damit möchte ich den Einstieg in Android beenden. Sie haben in diesem Buch bereits eine Menge über Android gelernt und beherrschen die grundlegende Bedienung Ihres Smartphones oder Tablet-PCs. Sollte nicht alles sofort auf Anhieb klappen, lesen Sie in den betreffenden Abschnitten im Buch nach und probieren Sie es einfach aus. Weiterhin können Sie unter *support.google.com* nach Anleitungen suchen.

A
Kleine Probleme beheben

Kleine Probleme beheben

In diesem Anhang finden Sie einige Hilfestellungen zum Beheben kleinerer Probleme.

Nach dem Einschalten tut sich nichts

Prüfen Sie bitte die folgenden Punkte:

- Wurde die richtige Einschalttaste gedrückt?
- Haben Sie die Einschalttaste für ein paar Sekunden gedrückt?
- Ist der Akku eventuell entladen?

Verbinden Sie das Gerät mit dem Netzteil und lassen Sie es ein paar Stunden laden.

Beim Tippen/Wischen tut sich nichts

Reagiert der Bildschirm beim Antippen oder Wischen nicht und erst beim zweiten oder dritten Mal?

- Der Grund kann sehr trockene Haut an den Fingern sein. In manchen Fällen hilft es, einen Eingabestift für die Bedienung zu verwenden. Solche sogenannten kapazitiven Stifte gibt es im Handel.

Es ist kein Ton zu hören

Ist beim Wiedergeben von Musik- oder Videodateien nichts zu hören?

- Prüfen Sie über den Lautstärkewippschalter, ob die Lautstärke heruntergeregelt wurde, und erhöhen Sie diese, bis etwas zu hören ist.

Eine App fehlt

Vermissen Sie eine App auf dem Startbildschirm, obwohl diese dort vorhanden sein sollte?

- Prüfen Sie, ob die App vielleicht auf der Seite *Alle Apps* zu finden ist.
- Prüfen Sie in der *Einstellungen*-App, ob die App dort aufgelistet wird.

Eine App wird nur hochkant angezeigt

Es kann an der App liegen; manche Apps sind nur für den sogenannten Porträtmodus entworfen und drehen sich nicht ins Querformat:

- Prüfen Sie, ob andere Apps im Hoch- und Querformat des Geräts korrekt dargestellt werden.
- Prüfen Sie, ob ggf. die Drehsperre über den Seitenschalter des Geräts (falls vorhanden) aktiviert wurde.

Probleme mit dem Google-Konto

Wird die Anmeldung am Google-Konto abgelehnt bzw. erhalten Sie bei der Anmeldung den Hinweis auf ein falsches Kennwort?

- Prüfen Sie, ob vielleicht ein Eingabefehler bei der Kennworteingabe vorliegt.
- Wiederholen Sie ggf. die Kennworteingabe mehrfach, um Tippfehler (Groß-/Kleinschreibung beachten) auszuschließen.

Die Verbindung zum Internet klappt nicht

Kann der Browser oder eine andere App keine Verbindung zum Internet herstellen? Rufen Sie die *Einstellungen*-App auf und überprüfen Sie die folgenden Punkte:

- Ist der Flugmodus aktiv? Falls ja, deaktivieren Sie diesen.
- Ist eventuell WLAN oder die Mobilfunkverbindung abgeschaltet?
- Sind Sie im WLAN-Router mit dem korrekten Sicherheitsschlüssel eingebucht (siehe auch Kapitel 10)?
- Ist der Internetzugang korrekt konfiguriert, oder liegt vielleicht eine Internetstörung vor?
- Ist der WLAN-Router eingeschaltet?

Kleine Probleme beheben

Die angewählte Webseite wird nicht geladen

Sehen Sie nach, ob die Adresse korrekt geschrieben ist. Geben Sie ggf. die Adresse einer anderen Webseite zum Test ein. Wird diese Seite angezeigt, liegt eine Störung im Internet vor; probieren Sie es zu einem späteren Zeitpunkt nochmals mit der Adresse.

B

Glossar

Glossar

A

Account (Zugang)
Berechtigung, sich an einem Computer per Datenleitung anzumelden und z. B. im World Wide Web (WWW) zu surfen.

Adresse
Angabe zur Lage einer Webseite bzw. zum Empfänger einer E-Mail.

App
Eine spezielle Form von Programmen die für Android-Smartphones und -Tablet-PCs nur über den Google Play Store erhältlich sind.

Android
Ein von der Firma Google (in Konkurrenz zu Apple iOS) entwickeltes Betriebssystem für Smartphones und Tablet-PCs.

B

Backslash
Der umgekehrte Schrägstrich \ (wird z. B. zum Trennen von Ordnernamen benutzt).

Betriebssystem
Dies ist das Betriebsprogramm (z. B. Android, iOS, Linux, Windows), das sich nach dem Einschalten des Geräts meldet.

Bluetooth
Nach dem dänischen König Blauzahn benannte Funktechnik, um Geräte wie Maus, Tastatur etc. drahtlos mit dem Computer, Smartphone oder Tablet-PC zu verbinden. Soll schneller und zuverlässiger als die Infrarotübertragung arbeiten.

Booten
Laden des Betriebssystems nach dem Einschalten des Geräts.

Bug
Englische Bezeichnung für einen Programmfehler.

Byte
Gibt eine Menge von Computerdaten an. Ein Byte besteht aus 8 Bit und kann Zahlen von 0 bis 255 darstellen. 1.024 Byte = 1 Kilobyte (KB), 1.024 KB = 1 Megabyte (MB), 1.024 MB = 1 Gigabyte (GB).

C

Chat
Englischer Ausdruck für »schwätzen« oder »plaudern«. Bezeichnet eine Internetfunktion, bei der sich Teilnehmer per Computer über Textnachrichten (oder real, z. B. bei Videochats) unterhalten können.

Cookie
Eine kleine Datei mit Zusatzinformationen, die vom Server beim Surfen im Internet auf dem Gerät abgelegt wird. Wegen der Gefahr des Missbrauchs (Ausspionieren des Surfers) allgemein nicht gerne gesehen; bei bestimmten Websei-

Glossar

ten wie beispielsweise Onlineshops aber zur Speicherung des Warenkorbs erforderlich.

CPU
Englische Abkürzung für **C**entral **P**rocessing **U**nit, die Recheneinheit (Prozessor) des Computers.

D

Datenschutz
Gesetzliche Bestimmungen zum Schutz personenbezogener Daten gegen Missbrauch durch Dritte.

Download
Herunterladen von Daten aus dem Internet.

E

Edge
Mobilfunkstandard zur Übertragung von Daten (auch als 2G, für 2. Generation, bezeichnet, sehr langsam).

F

Flugmodus
Option bei Smartphones, um den Mobilfunkteil und die WLAN-Funktion zentral abzuschalten (z. B. in Flugzeugen).

G

GB
Abkürzung für **G**iga**b**yte (GByte, entspricht 1.024 MB).

H

Hardware
Als Hardware werden alle Teile eines Computers bezeichnet, die sich anfassen lassen (das Gegenteil ist Software).

Homepage
Startseite einer Person oder Firma im World Wide Web. Von der Startseite führen Hyperlinks zu weiteren Webseiten.

Hotspot
Empfangsstation eines öffentlichen Funknetzwerks, die einen Internetzugang bereitstellt.

Hotline
Telefonische Kontaktstelle eines Herstellers für Hilfe bei Problemen mit einem Produkt.

HSDPA/HSDPA+
Mobilfunkstandard zur Übertragung von Daten (gehört zum 3G-Standard).

HTML
Steht für **H**yper**t**ext **M**arkup **L**anguage, das Dokumentformat im World Wide Web. Mit HTML werden Webseiten erstellt.

Glossar

HTTP/HTTPS
Abkürzung für **H**yper**t**ext **T**ransfer-**P**rotokoll, ein Standard zum Abrufen bzw. Übertragen von Webseiten. Bei HTTPS wird die Übertragung durch Verschlüsselung abgesichert (das S steht für Secure).

I

IMAP
Standard (wie POP3 und SMTP) zur Verwaltung von E-Mail-Konten.

Installieren
Einrichten eines Programms auf einem Computer bzw. einer App in Android.

Internet
Weltweiter Verbund von Rechnern in einem Netzwerk.

J

JPEG
Zur Speicherung von Fotos benutztes Grafikformat.

Junkmail
Bezeichnung für unerwünschte E-Mails mit Werbung für Potenzmittel, unseriöse Jobangebote oder Ähnliches.

K

KB
Abkürzung für **K**ilo**b**yte (KByte, entspricht 1.024 Byte).

Kindle
E-Book-Lesegerät und Tablet der Firma Amazon. Auch ein Name für eine E-Book-Lese-App von Amazon.

Konvertieren
Umwandeln von Daten oder Signalen in eine andere Darstellung (z. B. ein Dateiformat in das Format eines anderen Dateityps umsetzen).

L

LTE
Schneller Mobilfunkstandard (auch als 4G bezeichnet) zur Übertragung von Daten.

M

Mailbox
Englisch für elektronischen Briefkasten.

MB
Abkürzung für **M**ega**b**yte (MByte, 1 Million Byte).

MMS
Abkürzung für **M**ultimedia **M**essaging **S**ervice, ein Dienst, der im Gegensatz zu

SMS auch Fotos und Videos versenden kann.

MP3
Standard zur Komprimierung und Speicherung von Musik in Dateien. Das MP3-Verfahren führt zu sehr kleinen Dateien.

MPEG
Steht als Abkürzung für **M**otion **P**icture **E**xperts **G**roup, ein Gremium zur Standardisierung von Verfahren zur Komprimierung und Speicherung von Musik und Videos in Dateien. Es gibt verschiedene MPEG-Verfahren (MPEG-1, MPEG-2, MPEG-4) zur Speicherung und Wiedergabe dieser Dateien.

N

Netzteil
Bauteil zur Stromversorgung von Computern oder Geräten.

O

Online
Bezeichnet den Zustand, in dem eine Verbindung zum Internet (oder zu einem anderen Rechner) besteht. Offline dagegen bedeutet, dass keine Verbindung besteht.

Onlineshop
Webseite, über die Waren bestellt werden können.

P

Passwort
Anderer Begriff für ein Kennwort, das ggf. zur Nutzung eines Rechners benötigt wird.

PDF-Format
Spezielles Format der Firma Adobe zur Speicherung und Wiedergabe von Dokumenten (Texten, Bildern etc.). PDF-Dateien lassen sich u. a. mit der App Play Bücher anzeigen.

PIN
Abkürzung für **P**ersonal **I**dentification **N**umber, die persönliche Identifikationsnummer zum Entsperren eines Handys oder einer SIM-Karte.

POP3
POP ist die Abkürzung für **P**ost **O**ffice-**P**rotokoll. Dies ist ein Verfahren, mit dem ein lokaler Rechner die für den Empfänger im Internet-Posteingangsfach eingetroffene Post vom E-Mail-Server abholen kann.

Q

QWERTY-Tastatur
Dieser Name bezeichnet die englische Tastatur (die ersten sechs Tasten der zweiten Reihe ergeben das Wort QWERTY).

Glossar

R

RAM
Englisch für **R**andom **A**ccess **M**emory ist der Name für die Bausteine, aus denen der Hauptspeicher des Handys/Tablet-PCs besteht.

Registrierung
Mitteilung an einen Hersteller, dass man eine App oder ein Angebot benutzt.

Reset
Englisches Wort für Zurücksetzen, nämlich für das Zurücksetzen bzw. Neustarten des Geräts.

S

Skype
Dienst der Firma Microsoft zum Telefonieren per Internet.

Smiley
Aus Zeichen wie :-) stilisiert dargestellte Gesichter. Werden bei elektronischen Nachrichten (E-Mail) häufig in den Text eingebaut, um Aussagen abzuschwächen oder Stimmungen wiederzugeben.

Snapshot/Screenshot
Schnappschuss, allgemein ein Abzug des aktuellen Bildschirminhalts.

SMTP
Abkürzung für **S**imple **M**ail **T**ransfer-**P**rotokoll, ein Protokoll, mit dem sich elektronische Post von einem lokalen Computer in den »Briefkasten« des E-Mail-Servers im Internet übertragen lässt. Gegenstück ist das POP3-Protokoll zum Abholen eingegangener Post.

SMS
Abkürzung für **S**hort **M**essage **S**ervice, ein Dienst, der kurze Textnachrichten bis 140 Zeichen übermittelt.

Spammail
Bezeichnung für unerwünschte E-Mails, die Werbung, Kettenbriefe oder anderen Müll enthalten.

Software
Das ist ein anderer Name für die Programme bzw. Apps.

Suchmaschine
Webseite im Internet, über die Sie gezielt über Stichwörter nach anderen Seiten im WWW suchen lassen können.

T

Textfeld
Eingabeelement in Android für Texteingaben.

U

UMTS
3G-Mobilfunkstandard (3. Generation) zur Übertragung von Daten.

Glossar

URL
Abkürzung für **U**niform **R**esource **L**ocator (Adresse einer Webseite).

USB
Eine bei Computern, Smartphones und Tablet-PCs zum Anschluss von Geräten (Drucker, Maus etc.) oder Ladegeräten verwendete Technik.

V

Verschlüsselung
Bezeichnet ein Verfahren zur Umwandlung von Nachrichten (z. B. Daten) in Zeichenfolgen, in denen die Ursprungsdaten nicht mehr erkennbar sind. Der Empfänger solcher Daten kann diese mit dem richtigen Schlüssel wieder in die Ursprungsdaten zurückwandeln (entschlüsseln). Verhindert die missbräuchliche Einsicht vertraulicher Daten durch Dritte.

W

Website
Eine Präsenz einer Firma oder einer Person im World Wide Web.

WLAN
Abkürzung für Wireless LAN, also ein drahtloses Netzwerk (Funknetz).

WWW
World Wide Web, Teil des Internets, über den sich Texte und Bilder mit einem Browser sehr leicht abrufen lassen.

X

XML
Abkürzung für E**x**tended **M**arkup **L**anguage, eine Spezifikation zur Speicherung von Daten in Webseiten.

Z

Zurücksetzen
Das Gerät in den Auslieferungszustand versetzen.

Zwischenablage
Ein durch Android verwalteter, interner Speicherbereich, in den Apps Daten und Informationen ablegen und auch wieder herausholen können. So lassen sich Texte, Fotos etc. zwischen Apps austauschen. Der Inhalt der Zwischenablage geht beim Herunterfahren des Geräts verloren.

C
Kleiner Wissenstest

Kleiner Wissenstest

In diesem Abschnitt finden Sie einige Testfragen zur Überprüfung Ihres Wissens.

Kapitel 1

▶ **Was ist ein Phablet?**
Ein Kunstwort aus Phone und Tablet; steht für ein größeres Smartphone mit einer Bildschirmgröße ab ca. 5 Zoll.

▶ **Was passiert bei der ersten Inbetriebnahme?**
Das Gerät wird bei Google aktiviert und für den Benutzer personalisiert. Dabei werden ein Google-Konto und ein Kennwort zum Zugriff auf dieses Konto festgelegt.

Kapitel 2

▶ **Wie schalten Sie ein Android-Gerät ein/aus?**
Halten Sie die Einschalttaste ein paar Sekunden gedrückt. Zum Herunterfahren drücken Sie die Einschalttaste und bestätigen den Befehl *Ausschalten*.

▶ **Was zeigt der Startbildschirm?**
Die Favoritenleiste am Rand sowie Symbole von Apps im restlichen Bereich und eine Statusleiste am oberen Rand.

▶ **Wie verschieben oder löschen Sie Apps?**
Den Finger auf ein App-Symbol drücken, dann das App-Symbol an die gewünschte Position oder über das eingeblendete *Entfernen*-Symbol ziehen.

▶ **Was benötigen Sie zum App-Kauf?**
Neben einer Internetverbindung benötigen Sie ein Google-Konto zum Zugriff auf den Google Play Store. Bei kostenpflichtigen Apps sind Zahlungsinformationen oder ein Guthaben auf dem Konto erforderlich.

▶ **Wie kommen Sie von einer App zur Startseite?**
Drücken Sie die Starttaste.

Kapitel 3

▶ **Was versteht man unter einem Hyperlink?**
Ein Verweis innerhalb einer Webseite auf eine andere Webseite oder einen anderen Abschnitt im gleichen Dokument. Das Dokument wird durch Anklicken des Hyperlinks im Browser abgerufen.

▶ **Wie laden Sie eine Webseite im Browser?**
Starten Sie den Browser über dessen Symbol, geben Sie im Adressfeld die Internetadresse der Webseite über die Bildschirmtastatur ein und tippen Sie auf die *Öffnen*-Taste.

▶ **Wie lässt sich die vorherige Seite im Browser abrufen?**
Tippen Sie auf das Symbol *Zurück*.

▶ **Wie öffnen Sie eine Webseite in einem neuen Tab?**
Drücken Sie den Finger länger auf den Hyperlink und wählen Sie nach dem Loslassen den Befehl *In neuem Tab öffnen*.

▶ **Wie suchen Sie im Web?**
Geben Sie den Suchbegriff über die Bildschirmtastatur in das Adressfeld ein und tippen Sie auf die *Öffnen*-Taste.

Kapitel 4

▶ **Wie richten Sie E-Mail ein und ändern App-Einstellungen?**
Öffnen Sie die App und wählen Sie die Option *Einstellungen*. Gehen Sie dann wie in Kapitel 4 im Abschnitt »E-Mail-Konten einrichten« beschrieben vor.

▶ **Wie rufen Sie E-Mails ab?**
Tippen Sie auf das Gmail-App-Symbol, wählen Sie in der Mail-App ggf. das Postfach aus und warten Sie, bis die App die E-Mails über das Internet heruntergeladen hat.

▶ **Wie beantworten Sie eine E-Mail?**
Wählen Sie die gewünschte Nachricht in der Mail-App an. Tippen Sie dann auf das Symbol bzw. den Befehl *Antworten*.

Kleiner Wissenstest

▶ **Wie fügen Sie ein Foto zum Versenden in die E-Mail ein?**
Tippen Sie im Fenster der Mail auf das Symbol der Büroklammer, dann auf *Datei anhängen* und wählen Sie die anzufügende Datei aus.

Kapitel 5

▶ **Wie führen Sie auf dem Android-Gerät eine Terminliste?**
Starten Sie die Kalender-App und legen Sie den anzuzeigenden Kalenderzeitraum fest.

▶ **Wie korrigieren Sie einen Text?**
Drücken Sie den Finger etwas länger auf das Wort mit dem Tippfehler, um dieses zu markieren. Oder tippen Sie auf die Stelle mit dem Tippfehler, bis die Einfügemarke rechts neben dem fehlerhaften Text steht. Drücken Sie die Rück-Taste an der Bildschirmtastatur, um Buchstaben zu löschen, und geben Sie neue Buchstaben ein.

▶ **Wie führt man eine Rechtschreibkorrektur im Text aus?**
Tippen Sie auf das fehlerhafte Wort. Wählen Sie die korrekte Schreibweise in der eingeblendeten Bildschirmtastatur oder im eingeblendeten Vorschlag aus.

Kapitel 6

▶ **Wie fertigen Sie ein Foto mit dem Android-Gerät an?**
Starten Sie die Kamera-App, wählen Sie die Front- oder Rückseitenkamera über die Bedienleiste und tippen Sie auf das Auslösersymbol der App.

▶ **Wie lassen sich Fotos am PC importieren?**
Sie benötigen einen geeigneten Adapter, um die Fotos von einer Speicherkarte per Fotos-App zu importieren. Oder Sie verbinden das Android-Gerät per USB-Kabel mit dem PC und kopieren die Fotodateien im Datei-Manager.

▶ **Wie lässt sich ein Foto drehen/beschneiden?**
Öffnen Sie das Foto in der Fotos-App in der Einzelbildansicht, rufen Sie die Bearbeitungsfunktion auf und wählen Sie die Option zum Drehen oder Beschneiden.

Kapitel 7

▶ **Wie lassen sich Musik- und Videodateien erwerben?**
Kaufen Sie die Musik- oder Videodateien im Google Play Store. Oder übertragen Sie diese mittels eines USB-Kabels von einem Desktoprechner auf das Android-Gerät.

▶ **Wie lässt sich eine Audiodatei abspielen?**
Wählen Sie die Musik-App und starten Sie die Wiedergabe der betreffenden Datei.

▶ **Wie lässt sich eine Videodatei wiedergeben?**
Rufen Sie entweder die Fotos-App auf, falls das Video am Gerät aufgezeichnet wurde. Oder geben Sie das Video in der Video-App wieder, falls dieses über USB-Kabel kopiert wurde.

Kapitel 8

▶ **Wie lässt sich eine SMS versenden?**
Rufen Sie die SMS- oder Hangouts-App auf und geben Sie den Empfänger sowie die Textnachricht gemäß den Erläuterungen im Abschnitt »SMS-Nachrichten mit Hangouts senden« ein. SMS-Nachrichten lassen sich nur an andere Mobilfunktelefone versenden, wenn das Gerät über eine Mobilfunkunterstützung verfügt.

▶ **Wie können Sie über das Internet telefonieren?**
Verwenden Sie Skype.

▶ **Welche Vorteile hat Skype gegenüber Mobilfunktelefonaten?**
Skype ermöglicht Ihnen, über WLAN und das Internet zu telefonieren sowie Gratisgespräche zu Skype-Teilnehmern zu führen.

Kapitel 9

▶ **Wie kann das Android-Gerät als E-Book-Reader benutzt werden?**
Laden Sie die E-Books per Google Play Bücher aus dem Google Play Store herunter. Oder verwenden Sie die Amazon Kindle-App, um E-Books von diesem Anbieter zu erwerben.

Kleiner Wissenstest

- **Wie lässt sich das Android-Gerät als Navi verwenden?**
  Indem Sie die App Google Maps aufrufen und dann deren Routenplanung verwenden.

- **Wie können Sie einen Ort in der Karte finden?**
  Tippen Sie den Ortsnamen in das Suchfeld der Google-Maps-App ein.

- **Wie hilft ein Android-Gerät Ihre Fitness zu verbessern?**
  Verwenden Sie kostenlose Apps wie Google Fit oder Google Meine Tracks, um die täglichen Bewegungen zu erfassen und zu dokumentieren.

Kapitel 10

- **Wie passen Sie Einstellungen von Android an?**
  Indem Sie die App *Einstellungen* aufrufen und dann die betreffende Kategorie auswählen.

- **Wie richten Sie eine WLAN-Verbindung ein?**
  Indem Sie die App *Einstellungen* aufgerufen, dann die Kategorie *WLAN* und das Funknetzwerk wählen und dann die Zugangsdaten eingeben.

- **Wie lässt sich eine Codesperre einrichten?**
  Indem Sie die App *Einstellungen* aufrufen, zur Kategorie *Sicherheit* gehen und den Eintrag *Displaysperre* wählen. Dann die Sperre über die betreffenden Optionen einrichten.

- **Wie können Sie die Anzeige besser lesbar machen?**
  Starten Sie die App *Einstellungen* und wählen Sie den Eintrag *Bedienungshilfen*. Dort finden sich verschiedene Optionen zur verbesserten Darstellung der Anzeige bei einer eventuellen Sehschwäche.

Index

Index

Symbole
3G 19
3G/4G-Unterstützung 22
4G 19
@-Zeichen 140

A
a better camera 190
abgesicherten Modus starten 48
Account 300
Adresse 300
Akku 291
  laden 26
  Lebensdauer 26
Akkulaufzeit 21
  verlängern 288
Album anlegen 204
Alle Apps 55
Amazon 268
Android 300
  abgesicherten Modus starten 48
  Ordnerstruktur 193
  starten 44
  Versionen 23
  Zahlungsinformationen einrichten 34
  zurücksetzen 293
Android-Einstellungen 57, 280
Android-Gerät
  aktivieren 27
  Fotos/Dateien auf Rechner kopieren 191
  Kauftipps 21
  Musik speichern 218
Android-Updates 292
Anschlüsse 24
Anzeige drehen 51
Apotheken-App 275
Apothekennotdienst 275
Apothekenverzeichnis 275
Apps 51, 291, 300
  anordnen/verschieben 58
  Cache/Daten löschen 87
  deinstallieren 82, 86, 88
  Fotos 196
  gekaufte auflisten 84
  Gmail 118
  im Store beziehen 76
  Installation aus Fremdquellen 77
  Kalender 146
  kaufen 83
  kaufen/installieren 81
  Mahjong 276
  Notizen 156
  Play Filme 226
  Play Musik 212
  Solitär 275
  starten 54
  Updates 85
Apps aus unbekannter Quelle 289
ARD-Mediathek 234
Arzneimittel 275
AT-Zeichen 140
Audionotiz 163
Aufhellblitz 176
ausschalten 48
Autoausfüllen 99

B
Backslash 300
Bediengesten 53
Bedienhilfen aktivieren 290
Benachrichtigungen
  ansehen 69
  verwalten 71
Benutzer auswählen/anlegen 47
Berechtigungen 81
Betriebssystem, Definition 300
Bilder speichern/kopieren (Google Chrome) 114
Bildschirm
  auf TV-Gerät übertragen 235
  Drehfunktion sperren 26
Bildschirmfoto 190

Index

Bildschirmgröße 21
Bildschirmrotation sperren 72
Bildschirmtastatur 63
   ausblenden 160
Bildschirmübertragung 74
Bluetooth 300
   Gerätekopplung 287
Bluetooth-Lautsprecher 75, 233
booten 28, 300
Brettspiele 276
Browser 90
Browserdaten löschen 111
Bug 300
Byte 300

C

Central Processing Unit. *siehe* CPU
Chat 300
Chromecast-Empfänger 235
Computer, Dateiaustausch 191
Cookie 300
   speichern unterbinden 116
CPU 301

D

Datei an E-Mail anhängen 140
Dateiaustausch (PC) 191
Dateimanager 195
Datenschutz 301
Datum/Uhrzeit 291
DCIM 194
Diashow 201
Display 16
Displaysperre 46, 289
DLNA 235
Dokumente, Speicherort 194
Domäne 92
   Name 92
Download, Definition 301
Download (Google Chrome) 112
Drehen sperren 51

Drehsperre 297
Dual-SIM-Slot 19

E

E-Book
   kaufen 265
   vorlesen lassen 267
E-Book-Reader
   Kindle 268
Edge 301
Ein-/Austaster 26
Einfügemarke 64, 165, 166
Eingabestift 296
Eingabetaste 91
Einkaufs-App 276
Einschalten 44
Einstellungen 280, 291
Einstellungen anpassen (Google Chrome) 115
E-Mail 118
   Adressaufbau 140
   Allen antworten 138
   Anlage einsehen/speichern 135
   beantworten/weiterleiten 136
   Benachrichtigung 132
   Betreff 140
   drucken 132
   Empfängerfeld An 139
   erstellen/senden 138
   Foto öffnen 136
   Fotos, Videos, Dateien anhängen 140
   gelöschte zurückholen 134
   kennzeichnen 132
   Kontentypen 121
   Konto auswählen 130
   Konto löschen 127
   lesen 118
   lesen/verwalten 130
   löschen 132
   Netiquette 138
   Ordnerdarstellung einblenden 133

Index

Phishing 142
Sicherheit 142
suchen 130
Synchronisierungshäufigkeit 126
Text löschen 138
verschieben 133
E-Mail-App 119
E-Mail-Konto, Informationen 125
E-Mail-Protokolle, IMAP/POP3 126
Emojis 65
Empfangsqualität, WLAN/Mobilfunk 90
Energie sparen 288
Exchange 120

F

Facebook 258
Favoritenleiste 50
Feierabend.de 261
Feststelltasten-Modus 159
Fitness-Tracker 273
Flugmodus 282, 284, 301
Fokussiereffekt 185
Foto 196
  als Hintergrund 201
  an E-Mail anhängen 140
  anzeigen 199
  Aufnahmeort erfassen 179
  Bearbeitungsfunktionen 200
  Details ansehen 200
  Diashow 201
  drehen 208
  drucken 201
  gelöschtes zurückholen 201
  importieren/kopieren 191
  löschen 200
  manuelle Belichtung 188
  Ortsangabe 190
  Panoramaaufnahmen 182
  per E-Mail senden 205
  teilen 205
  Verwenden als 201
  zuschneiden 208
Fotoalbum 204
Fotonotiz 162
Fotos-App
  Album anlegen 204
  Bearbeitungsfunktionen aufrufen 206
  Fotos drehen/beschneiden 208
  Foto vergrößern/verschieben 200
  navigieren/suchen 198
  Video wiedergeben 202
Frontkamera 24

G

Geräteausstattung 17
Gerätebesitzer 36
Geräteeigentümer eintragen 289
Gerät finden/sperren 143
Geschenkkarte 83
  einlösen 83
GMX 126
Google+ 260
Google Books 264
Google Chrome
  Autoausfüllen 99
  Desktop-Modus 99
  Download 112
  Einstellungen anpassen 115
  geschlossene Tabs öffnen 98
  JavaScript abschalten 116
  Lesezeichen 104
  Lesezeichen abrufen 106
  mehrere Webseiten öffnen 95
  Menü öffnen 98
  Optionen abrufen 115
  Suchmaschine wechseln 102
  Surftipps 94
  Tracking 116
  Verlauf abrufen 109
  Webformulare, Eingaben 99
  Webseiten teilen 111
Google-Chrome-Browser 90

Index

Google Docs 169
Google Drive 142
Google Fit 273
Google-Konto
   Anmeldeprobleme 297
   Anmeldung 31
   erstellen 35
   Google-Dienste anpassen 39
Google Maps 269
   Offline-Kartenmodus 272
Google Play Store, Überblick 78
GPS-Signal 72

H

Handschrifteingaben 53
Hangouts-App, Übersicht 253
Hardware 301
Hauptspeicher. *siehe* RAM
Helligkeit anpassen 288
Hintergrund anpassen 75
Homepage 92, 301
Home-Screen 49
Home-Taste 52
Hotelangebote 276
Hotline 301
Hotspot 284, 301
HSDPA 301
HTTP 302
Hyperlink 92
   erkennen 93
Hypertext Markup Language. Siehe HTML

I

IMAP 302
Inkognito-Modus 97
Installieren 302
Internet 302
   Verbindungsprobleme 297
Internetradio 223
Internetseiten suchen 99

iOS 300
iPod 225

J

JavaScript abschalten 116
JPEG 302
   Fotodateien 194
Junk-Mail 302

K

Kalender
   Darstellung umschalten 148
   Einstellungen 155
   Erinnerung 149
   Suchen 149
   synchronisieren 153
   Tagesdatum abrufen 147
   Termin eintragen/ändern 149
   Termin löschen 153
   Termin verschieben 152
Kalender-App 146
   Termin ändern, löschen 152
   Termine eintragen 149
Kamera 20
   Aufhellblitz 176
   Aufnahmetimer 177
   Bedienung 176
   Front/Rückseite umschalten 176
   HDR 176
   Photo Sphere 180
   Raster ein-/ausblenden 177
   Spezialfunktionen 179
   Zoomfunktion 178
Kamera-App 174
   Auflösung/Qualität 190
   Einstellungen 189
   Fokussiereffekt 184
   manuelle Belichtung 188
   Standort speichern 190
Kameraauslöser 178

Index

Kamera-Einstellungen 189
Kartenspiele 275
kaufDa 276
Kauftipps, Android-Gerät 21
Kindle 302
Kindle-App 268
KitKat 23
Klammeraffe 140
Klangqualität 233
Kontakte
  abrufen 242
  Importieren/Exportieren 239
  löschen 244
  synchronisieren 246
  teilen 244
  Telefonnummer speichern 241
Kontakte-App 245
Konten 291
Konteneinstellung ändern (Mail) 126
Kontrollkästchen 124, 130
Konvertieren 302
Kopfhörerausgang 25
Kreuzworträtsel 276

L

Lautlosmodus 75
Lautstärke anpassen 74
LED-Blitzlicht 176
Lesezeichen
  abrufen 106
  bearbeiten 105
  synchronisieren 108
Lesezeichen (Chrome) 104
Lesezeichenordner anlegen 106
Listenfeld 124
Lock-Screen 44
Lollipop 23
LTE 302
LTE-Unterstützung 19

M

MAC-Filterung 31
Mahjong 276
Mail
  Einstellungen aufrufen 120
  E-Mail-Konto löschen 127
  E-Mail lesen 118
  Kennwort falsch 122
  Nachricht beantworten/weiterleiten 136
  Nachrichtenliste 118
  Nachrichten verfassen 138
  Nachricht suchen 119
  Signatur festlegen 126
Mail-App, Einstellungen 129
Mailbox 302
Mail (Gmail) 118
manuelle Belichtung, Fotos 190
manuelle Belichtungssteuerung
  abschalten 188
Maps. *siehe* Google Maps
Markierungsbereich anpassen 166
Memory 276
MHL 21
Micro SD-Kartenleser 25
Micro-SIM 20
Microsoft Word für Tablet 168
Micro USB-Buchse 24
Miracast-Empfänger 235
Miracast-Standard 74
MMS 302
Mobilfunk, Empfangsqualität 90
Mobilfunkverbindung
  einrichten 284
  Status 90
Motorola Moto G5 50
MP3 303
MP3-Dateien 194
MP3-Format 219
MP4-Videodateien 194
MPEG 303

Index

Musik
  im Hintergrund hören 233
  kaufen 216
  löschen 220
  Speicherort 194
  suchen 213
  wiedergeben 214, 215
Musik-App 212
  Einstellungen 223
  Funktionen abrufen 214
  Musik wiedergeben 214
  Wiedergabesteuerung 215
Musikmix 220
Musikwiedergabe 212
MyPhoneExplorer 154, 246

N

Nachricht
  allen antworten 138
  als Entwurf speichern 140
  beantworten/weiterleiten 136
  verfassen 138
Nachrichtenliste (Mail) 118
Nachrichtentitel 140
Nachricht suchen (Mail) 119
Nano-SIM 20
Navigationstasten 49, 52
Netiquette in E-Mails 138
Netzteil 303
Netzwerkzugangsschlüssel 282
Notiz
  bearbeiten 160
  einfärben 159
  einfügen 157
  Erinnerung festlegen 159
  formatieren 160
  Kopie erstellen 161
  löschen 161
  mit Foto/Audioaufzeichnung 162
  suchen 157
  Text bearbeiten 166

Notizen-App 156
Nutzer 291

O

Office für Android 168
Office Suite 8 171
Offline 303
Offline-Kartenmodus 272
OneDrive 142
Online 303
Onlineshop 303
Optionsfelder 130
Ordner 51
Ordner DCIM 194
Ortserfassung 72
OTG 20

P

Panorama-Fotos 182
Passwort 303
PayPal 83
PDF-Format 303
Phablet 16
Photo Sphere 180
Pin 303
Play Bücher-App, Übersicht 264
Play Filme-App 226
Playlist 221
  bearbeiten 222
Play-Musik-App 212
Play Store
  Musik kaufen 216
  verwalten 84
PNG-Dateiformat 194
Podcast Addict 225
Podcast hören 225
POP3 303
Prozessor. Siehe CPU
Puls erfassen 274

Index

Q
QWERTY-Tastatur 303

R
radio.de 224
Rechtschreibkorrektur/-prüfung 164
Rechtschreibprüfung, Optionen anpassen 165
Region-Lock 20
Registrierung 304
Reiseangebote 276
Reset 304
Rotationssensor 51
Routenplanung, Google Maps 271
Rückseitenkamera 24
Ruhezustand 48

S
Schalter 24
Schnelleinstellungen abrufen 72
Schritte zählen 273
Screenreader 290
Screenshots 190, 304
   Speicherort 194
Selbstauslöser 177
Seniorentreff.de 261
Sicherheitslücken 24
SIM-Karte 19, 25
SIM-Lock 20
SIM-Sperre 46
Skype 246, 304
   Anruf ablehnen 252
   einrichten 247
   Gespräch beenden 252
   Kontakt einzurichten 249
   Telefonat durchführen 250
SlimPort 21
Smartphone 16
SmartTV-Geräte 235
Smiley 304
SMS 304

SMS-App 253
SMTP 304
Snapshot 304
Softmaker 170
Software 304
Softwareaktualisierung 292
Solitär 275
Spammail 304
Speicher 291
Speicherausbau 21
Speicherkartenslot 19
Spiel
   Kreuzworträtsel 276
   Mahjong 276
   Memory 276
   Solitär 275
   Sudoku 276
Spotify 225
Spracheingabe 66, 94, 131, 160
Spracheingabe-Assistent 66
Sprachnotiz 162
Stand-by 48
Standort 291
   erfassen 72
   speichern 190
Startbildschirm 49
   Hintergrund anpassen 75
   mehrere 51
   Webseitenverknüpfung 108
Startseite, Foto als Hintergrund 201
Statusleiste 49
Stift 53
Suche
   im Kalender 149
   in Webseite 102
Suche (Google Chrome) 99
Suchleiste 232
Suchmaschine 101, 304
Suchmodus beenden 214
Sudoku 276

Index

Surfen
   in Webseiten 92
Systemupdates 292

T

Tablet 16
Tabs öffnen/verwalten 95
TalkBack 290
Taschenlampen-App 82
Telefonieren 238
Telefonnummer, speichern als Kontakt 241
Termin
   ändern, löschen 152
   eintragen 149
   löschen 153
   verschieben 152
   wiederkehrend 151
Text
   bearbeiten 166
   markieren 166, 167
Texteingabe 63
Textfeld 304
Textkorrektur, Techniken 167
Textmaker Mobile 170
Töne 291
Tracking (Google Chrome) 116
TuneIn Radio 224

U

UMTS 19, 304
Uniform Resource Locator. *siehe* URL
URL 92, 305
USB 305
USB-Anschluss 20
USB-Steckernetzteil 20

V

Verknüpfungen anlegen 60
Verlauf löschen 111
Verschlüsselung 305

Video
   an E-Mail anhängen 140
   ansehen 202
   löschen 220
   Zeitleiste 202
Video-App 226
Videodatei auf Android-Gerät kopieren 228
Videos
   Speicherort 194
   wiedergeben 226
Virenschutz 143
Vollbildansicht 199

W

Web.de 126
Webradio 223, 224
Webseite
   abrufen 90, 92
   Anzeige zu klein 93
   Bilder speichern/kopieren 114
   blättern (scrollen) 93
   mit vertraulichen Inhalten 95
   per Sprachbefehl abrufen 94
   teilen 111
   wird nicht geladen 298
Website 92, 305
WhatsApp 255, 256
   Nachrichten austauschen 257
Widgets 51
   Größe anpassen 61
Wiedergabelisten für Musik 220
Wi-Fi 22
WLAN 305
   ein-/ausschalten 282, 284
   Empfangsqualität 90
WLAN-Unterstützung 22
WLAN-Verbindung
   einrichten 281
   Status 90
WLAN-Zugang einrichten 29

Index

Word für Tablet 168
World Wide Web. *siehe* WWW
WWW, Definition 305

X
XML 305

Y
YouTube-Videos 230

Z
Zahlungsinformationen einrichten 34
Zahlungsmethode 83
ZDF-Mediathek 234
Zeichenfunktionen 53
Zoomfunktion 178
Zubehör 23
Zum Startbildschirm hinzufügen 109
Zurücksetzen 305
Zwischenablage 167, 305

Rezensieren & gewinnen!

Besprechen Sie dieses Buch und helfen Sie uns und unseren Autoren, noch besser zu werden.

Als **Dankeschön** verlosen wir jeden Monat unter allen neuen Einreichungen fünf O'Reilly-Bücher. Mit etwas Glück sind dann auch Sie mit Ihrem Wunschtitel dabei.

Wir freuen uns über eine **aussagekräftige Rezension**, aus der hervorgeht, was Sie an diesem Buch gut finden, aber auch was sich verbessern lässt. Dabei ist es egal, ob Sie den Titel auf Amazon, in Ihrem Blog oder bei YouTube besprechen.

Schicken Sie uns einfach den Link zu Ihrer Besprechung und vergessen Sie nicht, Ihren Wunschtitel anzugeben:
www.oreilly.de/besprechungen oder **besprechung@oreilly.de**

dpunkt.verlag GmbH
Wieblinger Weg 17   fon: 0 62 21/14 83-0
69123 Heidelberg   fax: 0 62 21/14 83-99

Rainer G. Haselier, Klaus Fahnenstich

Microsoft Office 2016
Das Handbuch

Rainer G. Haselier, Klaus Fahnenstich
Microsoft Office 2016 – Das Handbuch
Für alle Editionen inkl. Office 365 und Mobile-Apps
Dezember 2015, 1120 Seiten, gebunden
ISBN 978-3-96009-010-6
Print: 39,90 € (D)

Sie möchten sich schnell in Office 2016 zurechtfinden und die neuen Möglichkeiten sofort in die Praxis umsetzen? Ob auf dem Desktop, dem Tablet oder in der Cloud – das vorliegende Handbuch bietet Ihnen das notwendige Know-how für den Einsatz von

Word 2016, Excel 2016, PowerPoint 2016, Outlook 2016, OneNote 2016 und den Office Apps für iOS, Android und Windows 10. Kompetentes Expertenwissen in seiner besten Form: Microsoft Office 2016 – Das Handbuch.